BENJAMIN OTTO

Holismus

BENJAMIN OTTO

HOLISMUS

Lösungen für eine glückliche Zukunft –
ein ganzheitlicher Blick auf Unternehmen,
Ökosysteme und die Menschheit

ARISTON

1. Auflage 2026

in der Penguin Random House Verlagsgruppe GmbH,
Neumarkter Straße 28, 81673 München
produktsicherheit@penguinrandomhouse.de
(Vorstehende Angaben sind zugleich
Pflichtinformationen nach GPSR.)

www.penguin.de/verlage/ariston

Redaktion: Michael Schickerling
Umschlaggestaltung: wilhelm typo grafisch unter Verwendung von Illustrationen von Shutterstock (1926846962, 2 294 920 443)
Satz: Satzwerk Huber, Germering
Druck und Bindung: GGP Media GmbH, Pößneck
Printed in Germany
ISBN 978-3-424-20319-6

Inhalt

Warum Holismus – und warum jetzt?

Stellen Sie sich vor, Sie steigen in eine Rakete. Der Countdown läuft, die Welt um Sie herum ist vertraut: Gebäude, Wege, Muster Ihres Alltags. Doch mit dem Abheben weitet sich Ihr Blick: Aus Straßen werden Linien, aus Städten Netze, aus Grenzen verschwommene Spuren. Was eben noch getrennt erschien, beginnt sich durch eine neue Perspektive zu verbinden.

Dieses Buch nimmt Sie mit auf diese Reise. Es lädt Sie ein, die Interaktion von Organisationen, Gemeinschaften und Netzwerken zu verstehen, und zeigt, wie kleine Veränderungen große Bewegungen auslösen können – weg vom isolierten Detail, hin zum vernetzten Ganzen.

Die berühmte sinngemäße Aussage des griechischen Universalgelehrten Aristoteles – »Das Ganze ist mehr als die Summe seiner Teile«[1] – beschreibt die Kernidee des Holismus. Obwohl der Gedanke bereits vor über zweieinhalbtausend Jahren entstand, ist er heute aktueller denn je. Unsere Welt steht vor enormen Herausforderungen, die außergewöhnliche Lösungsansätze erfordern, um wieder in Balance zu kommen.

Vor circa zehn Jahren war vieles noch vorhersehbarer: Märkte folgten eher stabilen Mustern, der technologische Fortschritt war beeindruckend, aber selten revolutionär, und geopolitische Entwicklungen erschienen kalkulierbar. Doch unerwartete Disruptionen wie die Corona-Krise oder der Ukraine-Krieg haben diese Stabilität ebenso erschüttert wie rasante technologische Entwicklungen, gesellschaftliche und politische Umbrüche – eine Entwicklung, die auf ein zunehmend emergentes Weltgeschehen hindeutet.

Emergenz beschreibt Systeme, in denen durch die Interaktion einzelner Elemente neue, schwer vorhersehbare Eigenschaften entstehen. Wirtschaft, Wissenschaft, Technologie, Politik und Gesellschaft sind heute stärker miteinander verflochten als je zuvor, sodass kleine Veränderungen große, unerwartete Folgen haben können. Diese komplexe Dynamik zeigt, dass traditionelle Ansätze nicht mehr ausreichen, um die aktuellen Herausforderungen zu meistern. Doch genau hier liegt eine Chance. Die Unsicherheiten, die uns heute möglicherweise irritieren, sind zugleich Öffnungen für Neues. Sie zwingen uns, alte Denkmuster zu hinterfragen, und schaffen Raum für Innovation, Kooperation und mutige Experimente. Ein emergentes Weltgeschehen schafft auch emergente Möglichkeiten.

Der Holismus betrachtet diese Veränderungen aus einer umfassenden Perspektive und ermöglicht ein tiefgehendes Verständnis komplexer Zusammenhänge. Dieses Konzept liefert nicht nur essenzielle Werkzeuge zur Bewältigung aktueller Herausforderungen, sondern zeigt auch, wie zentrale Systeme – etwa Wirtschaft, Gesundheit und Gesellschaft – zukunftsfähig weiterentwickelt werden können. Denn wir leben in einer Zeit, in der alles mit allem verbunden ist – Gesellschaft, Wirtschaft, Technologie, Politik, Kultur, Bildung, Medizin, Klima und vieles mehr. Doch noch immer denken und handeln wir zu oft in Fragmenten, in isolierten Problemen, in silobasierten Lösungen. Dabei können kleinste Impulse heute globale Kettenreaktionen auslösen. Wer diese Dynamik ignoriert, trifft Entscheidungen im Blindflug. Wer sie versteht, kann Zukunft gestalten. Der Holismus erweitert unsere Sicht. Er ist keine reine Theorie, sondern ein Perspektivwechsel. Und er zeigt, wie wir Komplexität nicht scheuen, sondern gestalten können.

Ich schreibe dieses Buch, weil ich überzeugt bin: Fragmentiertes Denken reicht nicht mehr. Holismus ist kein Ideal, sondern eine Resilienzstrategie. Als Unternehmer in dritter Generation habe ich erlebt, wie entscheidend es ist, Wechselwirkungen zu verstehen – zwischen Menschen, Systemen, Technologien und Werten. Immer dann, wenn wir über einzelne Interessen hinausblicken, entstehen Lösungen, die stabiler, klüger und menschlicher sind.

Dieses Buch richtet sich an Menschen, die in komplexen Umfeldern Verantwortung tragen – Führungskräfte und Unternehmerinnen, politische Entscheider, Kreative und Innovatorinnen. An alle, die bereit sind, Perspektiven zu verbinden und Verantwortung für das Ganze zu übernehmen. Wer den Mut hat, groß zu denken und Systeme aktiv mitzugestalten, findet hier Impulse und Orientierung.

Ich stelle Ihnen zentrale Modelle vor: die fünf Elemente holistischer Systeme, das holodynamische Evolutionskonzept mit sechs Stufen sowie das holouniverselle Konzept mit sechs Dimensionen. Diese Rahmenwerke bilden den roten Faden Ihrer Reise. Sie öffnen neue Sichtweisen darauf, wie sich Organisationen, Märkte und Gemeinschaften entwickeln. In vielen Praxisbeispielen wird sichtbar, wie Holismus schon heute wirkt: im Generationswechsel und Kulturwandel der Otto Group, in Initiativen wie Cotton made in Africa, in den Stiftungsprojekten Life Hamburg und Academy of Life. Und darüber hinaus in Visionen für ein nachhaltiges Gesundheitssystem, ein Bildungssystem mit echten Chancen, eine Wirtschaft mit gesellschaftlichem Impact, eine Technologieentwicklung im Dienst des Menschen – und für eine Gesellschaft, die Vielfalt und Zusammenhalt gleichermaßen stärkt. Ein eigenes Kapitel widmet sich zudem der New Philanthropy – einem neuen Verständnis von sozialem Engagement, das Unternehmertum, Effizienz und messbare Wirkung verbindet.

Mein Ziel ist, dass Sie am Ende dieses Buchs nicht nur verstehen, was Holismus bedeutet, sondern auch Werkzeuge, Beispiele und Anregungen in der Hand halten, die Sie unmittelbar anwenden können – ob Sie ein Team führen, ein Unternehmen steuern, gesellschaftliche Veränderungen anstoßen oder Ihr eigenes Leben bewusster gestalten möchten. Dieses Buch ist eine Einladung, die Welt mit einem geweiteten Blick zu betrachten – und aus dieser Perspektive neu zu handeln.

Noch nie waren die Werkzeuge so mächtig, komplexe Systeme zu formen – und noch nie waren die Risiken so groß, wenn wir sie falsch einsetzen. Wir stehen an einem Punkt, an dem isoliertes Denken seine Grenzen erreicht hat. Wer Zusammenhänge erkennt und das Ganze in den Blick nimmt, kann die kommenden Chancen und Herausforderungen bewusst gestalten. Große Umbrüche beginnen mit einem Paradigmenwechsel – einer grundlegend veränderten Art, die Welt zu sehen. Heute stehen wir erneut an einer solchen Schwelle. Und die Frage lautet: Wie gestalten wir diese Transformation gemeinsam, mutig und verantwortungsvoll?

Ich lade Sie ein, diesen Weg mit mir zu gehen.

Ihr Benjamin Otto

1 Mehr als ein Konzept: Denken in Zusammenhängen

Holismus bedeutet, die Welt als zusammenhängendes Ganzes zu sehen – und in dem Wissen zu handeln, dass dieses Verständnis von Zusammenhängen einen Unterschied macht. Der Begriff stammt vom griechischen »holos« – ganz, vollständig – und wurde 1926 von Jan Smuts geprägt und in der Evolutionsbiologie sowie später in Philosophie und Soziologie verwendet.[2] Er beschreibt eine Haltung, bei der nicht nur einzelne Teile optimiert, sondern vor allem die Beziehungen zwischen diesen Teilen verstanden und gestaltet werden.

Stellen Sie sich ein Uhrenwerk mit vielen Zahnrädern vor. Jedes Rad hat seine Bedeutung. Nur wenn die Zahnräder optimal ineinandergreifen, funktioniert die Uhr präzise. Ein einzelnes falsch ausgerichtetes Zahnrad kann die Uhr ungenau, ja sogar funktionsuntüchtig machen. Der Holismus sieht das Uhrenwerk und seine Einzelteile als Ganzes, in dem jedes Element möglichst nahtlos mit den anderen interagiert.

Dabei ist es hilfreich, zwischen Holismus als theoretischem Konzept und holistischen Systemen als praktischer Umsetzung zu unterscheiden. Der Holismus beschreibt die philosophische Grundlage: die Idee einer ganzheitlichen Betrachtung von Systemen, wie sie in Wissenschaft, Philosophie oder Medizin seit Langem diskutiert wird. Holistische Systeme hingegen sind die konkrete Realisierung dieses Ansatzes. Sie können sowohl natürlich entstehen – etwa in der Natur – als auch künstlich gestaltet werden, etwa in Organisationen oder technischen Netzwerken. Während Holismus also den Denkrahmen liefert, bilden holistische Systeme dessen gelebte Praxis.

Eine kleine Geschichte

Einst saßen sechs Freunde an einem Strand und genossen den Sonnenuntergang. Sie unterhielten sich über die Farben des Meeres, doch jeder sah es anders.

Der erste, direkt am Wasser, beobachtete die Wellen. Der zweite war farbenblind. Der dritte und vierte saßen neben ihm im Sand, während der fünfte auf einer Veranda und der sechste auf dem Dach eines Strandhauses Platz genommen hatte. Der Freund neben dem Farbenblinden meinte: »Das Meer ist wunderschön blau.« Der andere erwiderte: »Nein, es ist grün.« Der Freund auf der Veranda widersprach: »Es schimmert in einem herrlichen Türkis.« Der Farbenblinde entgegnete: »Für mich sieht es grau aus.« Derjenige, der die Schaumkronen betrachtete, bemerkte: »Das Meer ist weiß.« Schließlich rief der Freund auf dem Dach, der noch die letzten Strahlen des Sonnenuntergangs am Horizont sehen konnte: »Ihr seht es falsch – das Meer leuchtet orange!«

So wie beim Meer erst durch die verschiedenen Blickwinkel ein vollständiges Bild entsteht, so erschließt sich auch ein System erst durch die Integration unterschiedlicher Perspektiven.

Dieses Kapitel liefert die Grundlage für die Definition von Holismus und seine Abgrenzung zu anderen Konzepten. Holistisch zu denken, heißt, Probleme nicht isoliert zu betrachten, sondern Wechselwirkungen und Nebenfolgen mitzudenken und alle Perspektiven eines Sachverhaltes zu berücksichtigen. Eine Entscheidung in einem Bereich wirkt fast immer auch auf andere – manchmal sichtbar, manchmal im Verborgenen, aber nicht weniger wirksam. Holistisch zu handeln, bedeutet, Verbindungen bewusst wahrzunehmen – nicht nur, um kurzfristige Erfolge zu erzielen, sondern, um langfristigen Fortschritt zu ermöglichen.

Was Holismus ist

Holismus bedeutet, die Welt nicht nur in ihre Einzelteile zu zerlegen, sondern sie in ihrer Ganzheit zu betrachten. Systeme sind mehr als die Summe ihrer Komponenten – sie entfalten Eigenschaften, die nur im Zusammenspiel sichtbar werden. Damit steht der Holismus im Gegensatz zum Reduktionismus, der davon ausgeht, dass sich jedes Phänomen vollständig durch die Analyse seiner kleinsten Bestandteile erklären lässt. Während der Reduktionismus auf Zerlegung und Vereinfachung setzt, betont der Holismus die emergenten Qualitäten, die erst aus den Beziehungen und Wechselwirkungen hervorgehen. Ein Organismus ist nicht einfach die Addition seiner Zellen, ein Unternehmen nicht bloß die Ansammlung von Abteilungen, eine Gesellschaft nicht nur die Summe ihrer Bürger. Erst in den Wechselwirkungen entstehen das Leben, die Kultur, die Dynamik.[3]

Dieses Ganze zeigt sich durch emergente Eigenschaften: Phänomene, die nicht aus den Einzelteilen allein erklärbar sind, sondern aus ihrer Beziehung zueinander. Ein Vogelschwarm etwa verändert plötzlich seine Richtung, indem jeder Vogel blitzschnell auf die Bewegungen seiner Nachbarn reagiert – so entsteht ein kollektives Muster ohne zentralen Plan. In ähnlicher Weise kann ein Team eine Idee hervorbringen, die aus dem Zusammenspiel aller entsteht und die niemand allein hätte entwickeln können.

Holistische Systeme sind deshalb nichtlinear, adaptiv und selbstorganisierend. Sie reagieren auf Störungen, passen sich an und entwickeln Neues – oft überraschend, manchmal chaotisch, immer lebendig. Zugleich integrieren sie Vielfalt als Ressource, statt sie zu glätten, und bleiben stets kontextabhängig: eingebettet in größere Systeme, mit denen sie fortlaufend in Wechselwirkung stehen – wie der Wald, der aus unzähligen Bäumen, Pflanzen, Tieren und Mikroorganismen besteht und doch als lebendiges Ganzes funktioniert. Jeder Baum ist Teil eines größeren Netzwerks, das Nährstoffe, Wasser und Informationen austauscht. Erst in diesem Zusammenspiel entsteht ein resilienter Organismus, der Stürme übersteht, sich erneuert und neue Lebensräume hervorbringt. Holismus lädt uns ein, Systeme nicht nur als Mechanismen zu begreifen, sondern als Organismen, die wachsen, lernen und sich wandeln.

Holistische Systeme treten in vielfältigen Formen auf. Es gibt ökologische Systeme, die komplexe Wechselwirkungen zwischen Lebewesen und ihrer Umwelt aufweisen; nachhaltige Wirtschaftsmodelle, die Ressourcen und soziale Faktoren ganzheitlich integrieren; sowie neuronale Netze, deren engmaschige Verbindungen das menschliche Bewusstsein hervorzubringen vermögen. Während einzelne Neuronen kein Bewusstsein besitzen, ergibt sich durch ihr Zusammenspiel eine höhere, eine emergente Funktion.[4] Diese »magische Zutat« macht den Holismus zu einem faszinierenden Ansatz. Denn wenn Emergenz zu kollektiver Intelligenz führt, entsteht ein dynamisches System, das sich selbst organisiert, anpasst und durch seine Wechselwirkungen resilient bleibt – ohne dass es einer ständigen zentralen Steuerung bedarf.

Holismus beschreibt somit eine Denkweise, die Ganzheit, Vernetzung und Emergenz ins Zentrum rückt. Er macht deutlich, dass Vielfalt nicht geglättet, sondern integriert werden sollte, dass Dynamik aus Wechselwirkungen entsteht und dass Stärke in der Fähigkeit zur Selbstorganisation und Anpassung liegt. Holismus erkennt die Nichtlinearität und Kontextgebundenheit komplexer Zusammenhänge an und zeigt, wie aus dem Zusammenspiel vieler Teile etwas Neues hervorgeht – eine kollektive Intelligenz, die weit über das hinausweist, was die Einzelteile für sich genommen je hervorbringen könnten.

Wo Holismus schon wirkt

Bereits heute zeigt sich, dass der Holismus weit über eine theoretische Idee hinausgeht und in zahlreichen Lebens- und Wissenschaftsbereichen Anwendung findet. Neben Feldern wie Gesundheit, Bildung und Wirtschaft prägt er auch viele andere Kontexte. So beruhen etwa nachhaltige Landwirtschaft und regenerative

Energiequellen auf holistischen Prinzipien: Sie berücksichtigen die Gesamtheit der ökologischen, ökonomischen und sozialen Faktoren, um langfristig tragfähige Strukturen zu schaffen. Auch in der modernen Wissenschaft finden sich holistische Ansätze – etwa in der Quantenphysik, der Systemtheorie oder der Emergenzforschung, die das Zusammenspiel von Einzelteilen im größeren Ganzen untersuchen. Nachhaltige Architektur und ökologische Stadtplanung wiederum verbinden Umwelt, soziale Bedürfnisse und wirtschaftliche Faktoren zu integrierten Konzepten.

In der Entwicklung künstlicher Intelligenz entstehen zunehmend holistische Ansätze, die nicht nur einzelne Algorithmen betrachten, sondern das Zusammenspiel von Daten, Ethik und menschlicher Interaktion. Ebenso beruhen nachhaltige Entwicklung und soziale Gerechtigkeit auf holistischen Prinzipien, die ökologische, ökonomische und gesellschaftliche Aspekte miteinander verknüpfen. Ziel ist es, resiliente Systeme zu schaffen, die effizient, eigenständig und langfristig bestehen können – und dabei die Balance zwischen Mensch, Umwelt und Technologie wahren.

Doch der Holismus prägt nicht nur industrielle und wissenschaftliche Felder, sondern auch den privaten Lebensbereich. Viele Menschen orientieren sich an holistischen Lebensweisen, die Körper, Seele und Geist in Einklang bringen. Dazu zählen Praktiken wie Yoga, Achtsamkeit, Meditation, Tai-Chi, Qigong oder Ayurveda, ebenso wie alternative Heilmethoden – etwa traditionelle chinesische Medizin, Osteopathie, Kinesiologie oder Naturheilkunde. Auch holistische Ernährungskonzepte gewinnen an Bedeutung: Sie berücksichtigen nicht nur Nährstoffe, sondern deren Wirkung auf das gesamte Wohlbefinden. Unverarbeitete, regionale Lebensmittel, nachhaltige Ernährung und intuitive Ernährungsweisen sind Beispiele dafür.

Feng-Shui, bewusste Raumgestaltung und nachhaltige Architektur tragen dazu bei, harmonische Umgebungen zu schaffen, die das Wohlbefinden steigern. Manche Menschen praktizieren zudem Permakultur, nachhaltiges Gärtnern oder Waldtherapie, um sich ganzheitlich mit der Natur zu verbinden. Auch bei Selbstreflexion, Coaching und Lebensführung helfen holistische Ansätze, Ziele umfassend zu betrachten und in Einklang zu bringen.

All diese Beispiele zeigen: Holistische Prinzipien sind längst Teil unseres Alltags geworden. Sie eröffnen neue Wege, Systeme nicht isoliert, sondern in ihren Wechselwirkungen und langfristigen Auswirkungen zu verstehen – und damit nachhaltiger, resilienter und lebendiger zu gestalten.

Wesenszüge holistischer Systeme

Holistische Systeme sind dadurch gekennzeichnet, dass sie als Einheit wirken. Die Teile stehen nicht isoliert nebeneinander, sondern in einem dichten Netz von Wechselwirkungen. Eine Veränderung in einem Bereich wirkt sich stets auf das Ganze aus. Diese Durchlässigkeit macht sie dynamisch, lernfähig und anpassungsfähig.[5]

Aus den Wechselwirkungen entstehen neue Qualitäten – emergente Eigenschaften, die sich nicht aus den Einzelteilen allein ableiten lassen. So entwickeln holistische Systeme Verhaltensweisen, die oft überraschend sind und sich nicht vollständig vorhersehen lassen. Sie können auf Störungen reagieren, sich stabilisieren und aus Krisen heraus neue Lösungen hervorbringen. Ihre Resilienz ähnelt dem menschlichen Organismus, der zum Beispiel nach einer Verletzung durch funktionelle Kompensation wieder ins Gleichgewicht findet.[6]

Charakteristisch ist auch ihre Vielschichtigkeit. Holistische Systeme sind multidimensional und beziehen unterschiedliche Perspektiven ein. Entscheidungen entstehen nicht in Abgrenzung, sondern im Kontext – unter Berücksichtigung von Daten, Erfahrungen und Zusammenhängen. Dadurch fördern sie Kooperation, Innovation und langfristige Stabilität.[7]

Holistische Systeme haben zudem einen weiten Zeithorizont. Sie orientieren sich nicht an kurzfristigen Erfolgen, sondern an nachhaltiger Entwicklung. Gerade im beginnenden Industriezeitalter 5.0 – geprägt von Menschenzentrierung, Resilienz und Verantwortung – wird sichtbar, wie eng holistische Prinzipien mit Fragen von Nachhaltigkeit, Ethik und Technologie verknüpft sind. Fortschritt wird nicht mehr nur als Wachstum verstanden, sondern als Balance zwischen ökonomischem Erfolg, gesellschaftlichem Wohl und ökologischer Verantwortung.[8]

Dafür brauchen holistische Systeme sowohl Struktur als auch Freiraum. Zu starre Vorgaben ersticken Kreativität, zu große Offenheit führt zur Zerstreuung. Erst ein ausgewogenes Kräfteverhältnis zwischen Ordnung und Freiheit ermöglicht es, dass sich Neues entfalten kann. Impulse von außen sind notwendig, um Weiterentwicklung anzustoßen – ähnlich wie das Gehirn durch neue Synapsen an Komplexität gewinnt.[9]

Ein weiteres Merkmal ist die gleichzeitig dezentrale und zentrale – also hybride – Steuerung mit Betonung der Dezentralität. Denn holistische Systeme setzen auf geteilte Verantwortung und flexible Strukturen. Gerade darin liegt ihre Innovationskraft: Statt von einer Zentrale gesteuert zu werden, entstehen neue Lösungen durch die Interaktion vieler Teile. Harmonie bedeutet hier nicht Gleichförmigkeit, sondern eine dynamische Balance, die extreme Ausschläge vermeidet.[10]

Holistische Systeme sind zugleich offen: Sie stehen in kontinuierlichem Austausch mit ihrer Umwelt. Energie, Informationen und Ressourcen fließen hinein und hinaus – ohne diesen Austausch würden sie stagnieren oder zerfallen.[11]

Zudem leben sie von Spannungsfeldern und Gegensätzen. Stabilität und Wandel, Individualität und Kollektivität, Ordnung und Chaos – all diese Pole stehen nicht im Widerspruch, sondern treiben die Entwicklung voran. Gerade im Ausgleich dieser Gegensätze liegt ihre kreative Kraft.[12]

Holistische Systeme wirken schließlich auf mehreren Ebenen gleichzeitig. Sie entfalten sich auf Mikro-, Meso- und Makroebene und sind stets Teil größerer Zusammenhänge. Ein Unternehmen ist beispielsweise zugleich ein soziales Gefüge, ein wirtschaftlicher Akteur und Teil globaler Ökosysteme.

Holistische Systeme entwickeln sich nicht isoliert, sondern in Co-Evolution mit anderen Systemen. Sie passen sich gegenseitig an, beeinflussen einander und wachsen gemeinsam. So entstehen langfristige Muster wechselseitiger Entwicklung – wie in natürlichen Ökosystemen, in denen Pflanzen, Tiere und Mikroorganismen ihre Strategien fortlaufend aufeinander abstimmen.[13]

Noch finden sich vollständig holistische Systeme hauptsächlich in der Natur. Menschlich geschaffene Systeme erreichen diese Qualität bisher selten. Ein eindrucksvolles Beispiel ist die Internationale Raumstation (ISS): Sie funktioniert nahezu autark, weil Luft- und Wasseraufbereitung, Energiegewinnung, Temperaturkontrolle, Ernährung und medizinische Versorgung zu einem integrierten Ganzen verbunden sind.[14]

Mit den Fortschritten in künstlicher Intelligenz und Systemdesign wird es zunehmend möglich sein, solche Strukturen bewusst zu gestalten. Die Potenziale sind enorm – von ökologischen und wirtschaftlichen Netzwerken bis zu gesellschaftlichen Organisationsformen, die ihre Ganzheitlichkeit gezielt entfalten und dadurch neue Formen von Resilienz, Kreativität und Nachhaltigkeit ermöglichen.

Zentrale Wesenszüge holistischer Systeme

Ganzheitlichkeit:

- Das holistische System wird als Ganzheit betrachtet, nicht nur als Summe seiner Teile.
- Einzelne Komponenten erhalten ihre Bedeutung erst im Kontext des Ganzen.

Wechselwirkungen und Vernetzung:

- Beziehungen zwischen den Elementen sind entscheidender als die Elemente selbst.
- Rückkopplungen, Abhängigkeiten und Resonanzen prägen das Verhalten.

Emergenz:

- Neue Eigenschaften oder Funktionen entstehen aus dem Zusammenspiel, die nicht aus den Einzelteilen ableitbar sind (beispielsweise Bewusstsein aus neuronaler Aktivität, Kultur aus sozialen Interaktionen).

Selbstorganisation und Anpassungsfähigkeit:

- Holistische Systeme reagieren dynamisch auf Veränderungen.
- Sie können sich selbst regulieren, anpassen und weiterentwickeln.

Nichtlinearität:

- Kleine Veränderungen können große Wirkungen haben (sogenannte Schmetterlingseffekte).
- Entwicklungen verlaufen nicht immer proportional oder vorhersehbar.

Vielfalt:

- Unterschiedliche Elemente, Perspektiven oder Subsysteme werden nicht geglättet, sondern in ihrer Unterschiedlichkeit integriert.
- Vielfalt wird als Ressource verstanden, nicht als Störung.

Kontextgebundenheit:

- Holistische Systeme sind eingebettet in größere Systeme (zum Beispiel Ökosysteme, Gesellschaften, Kulturen).
- Sie lassen sich nicht isoliert verstehen, sondern nur in Relation zu ihrem Umfeld.

Offenheit:

- Holistische Systeme stehen in kontinuierlichem Austausch mit ihrer Umwelt.

- Energie, Informationen und Ressourcen fließen hinein und hinaus – ohne diesen Austausch würden sie stagnieren.

Spannungsfelder und Gegensätze:
- Holistische Systeme leben von der Balance zwischen Gegensätzen (zum Beispiel Stabilität und Wandel, Ordnung und Chaos).
- Diese Spannungen sind keine Störungen, sondern Treiber von Entwicklung und Innovation.

Mehrskaligkeit:
- Holistische Systeme wirken auf mehreren Ebenen gleichzeitig (Mikro-, Meso- und Makroebene).
- Dynamiken auf einer Ebene beeinflussen stets auch die anderen.

Co-Evolution:
- Holistische Systeme entwickeln sich nicht isoliert, sondern in Wechselwirkung mit anderen Systemen.
- Sie passen sich gegenseitig an, beeinflussen einander und wachsen gemeinsam.

Wie sich Holismus von anderen Konzepten unterscheidet

Holismus wird oft mit Begriffen wie Ganzheitlichkeit, Nachhaltigkeit oder Systemdenken gleichgesetzt. Doch er geht darüber hinaus. Um die Eigenständigkeit des Ansatzes zu verdeutlichen, lohnt sich eine Abgrenzung entlang verschiedener Vergleichslinien – ergänzt durch persönliche Erfahrungen und praktische Beispiele.

Ganzheitlichkeit: Im Unterschied zur »Ganzheitlichkeit«, die eine umfassende Betrachtung einzelner Elemente meint, betont der Holismus die dynamische Wechselwirkung zwischen den Teilen. Während Ganzheitlichkeit oft als statisches Ideal verstanden wird, ist Holismus ein aktiver Gestaltungsansatz: Beziehungen und Abhängigkeiten werden innerhalb eines Systems als zentrale Hebel für nachhaltige Wirkung genutzt.

Nachhaltigkeit: Holismus wird oft mit Nachhaltigkeit in Verbindung gebracht. Tatsächlich gibt es viele Berührungspunkte – beide wollen Zukunftsfähigkeit sichern. Doch Nachhaltigkeit konzentriert sich vor allem auf den Schutz von Ressourcen. Holismus erweitert den Blick: Er fragt, wie ökologische, wirtschaftliche, soziale und kulturelle Faktoren so zusammenspielen, dass sie sich gegenseitig stärken. Zwei Beispiele: Ein Land könnte zwar seine CO_2-Emissionen senken – wenn dies jedoch soziale Ungleichheit verschärft oder Innovationen bremst, wäre das Ergebnis nicht im Sinne eines holistischen Ansatzes. Ähnlich verhält es sich mit der Energieversorgung: Wenn wir ausschließlich auf Effizienz setzen, aber ökologische und soziale Folgen wie steigende Emissionen, ungleiche Preise oder Abhängigkeiten von Importen ausblenden, schwächen wir das Gesamtsystem. Erst wenn alle Dimensionen zusammengedacht werden, entstehen tragfähige Lösungen.

Systemdenken: Auch Systemdenken zielt darauf, Wechselwirkungen zu erkennen und komplexe Abhängigkeiten zu verstehen. Holismus umfasst diesen Ansatz, ergänzt ihn jedoch um Werte, Sinn und menschliche Erfahrung. Systeme sind nie neutral – sie spiegeln immer die Haltungen und die Kultur der Menschen wider, die sie gestalten. Prozesse und Strukturen zu analysieren, ist wichtig – doch ebenso entscheidend ist, ob die gelebten Werte tatsächlich mit den angestrebten Zielen übereinstimmen.

Purpose: Purpose-Orientierung setzt ein starkes Warum. Das ist wichtig, doch Holismus fragt weiter, wie dieses Warum konsistent in Prozessen, Strukturen und Handlungen wirksam wird. Wie stellen wir sicher, dass dieses Warum in allen Bereichen Wirkung entfaltet? Wenn eine Organisation etwa den Purpose »Kunden begeistern« definiert, reicht es nicht, großartige Produkte zu entwickeln. Auch Produktionsmethoden, Mitarbeiterführung und gesellschaftliches Engagement müssen diesen Anspruch widerspiegeln. Ähnlich in der Politik: Eine Regierung kann Innovation als Leitwert ausrufen. Wenn aber Verwaltung, Bildungssystem und Investitionspolitik nicht zusammenpassen, bleibt das Ziel leere Rhetorik. Holismus macht Brüche sichtbar – und baut Brücken zwischen Anspruch und Praxis.

Managementmethoden: Auch zu etablierten Methoden wird der Unterschied deutlich. Lean-Management fokussiert auf Effizienz, Agilität auf Anpassungsfähigkeit. Das ist wertvoll, bleibt aber instrumentell. Holismus integriert diese Instrumente, prüft jedoch zugleich deren langfristige Wirkung und Wertekompatibilität. Wenn ein Unternehmen Prozesse verschlankt, dabei jedoch Mitarbeitende überlastet oder Innovationskraft verliert, entspricht das nicht dem Anspruch eines holistischen Ansatzes. Ähnlich verhält es sich mit ESG-Reporting: Es kann wertvoll sein, wenn es in ein ganzheitliches Systemdenken eingebettet ist – sonst bleibt es Imagekosmetik. In meiner Arbeit gab es Momente, in denen ich mitten in einem Projekt innehalten musste, weil mir klar wurde: Wir optimieren gerade ein Detail – und übersehen, dass es das große Ganze schwächt. Dieser Perspektivwechsel ist oft unbequem. Er zwingt dazu, mehr Fragen zu stellen, länger zuzuhören und Widersprüche auszuhalten, aber er macht Entscheidungen besser.

Viele dieser Ansätze sind wie einzelne Werkzeuge in einer gut sortierten Werkstatt. Man kann sie einzeln nutzen – und sie werden funktionieren. Holismus dagegen ist wie der Bauplan, der vorgibt, wie und wofür diese Werkzeuge eingesetzt werden, damit am Ende nicht ein Sammelsurium entsteht, sondern ein stimmiges Ganzes. Ohne diesen Plan kann Effizienz seelenlos, Agilität beliebig und Purpose oberflächlich werden.

Holismus ist also kein einzelnes Werkzeug, sondern ein Denk- und Handlungsrahmen. Er integriert andere Ansätze, hinterfragt sie, verbindet sie miteinander – und ordnet sie in einen größeren Kontext ein, der ökologische, soziale, kulturelle und wirtschaftliche Perspektiven zusammenführt. Genau darin liegt seine Stärke – und manchmal auch seine Herausforderung.

Was holistische Systeme besonders stark macht

Holistische Systeme überzeugen vor allem durch die Verbindung von Stabilität und Anpassungsfähigkeit. Sie reagieren flexibel auf Veränderungen und bleiben trotz äußerer Einflüsse funktionsfähig. Ihre besondere Stärke liegt darin, dass sie nicht nur auf Störungen reagieren, sondern diese produktiv in Weiterentwicklung übersetzen können.

Der menschliche Körper liefert ein anschauliches Beispiel: Er wird täglich mit Tausenden Herausforderungen konfrontiert und hat Mechanismen entwickelt, um mit ihnen umzugehen. Das Immunsystem wehrt Erreger wie Bakterien, Viren und Pilze ab, während größere Funktionsstörungen durch kompensatorische Prozesse ausgeglichen werden.

In Unternehmen entspricht dies einem Risikomanagement, das kleine Störungen routiniert auffängt und größere Krisen durch Umverteilung von Ressourcen kompensiert. Das bedeutet, Kompetenzen neu zu verknüpfen oder Aufgaben flexibel umzuverteilen, wenn einzelne Bereiche ausfallen.

Diese Widerstandsfähigkeit zeigt sich auch in der Neuroplastizität – der Fähigkeit des Gehirns, sich durch die Bildung neuer Synapsen anzupassen. Nach Schädigungen, etwa durch einen Schlaganfall, können andere Hirnareale betroffene Funktionen übernehmen.

Auch autonome und vaskuläre Anpassungen stabilisieren den Organismus, indem Atmungs- und Blutdruckregulation optimiert werden. Analog sichern Organisationen oder technische Systeme ihr Funktionieren durch kontinuierliche Feinregulation – etwa die Anpassung von Prozessen und Strukturen, um das Gleichgewicht des Gesamtsystems zu wahren. All diese Mechanismen greifen ineinander, um eine dynamische Balance zu erhalten – ein Paradebeispiel für die Selbstorganisation holistischer Systeme.[15]

Die Natur demonstriert zudem eindrucksvoll, wie effizient holistische Systeme mit Ressourcen umgehen. Manche Pflanzen- und Tierarten haben bemerkenswerte Strategien entwickelt, um unter extremen Bedingungen zu überleben. Die Rose von Jericho etwa kann dank des poikilohydren Mechanismus jahrelang ohne Wasser überleben, indem sie ihren Zellwassergehalt drastisch reduziert.[16] Der Fisch Schleie wiederum passt sich widrigen Bedingungen an, indem er seinen Stoffwechsel herunterfährt und Energie spart. Solche Beispiele zeigen, wie Systeme durch Anpassung und Ressourcenschonung langfristig bestehen können.[17]

Auch in der Landwirtschaft werden diese Prinzipien genutzt: Durch moderne Züchtungsverfahren lassen sich widerstandsfähigere Pflanzensorten entwickeln, die resistenter gegen Trockenheit oder Schädlingsbefall sind. Solche Eingriffe verdeutlichen, wie gezielte Anpassung die Stabilität von Systemen erhöhen kann – zugleich aber umsichtig erfolgen müssen, da kleinste Veränderungen in komplexen Ökosystemen Kettenreaktionen auslösen können.[18]

In der Forschung wird zudem diskutiert, inwieweit holistische Systeme autark (relativ unabhängig von externen Ressourcen), autonom (selbstbestimmt und eigenständig handelnd) und hochgradig selbststeuernd (adaptiv automatisiert) operieren. Gerade diese Eigenschaften verleihen ihnen jedoch ihr besonderes Potenzial: Sie ermöglichen es, Prozesse ohne ständiges Eingreifen zu regulieren, Ressourcen effizient zu nutzen und auch in dynamischen Umgebungen langfristig funktionsfähig zu bleiben.[19]

Ihre grundlegende Komplexität führt häufig zu redundanten Strukturen. Dadurch werden Ausfälle einzelner Komponenten kompensiert, was nicht nur Stabilität und Ausfallsicherheit erhöht, sondern auch alternative Entwicklungspfade eröffnet. Rückkopplungsschleifen verstärken diesen Effekt, indem sie kontinuierlich Informationen verarbeiten und Anpassungen ermöglichen – sowohl stabilisierend als auch innovativ.

Der Erfolg holistischer Systeme beruht damit auf drei zentralen Stärken: Anpassungsfähigkeit, Resilienz und Effizienz. Sie entwickeln sich in enger Wechselwirkung mit ihrer Umwelt weiter und sichern durch Selbstorganisation eine nachhaltige Leistungsfähigkeit. Diese Eigenschaften machen sie in Natur wie Technologie zu unverzichtbaren Lösungen – und zu einem Modell, das in einer zunehmend komplexen Welt immer mehr an Bedeutung gewinnt.

Was Holismus erreichen kann

Der Holismus zielt darauf, Systeme langfristig tragfähig, gerecht und anpassungsfähig zu gestalten. Ressourcen werden nicht nur effizient genutzt, sondern so eingesetzt, dass sie sich regenerieren können. Entscheidungen berücksichtigen nicht nur kurzfristige Vorteile, sondern denken die langfristigen Folgen mit. Vielfalt wird als Resilienzfaktor eines Systems verstanden. Und Innovation wird nicht allein am Wachstum gemessen, sondern am tatsächlichen Nutzen für Menschen und Gesellschaft.

Ein anschauliches Bild dafür ist ein Garten in Permakultur: Er wird nicht nur für die nächste Ernte bepflanzt, sondern so angelegt, dass er auch die nächsten Jahrzehnte noch gedeiht. Monokulturen versprechen vielleicht schnelle Erträge, erschöpfen aber den Boden und destabilisieren so das Ökosystem.

Der Holismus setzt auf komplementäre Vielfalt, die Ausfälle ausgleicht und das Ganze stärkt. Er sorgt dafür, dass Bäume, Sträucher, Kräuter und Blumen einander ergänzen – dass Vielfalt entsteht, die Schädlinge abhält und Ernteausfälle mildert. So wie ein Permakultur-Garten langfristig Erträge sichert, zielt Holismus darauf, Systeme so zu gestalten, dass sie dauerhaft tragfähig bleiben.

Auf der Mikroebene zeigt sich dieses Prinzip in der Familie: Sie hält zusammen, wenn sie als Ganzes wirkt. Jedes Mitglied hat eigene Bedürfnisse, doch gemeinsame Werte, Rituale und eine Kultur des Miteinanders bringen alle zusammen. Entscheidungen wie Urlaubsplanung oder Haushaltsorganisation wirken sich auf die gesamte Familie aus. Wer nur das Optimum für eine Person im Blick hat, gefährdet das Gleichgewicht. Holistisch handeln heißt hier, das Zusammenspiel zu fördern und gleichzeitig die Entwicklung jedes Einzelnen zu unterstützen. So entsteht ein lebendiges Gleichgewicht zwischen Individualität und Gemeinschaft.

Auf der Makroebene gilt Entsprechendes für Gesellschaften und Volkswirtschaften. Politische Entscheidungen, die kurzfristig Sicherheit schaffen, können langfristig Freiheit einschränken. Gesetze, die Investitionen anregen, sollten zugleich gesellschaftliche

Akzeptanz finden und kulturell verankert sein. Holistisch handeln heißt, Ausgleich zu finden – zwischen Sicherheit und Freiheit, individueller Autonomie und kollektiver Verantwortung, ökonomischer Effizienz und sozialer Tragfähigkeit. Ein Gesetz, das diese Balance schafft, stärkt den Staat langfristig – und nicht nur für die nächste Legislaturperiode.

Das Ziel des Holismus ist dabei nicht Perfektion in jedem einzelnen Bereich, sondern ein stimmiges Ganzes. Wie in einem Orchester steht nicht jedes Instrument gleichzeitig im Vordergrund – und doch formt sich erst im Zusammenspiel etwas Größeres, eine harmonische Einheit. Der Holismus ist der Dirigent, der darauf achtet, dass Tempo, Dynamik und Einsatz so aufeinander abgestimmt sind, dass am Ende ein harmonisches Werk entsteht.

Die Ziele des Holismus sind also nie eindimensional. Sie folgen der Logik eines lebendigen Systems: Wenn ein Teil wächst, sollte er die anderen nicht verdrängen, sondern ihnen Raum geben, mitzuwachsen. Nur so entsteht Resilienz – und nur so lässt sich die Zukunft gestalten, ohne dass wir sie auf Kosten der Gegenwart oder Einzelner erkaufen.

Welchen Mehrwert Holismus schafft

Holistisch zu handeln, schafft Stabilität, Resilienz und neue Chancen – in Unternehmen, Projekten, Gesellschaften und im eigenen Leben. Es verhindert, dass kurzfristige Optimierungen langfristige Schäden verursachen. Vor allem aber öffnet es den Blick für Möglichkeiten jenseits des Offensichtlichen.

Holistische Systeme sind kreativer, weil sie Perspektiven verbinden. Sie sind fairer, weil sie Interessen ausgleichen. Und sie sind robuster, weil sie auf Veränderung vorbereitet sind. Wer holistisch denkt, erkennt Muster früher, reagiert klüger und gestaltet Entwicklungen aktiv.

Sich mit Holismus zu beschäftigen, heißt, Werkzeuge und Denkweisen zu entwickeln, die in einer zunehmend vernetzten, komplexen Welt unverzichtbar sind. Es bedeutet, die Fähigkeit zu schärfen, Zusammenhänge zu erkennen, Nebenwirkungen zu berücksichtigen und Entscheidungen so zu treffen, dass sie heute wirksam und morgen tragfähig sind.

Ich bin überzeugt, dass diese Fähigkeit künftig zu einem entscheidenden Wettbewerbsvorteil wird – nicht nur im wirtschaftlichen Sinn, sondern auch im zwischenmenschlichen. Wer das große Ganze im Blick behält, wird seltener von unvorhergesehenen Folgen überrascht. Er kann Brücken bauen zwischen Teams, Generationen, Kulturen – und damit Vertrauen schaffen.

Ich habe das selbst in einem Stiftungsprojekt erlebt: Neue Bewirtschaftungsmethoden und Technologien sollten bei beninischen Baumwollbauern eingeführt werden – technisch funktional, nachhaltig und schnell umsetzbar. Doch erst durch gezielte Schulungen und die Berücksichtigung kultureller Unterschiede gelang nicht nur ein reibungsloser Roll-out – auch Motivation und Akzeptanz bei den Baumwollbauern stiegen deutlich. Dieses Beispiel zeigt, dass Erfolg nicht allein von Technik abhängt, sondern davon, ob Menschen sie annehmen, verstehen und in ihre Lebenswelt integrieren. Der Holismus sorgt dafür, dass neue Methoden nicht an den Menschen vorbeientwickelt werden, sondern im Dienst des Ganzen stehen.

Das zeigt: Der Holismus ist in Gänze kein langsamerer Weg, wie manche vermuten. Im Gegenteil – er spart oft Zeit, weil er spätere Korrekturen, Krisen oder Widerstände vermeidet. Er ist wie das sorgfältige Vermessen eines Geländes vor dem Hausbau: Wer am Anfang mehr Energie investiert, baut später stabiler und vermeidet teure Korrekturen.

Dieses Buch unterstützt Sie dabei: Es liefert nicht nur ein theoretisches Fundament, sondern zeigt anhand konkreter Beispiele, wie Holismus im Alltag funktioniert – wie er Innovationen beflügelt, Konflikte entschärft, Ressourcen schützt und Systeme zukunftsfähig macht. Wer dieses Konzept versteht und anwendet, verschafft sich einen entscheidenden Vorteil: die Fähigkeit, in einer Welt voller Abhängigkeiten und Unsicherheiten die richtigen Mechanismen zu finden – und sie so einzusetzen, dass nachhaltiger Nutzen entsteht.

2
Die Bausteine des Ganzen: Welche Kräfte Systeme tragen

Mit diesem Kapitel betreten wir die Welt der Systeme. Ob Unternehmen, Ökosystem, Stadt oder internationale Gemeinschaft – jedes System folgt bestimmten Prinzipien. Manche sind starr und anfällig, andere lebendig und widerstandsfähig. Aber was macht den Unterschied? Welche Elemente lassen ein System nicht nur bestehen, sondern wachsen – und welche verleihen ihm eine Art »Superkraft«?

So verschieden Systeme auf den ersten Blick erscheinen, sie alle beruhen auf denselben vier Grundbausteinen: Kräfte, Raum, Rahmenbedingungen und Vernetzung. In weiter entwickelten Systemen tritt eine fünfte, besondere Komponente hinzu – die kollektive Intelligenz. Ob in der Natur, in Organisationen oder in gesellschaftlichen Strukturen – diese Elemente entscheiden über Stabilität, Anpassungsfähigkeit und Zukunftsfähigkeit.

In einfachen Systemen sind diese Bausteine oft unausgewogen: Kräfte verpuffen in Einzelaktionen, Raum für Neues fehlt, Regeln sind zu starr oder zu schwach, Vernetzung bleibt dem Zufall überlassen, und kollektive Intelligenz entsteht erst gar nicht. Je reifer ein System wird, desto bewusster werden diese Elemente gestaltet – und desto stärker entfalten sie ihre Wirkung.

Holistische Systeme gehen noch einen Schritt weiter: Sie reagieren nicht nur auf Veränderungen, sondern nutzen sie als Antrieb für ihre Weiterentwicklung. Während lineare oder statische Systeme unter Belastung schnell an ihre Grenzen stoßen, wächst die Resilienz holistischer Systeme mit der Intensität der Herausforderungen – solange diese ein gewisses Maß nicht überschreiten. So entstehen Strukturen, die nicht nur stabil bleiben, sondern durch Anpassung stärker werden.

Wer ein System entwickeln will, sollte seine Bausteine kennen – und verstehen, wie sie zusammenspielen. Erst dann kann es anpassungsfähig, resilient und wirklich holistisch werden.

Baustein 1: Kräfte

Kräfte sind das Herzstück jedes holistischen Systems. Sie bestimmen, ob ein Gefüge stabil bleibt, sich erneuert oder unter Belastung zerfällt. Jedes System braucht dafür drei Arten von Kräften: eine beständige, eine impulsgebende und eine kontrollierende Kraft.

Die *beständige Kraft* verleiht Stabilität, Orientierung und Kontinuität. Sie ist das Fundament, das den Zusammenhalt sichert und dafür sorgt, dass ein System über lange Zeit als Ganzes bestehen kann. In einem holistischen System – in dem das Ganze mehr ist als die Summe seiner Teile – ist sie unverzichtbar, um die Integrität des Gefüges zu bewahren.

In natürlichen Ökosystemen erkennt man die beständige Kraft in Boden, Wasserhaushalt oder Artenvielfalt. Fehlt diese Konstanz, wird das System zwar formbar, verliert jedoch zugleich an Orientierung und Stabilität.

Dasselbe Prinzip gilt für soziale und wirtschaftliche Strukturen: Ein traditionsreiches Familienunternehmen, das seit Jahrzehnten in derselben Region verwurzelt ist, pflegt langjährige Kundenbeziehungen, hält an seinen Qualitätsstandards fest und lebt eine Kultur der gegenseitigen Unterstützung. Diese Konstanten geben Halt – selbst wenn sich Märkte, Technologien oder Führungspersonen ändern.

Die *impulsgebende Kraft* ist der Motor für Dynamik. Sie bringt Bewegung ins System, ermöglicht Anpassung und eröffnet neue Entwicklungspfade. Ohne sie droht Stillstand – und damit der Verlust jener emergenten Eigenschaften, die gerade aus der Fähigkeit entstehen, auf Reize zu reagieren und sich neu zu ordnen.

Der Managementforscher Jim Collins zeigte in seiner Langzeitstudie über erfolgreiche Unternehmen, dass dauerhafter Erfolg auf dem Zusammenspiel eines stabilen Kerns mit regelmäßigen neuen Impulsen beruht. Werte, Identität und ein über die Zeit verlässlicher Orientierungsrahmen bilden die DNA eines Unternehmens. Dieser beständige Kern bietet Orientierung und schafft Vertrauen – nach innen wie nach außen – und ermöglicht Unternehmen zugleich, auch in Phasen intensiver Veränderung erkennbar zu bleiben. Regelmäßige Impulse hingegen halten Systeme lebendig, eröffnen neue Perspektiven und sichern Anpassungsfähigkeit. Erst das Gleichgewicht von Beständigkeit und Erneuerung macht ein Unternehmen langfristig widerstands-, anpassungs- und zukunftsfähig.[20]

Der Neurowissenschaftler und Unternehmensberater Peter Kruse ging noch einen Schritt weiter: Für ihn war nicht allein die Aufnahme neuer Impulse entscheidend, sondern die bewusste Störung. Erst wenn Vielfalt, Reibung und überraschende Irritationen ins Spiel kommen, entsteht ein Musterwechsel – und damit die Chance auf kreative Durchbrüche, Innovation und neue Lösungswege. Impulse sind also nicht nur Motoren für Anpassung, sondern notwendige Irritationen, ohne die sich kein System grundlegend erneuern kann.[21]

Die *kontrollierende Kraft* schließlich sorgt für Selbstregulation. Sie definiert Leitplanken, hält Prozesse im Gleichgewicht und übersetzt Impulse in tragfähige Routinen. So bleibt das System auch unter stetigen Impulsen und Wandel handlungsfähig.

Beispiele dafür finden sich in technischen wie sozialen Systemen: Globale Netzwerke wie LinkedIn etwa erzeugen durch Millionen Nutzerinnen und User unablässig Impulse. Algorithmen und Datenbestände sichern die Beständigkeit, während Moderation und Regeln die Rolle der kontrollierenden Kraft bilden. So bleibt das System gleichzeitig hochdynamisch und erstaunlich stabil.

In jungen KI-Start-ups wird das besonders deutlich: Kleine Gründerteams bringen die Impulse, Investoren sichern mit Kapital und Netzwerk die Beständigkeit, während Regulierungen und technische Standards eine kontrollierende Kraft darstellen. Erst im Zusammenspiel entsteht daraus ein tragfähiges System.

Sogar auf atomarer Ebene lässt sich das Prinzip der drei Kräfte erkennen: Das Proton steht für Beständigkeit, das Elektron für Impuls und Reaktivität, das Neutron für Stabilität und Regulation. Fehlt eines dieser Elemente, gerät das System aus dem Gleichgewicht – es verändert seine Eigenschaften oder zerfällt. Eine seltene Ausnahme ist das Wasserstoffisotop Protium, das ohne Neutron auskommt und dessen regulierende Funktion von Proton und Elektron mitgetragen wird. In einigen Fällen kann also ein Systemelement die fehlenden Kräfte der anderen Elemente kompensieren.[22]

Wie diese Balance auch in Unternehmen wirkt, zeigte sich bei der Otto Group. Ziel war es, die etablierte Firmenkultur gemeinschaftlich in eine digital anschlussfähige Zukunft zu transformieren. Kleine, hoch motivierte Teams setzten Impulse, die Ressourcen des Konzerns gaben Beständigkeit, klare Leitplanken und Qualitätsstandards sorgten für Selbstregulation. So versandeten Ideen nicht, sondern wurden in sinnvolle Ergebnisse überführt.

Praktisch heißt das: Wer Systeme gestalten will, sollte alle drei Kräfte bewusst in Rollen, Strukturen und Muster übersetzen. Erst das Zusammenspiel von Beständigkeit, Impuls und Kontrolle schafft ein Gefüge, das nicht nur widerstandsfähig ist, sondern auch unter Druck lernfähig bleibt.

Stellen Sie sich vor, über die Welt verteilte Beschäftigte und Stakeholder arbeiten in unterschiedliche Richtungen: Energie verpufft, Reibung wächst. Wie anders wäre es, wenn diese Kräfte gebündelt wären – wenn Spannungen nicht gegeneinander, sondern produktiv genutzt würden? Genau in diesem Moment entsteht Energie für Fortschritt.

Baustein 2: Rahmenbedingungen und Regelwerk

Rahmenbedingungen geben einem System Orientierung, sie sind die Leitplanken, innerhalb deren sich ein System bewegt. Sie definieren, was möglich ist, und markieren zugleich Grenzen, die nicht überschritten werden sollten. In ihnen verbinden sich Regeln, Strukturen, Prozesse und gemeinsame Werte zu einem Orientierungsrahmen, der allen Beteiligten Klarheit verschafft.

In einem natürlichen Ökosystem übernehmen physikalische und chemische Faktoren wie Temperatur, Lichtverfügbarkeit oder pH-Wert diese Rolle. Sie bestimmen, welche Arten gedeihen können und wie sich das Zusammenspiel der Lebensgemeinschaften gestaltet.

In sozialen oder organisatorischen Systemen sind es formale Strukturen, Rollenverteilungen, Entscheidungswege und kulturelle Normen, die Orientierung geben. Sie schaffen Verlässlichkeit, erleichtern Zusammenarbeit und verhindern, dass Energie in unkoordinierte oder widersprüchliche Aktivitäten zerstreut wird.

Gut gestaltete Rahmenbedingungen sind klar genug, um Sicherheit zu bieten, und flexibel genug, um Entwicklung zu ermöglichen. Sie wirken wie ein Kompass: Sie schreiben nicht jeden Schritt vor, deuten aber die Richtung an, in der sich das System bewegen soll. So entwickelt sich ein Gleichgewicht zwischen Stabilität und Anpassungsfähigkeit – die Grundlage nachhaltiger Entwicklung.

In holistischen Organisationen sind sie nicht als starre Vorschriften angelegt, sondern als klug gesetzte Leitplanken: Sie schaffen Sicherheit, ohne Anpassung zu verhindern. So entsteht ein Umfeld, in dem sich Menschen bewegen können, ohne ständig den Kurs infrage zu stellen – und in dem dennoch Platz für neue Wege bleibt. Fehlen klare Rahmenbedingungen, droht Chaos. Energie verpufft, weil Entscheidungen immer wieder neu verhandelt werden müssen. Sind Regeln zu starr, ersticken sie jede Dynamik. Entscheidend ist die Balance: genug Struktur, um Orientierung zu geben, und genug Flexibilität, um Entwicklungen zuzulassen.

In der Technologie lassen sich solche Prinzipien besonders in digitalen Plattformen oder Ökosystemen beobachten. App-Stores wie die von Apple oder Google setzen klare Vorgaben zu Sicherheit, Qualitätsstandards und Prozessen. Entwickler weltweit können sich darauf verlassen, dass ihre Anwendungen auf einer stabilen Basis laufen – und zugleich Spielräume für Innovationen nutzen. Ähnlich wirken API-Governance-Modelle: Offene Schnittstellen schaffen Freiheit für Kreativität, während Regeln für Sicherheit, Datenschutz und Interoperabilität den Rahmen bilden.

Gesellschaftlich übernehmen Verfassungen, Rechtsordnungen oder internationale Abkommen diese Funktion: Sie setzen Grenzen, eröffnen Spielräume und halten komplexe Systeme handlungsfähig. Im Profisport sichern Spielregeln und Verbandsstrukturen Fairness und ermöglichen zugleich Innovation – etwa bei der Einführung neuer Technologien wie dem Videobeweis im Fußball. In der Natur übernehmen Jahreszeiten oder Gezeiten diese Aufgabe: Sie geben einen verlässlichen Rhythmus und Kontinuität, innerhalb deren sich das Leben anpassen und entfalten kann.

Viele Organisationen begreifen ihre Rahmenbedingungen bewusst als Leitfaden statt als Vorschrift. Diese Regeln sind bekannt, akzeptiert und werden gemeinsam weiterentwickelt. Sie machen transparent, welche Freiheiten bestehen und wo rote Linien verlaufen.

Die Bedeutung klarer Rahmenbedingungen zeigte sich bei uns besonders deutlich während der Umsetzung des Kulturwandels bei der Otto Group. Gemeinsam mit meinem Vater Michael Otto und dem Vorstand entwickelten wir verbindliche Leitplanken, die als Fundament für den Wandel dienten. Mitarbeitende erhielten die Möglichkeit, sich innerhalb der Arbeitszeit aktiv in Projekte des Kulturwandels einzubringen und ihre individuellen Stärken dort einzusetzen, wo ihre Interessen am größten waren. So entstand eine ausgewogene Balance zwischen Freiraum und klaren Grenzen – ein Umfeld, das außergewöhnliche Ergebnisse ermöglichte.

Diese Art von Rahmenbedingungen wirkt wie ein doppelter Boden: Sie gibt Sicherheit, damit sich Beteiligte auf mutige Schritte einlassen können – und sie stärkt Vertrauen, weil Veränderungen nicht im luftleeren Raum geschehen.

Stellen Sie sich vor, Sie bewegen sich in einem System, in dem Regeln entweder zu schwach oder zu starr sind: Entweder herrscht Unklarheit, in der ständig alles neu verhandelt wird – oder jede Initiative scheitert an rigiden Vorgaben. Wie anders ist es aber, wenn Rahmenbedingungen Orientierung geben, ohne zu ersticken? Wenn Leitplanken Sicherheit schaffen, aber zugleich genug Freiraum für Eigeninitiative lassen? Genau in diesem Spannungsfeld zwischen Struktur und Freiheit entsteht die Stabilität, die Systeme anpassungs- und zukunftsfähig macht.

Baustein 3: Raum

Raum ist weit mehr als nur ein physischer Ort. Er steht für jede Form von Kapazität, Offenheit und Potenzial, die ein System zum Wachsen benötigt – sei es der Raum, den ein natürliches Ökosystem zum Gedeihen braucht, ein digitaler Raum für Informationsaustausch oder der Raum, den Elektronen für ihre Umlaufbahn um den Atomkern benötigen.

Übertragen auf eine Organisation kann Raum vieles bedeuten: einen inspirierenden Treffpunkt, einen geschützten digitalen Ort oder schlicht ein Zeitfenster, in dem ohne Druck reflektiert werden kann. Raum kann materiell sein, etwa ein Labor oder ein Coworking-Space, oder immateriell: Freiraum im Kalender, gedanklicher Spielraum, emotionale Offenheit.

Raum ist die Bedingung für Kreativität. Wo er fehlt, entsteht Druck, der verhindert, dass Neues wachsen kann. Neurowissenschaftliche Studien zeigen, dass unser Gehirn im entspannten Zustand deutlich mehr neue Verbindungen zwischen Ideen knüpft und so leichter innovative Lösungen findet. Fehlt dieser Freiraum, verengt sich der Fokus, und Denken reduziert sich auf kurzfristige Problemlösung. Systeme – ob Organisationen, Teams oder Individuen – entfalten ihr kreatives Potenzial daher vor allem dann, wenn bewusst Phasen ohne unmittelbaren Leistungsdruck geschaffen werden. Raum für Reflexion, Austausch und spielerisches Experimentieren ist kein Luxus, sondern Grundlage für Erneuerung.

Fehlt dieser Raum, droht Stillstand. Menschen fühlen sich gefangen im Hamsterrad, kreative Impulse versanden. Doch auch das Gegenteil ist möglich: zu viel Raum ohne Richtung. Dann verläuft sich Energie in endlosen Diskussionen oder gut gemeinten, aber folgenlosen Projekten. Entscheidend ist das Gleichgewicht: genug Freiraum, um Neues zu ermöglichen, und zugleich eine klare Orientierung, damit sich Ideen in Wirkung verwandeln.

Manche Unternehmen reservieren bewusst feste Zeitfenster, in denen Teams an eigenen Ideen arbeiten können – ohne Berichtspflicht, aber mit der Möglichkeit, Ergebnisse freiwillig zu präsentieren. Innerhalb weniger Tage oder Wochen entstehen so oft marktreife Produkte. Moderne Formen davon sind Hackathons oder spezialisierte AI-Labs, in denen kreativ oder konzentriert Neues ausprobiert wird. Auch das Gegenbeispiel findet sich immer wieder: Ein Unternehmen eröffnet einen hochmodernen Innovationsraum, doch er bleibt ungenutzt, weil keine zeitlichen Kapazitäten eingeplant sind.

In vielen Organisationen gibt es inzwischen bewusst geschaffene Freiräume, die nicht nur als »Pausen« verstanden werden, sondern als strategisches Instrument. Manche Tech-Unternehmen geben ihren Mitarbeitenden ein festes Zeitkontingent für eigene Projekte – in der Forschung ist dieser »Slack« oft der Nährboden für bahnbrechende Entdeckungen, weil er Experimente jenseits unmittelbarer Zielvorgaben erlaubt.[23]

Städte wiederum schaffen kreativen Raum, wenn sie Zwischennutzungen von Gebäuden zulassen, in denen Kunstschaffende, soziale Initiativen oder Start-ups experimentieren können. Auch in der Bildung entstehen solche Freiräume – etwa in Projektwochen, in denen Schulkinder abseits des regulären Curriculums eigene Fragestellungen verfolgen dürfen – oft mit erstaunlichen Ergebnissen. Gesellschaften insgesamt stehen vor diesen Aufgaben: Raum zu gestalten, Ressourcen zu sichern und zugleich Grenzen zu respektieren – von Bodenpolitik über Energieversorgung bis hin zur globalen Wasserverteilung.

In meinem Berufsleben gab es Situationen, in denen bewusst Raum geschaffen wurde. Die Gründung von Project Collins – aus dem später About You hervorging – war ein solcher Moment: Innerhalb des Konzerns entstand ein Freiraum, in dem ein junges

Team mit eigenem Tempo, eigenen Strukturen und einer anderen Arbeitskultur experimentieren konnte.

Manchmal entsteht Raum nicht im Unternehmen selbst, sondern weil man ihn sich außerhalb nimmt. Eine Reise ins Silicon Valley bot mir die Möglichkeit, Abstand vom Tagesgeschäft zu gewinnen und mich in eine Umgebung zu begeben, die vor Energie und Ideen nur so sprühte. Ich besuchte dort einen Inkubator, der jungen Start-ups nicht nur Arbeitsplätze bot, sondern eine Atmosphäre, in der Ideen ungezwungen aufeinandertrafen und sich gegenseitig befeuerten. Es war ein Raum, in dem Neues nicht verordnet wurde – es geschah einfach, weil die Rahmenbedingungen stimmten.

Heute entstehen solche Räume zunehmend digital: Virtuelle Plattformen wie Gather oder Spatial ermöglichen es Teams, sich in realistisch gestalteten digitalen Umgebungen zu begegnen, sich frei zu bewegen und spontan miteinander zu interagieren – fast wie in einem echten Büro. So wird Zusammenarbeit nicht nur möglich, sondern lebendig: Ideen entstehen durch Nähe, Bewegung und gemeinsame Präsenz – ganz gleich, wo auf der Welt man sich befindet.

Stellen Sie sich vor, Ihr Kalender wäre vollständig belegt. Kein Platz für Unerwartetes, keine Lücke für Reflexion. Wie würde sich das anfühlen? Und wie anders wäre es, wenn Sie regelmäßig leere Räume einplanen – für Austausch, für Experimente, für Gedanken, die nicht sofort verwertet werden müssen? Schon kleine Freiräume können eine große Wirkung entfalten.

Baustein 4: Vernetzung

Vernetzung beschreibt die Qualität und Intensität der Verbindungen innerhalb eines Systems – und zwischen dem System und seiner Umwelt. Sie kann physisch, digital oder in hybriden Formen bestehen und umfasst weit mehr als den bloßen Austausch von Informationen: Sie bildet das Geflecht, durch das Energie, Wissen und Sinn zirkulieren.

In natürlichen Ökosystemen zeigt sich Vernetzung etwa in komplexen Nahrungsnetzen, in denen Füchse, Hasen, Mäuse und Greifvögel in vielfältigen Beziehungsgeflechten als Jäger und Gejagte miteinander interagieren, in Symbiosen zwischen Pflanzen und Bestäubern oder im Zusammenspiel von Bodenorganismen und Vegetation. Auch Schwärme und Herden reagieren in Sekundenbruchteilen auf Veränderungen, weil Informationen permanent zwischen allen Mitgliedern zirkulieren.[24]

In technischen Systemen manifestiert sich Vernetzung etwa in Form von Sensor- und Datennetzwerken, die Informationen in Echtzeit austauschen und Prozesse steuern. In sozialen Systemen entsteht sie durch persönliche Beziehungen, institutionelle Strukturen, digitale Plattformen oder lose Netzwerke, die Wissen, Ressourcen und Unterstützung teilen. In Organisationen ist Vernetzung unverzichtbar. Fehlt sie, entstehen Doppelarbeiten, Wissen versandet, und das System verliert an Reaktionsfähigkeit. Übermäßige Vernetzung kann hingegen zu Informationsüberflutung führen, in der Prioritäten verschwimmen und Entscheidungen verzögert werden.

Je dichter und vielfältiger diese Verbindungen sind, desto anpassungsfähiger ist das System. Vernetzung macht den Fluss von Wissen möglich, schafft die Grundlage für kollektive Intelligenz und erlaubt damit nicht nur Austausch, sondern auch Resilienz und die Fähigkeit, gemeinsam Innovationen hervorzubringen. Entscheidend ist, dass die richtigen Knotenpunkte verbunden sind – und dass das System zwischen intensiven Austauschphasen und fokussierter Arbeit wechseln kann. Wie im neuronalen Netz des Gehirns gilt auch hier: Ein einzelnes Neuron vermag wenig, doch erst im Geflecht entsteht Intelligenz.

Ähnlich verhält es sich mit elektrischen Stromschaltungen: Eine einzelne Leitung erfüllt keine Funktion – denn für den Stromfluss ist ein geschlossener Stromkreis erforderlich, der aus mehreren Komponenten besteht, wie Spannungsquelle, Leitungen, Schaltern und Verbrauchern. Erst durch die gezielte Verbindung dieser Elemente entsteht eine funktionierende Schaltung, in der elektrische

Energie kontrolliert übertragen und genutzt wird. Vernetzung verwandelt isolierte Bauteile in ein funktionierendes System.

Beispiele für wirkungsvolle Vernetzung finden sich in vielen Bereichen: In der Wissenschaft beschleunigen internationale Forschungskonsortien den Fortschritt, indem sie Daten und Erkenntnisse in Echtzeit teilen. In der Wirtschaft schaffen Branchenverbände Plattformen, auf denen Wettbewerber gemeinsam Standards entwickeln und ganze Märkte voranbringen. Digitale Communitys zeigen, wie Vernetzung Wissen vervielfacht: Open-Source-Projekte wie Linux oder Wikipedia leben von einem globalen Netzwerk freiwilliger Beiträge – aus dem individuellen Engagement entsteht kollektives Wissen. Und in Demokratien hält Vernetzung die Kommunikation zwischen Regierung und Opposition, zwischen Staat und Bürgern, zwischen Nationen und internationalen Gremien aufrecht. Wo Kommunikationskanäle abbrechen, gerät das System ins Wanken.

Vernetzung verwandelt isolierte Knoten in ein lebendiges Ganzes. Sie ist das Geflecht, in dem ein System fühlt, denkt und lernt. Stellen Sie sich vor, Sie sind in einem Netzwerk, in dem kaum jemand miteinander spricht. Informationen bleiben stecken, Missverständnisse entstehen. Wie anders wäre es, wenn Verbindungen lebendig und beständig wären – wie in einem Vogelschwarm, der ohne zentrale Steuerung funktioniert, getragen von einem unsichtbaren Netz aus Kommunikation, Vertrauen und gemeinsamer Ausrichtung? Erst echte Verbindung verwandelt ein Nebeneinander in ein Miteinander – und macht aus Teilen ein Ganzes.

Baustein 5: Kollektive Intelligenz

Kollektive Intelligenz entsteht, wenn die Fähigkeiten, Erfahrungen und Perspektiven vieler Einheiten innerhalb eines Systems so miteinander verwoben werden, dass durch emergente Effekte ein Mehrwert entsteht, der die Summe der einzelnen Beiträge deutlich übersteigt. Sie ist kein Produkt isolierter Leistungen, sondern das

Ergebnis von Wechselwirkungen, in denen Informationen geteilt, Muster erkannt und Handlungen aufeinander abgestimmt werden.

Dieses Prinzip zeigt sich in vielen Kontexten: In natürlichen Systemen etwa koordinieren sich Schwärme, Herden oder Pilzgeflechte ohne zentrale Steuerung und reagieren dennoch hochdynamisch auf Veränderungen. In sozialen Systemen entsteht kollektive Intelligenz, wenn Gruppen durch Zusammenarbeit und geteiltes Wissen zu besseren Lösungen gelangen, als es Einzelne könnten. In technischen Systemen bündeln vernetzte Sensoren, Algorithmen oder Maschinen ihre Daten und Rechenleistung, um komplexe Aufgaben zu bewältigen.

Richtig gefördert, macht kollektive Intelligenz Systeme anpassungsfähiger, innovativer und widerstandsfähiger – und ermöglicht es ihnen, Herausforderungen zu meistern, die für Einzelne unlösbar wären.

In Organisationen entsteht kollektive Intelligenz, wenn die Fähigkeiten, Erfahrungen und Perspektiven vieler Menschen so zusammenwirken, dass positive Reibung entsteht. Sie zeigt sich in gemeinsamen Problemlösungen, in Ideen, die aus Vielfalt erwachsen, und in Entscheidungen, die durch verschiedene Blickwinkel robuster werden.

Kollektive Intelligenz entsteht oft dann, wenn unterschiedliche Kräfte bewusst zusammengebracht werden – konstruktive Reibung kann so zum Nährboden für Emergenz werden. Heterogenität erzeugt Prozessmusterwechsel und diese sind eine Grundlage für Kreativität. Verbinden Sie zum Beispiel die Mitarbeiterin in Tokio mit ihren Kolleginnen in Frankreich. Solche Begegnungen erzeugen positive Reibung, setzen das System in Bewegung und lassen kollektive Intelligenz entstehen.[25]

Fehlt sie, droht einseitiges Denken. Entscheidungen basieren dann auf zu wenigen Perspektiven und Interaktionen und sind folglich anfälliger für Fehler. Zu viel unkoordinierte Beteiligung kann jedoch zu endlosen Debatten führen, in denen sich nichts konkretisiert. Entscheidend ist, kollektive Intelligenz so zu nutzen, dass Vielfalt erschlossen wird, ohne in Beliebigkeit zu enden.

In der Wirtschaft zeigt sich ihre Wirkung etwa bei Open-Innovation-Projekten, bei denen Unternehmen Kunden, Lieferanten und externe Experten einbeziehen, um neue Produkte zu entwickeln. Moderne Plattformen wie Kaggle oder Foldit machen sichtbar, wie Menschen weltweit ihr Wissen bündeln: Tausende Datenwissenschaftler lösen gemeinsam KI-Herausforderungen, oder Laien helfen der Forschung, komplexe Proteine zu entschlüsseln. Diese Crowdsourcing-Methoden zeigen die Kraft der vielen.

Über die Wirtschaft hinaus zeigt sich kollektive Zusammenarbeit auch in der Crowd-Bewegung, die auf Schwarmintelligenz beruht. Sie ermöglicht moderne Teilhabe, indem viele Menschen gemeinsam Wissen, Ideen oder Ressourcen einbringen – vor allem durch die Vernetzung über das Internet. Zu ihren wichtigsten Formen gehören Crowdsourcing, bei dem Aufgaben an eine große Gruppe ausgelagert werden, und Crowdfunding, bei dem viele gemeinsam Projekte finanzieren. All diese Ansätze verdeutlichen: Offenheit ist ein zentraler Treiber kollektiver Intelligenz.

So auch bei Open Source: Hier wird Software gemeinsam entwickelt, ihr Quellcode ist frei zugänglich und kann von allen geprüft, verändert und weiterverwendet werden. So entsteht ein globales Netzwerk, in dem Wissen geteilt, Fehler schneller behoben und Innovation beschleunigt wird. Linux, Firefox oder WordPress stehen exemplarisch für diese Kultur: Viele tragen bei, niemand beginnt bei null, und aus der Vielzahl der Beiträge entsteht etwas Stabileres als durch eine einzelne Organisation allein. Open Source ist damit mehr als Software – es ist eine Haltung gemeinschaftlicher Weiterentwicklung, die zunehmend auch Wissenschaft, Bildung und Hardware prägt.

Gesellschaftlich zeigt sich kollektive Intelligenz in Bürgerbeteiligung, zivilgesellschaftlichen Bewegungen oder digitalen Beteiligungsplattformen wie Decidim in Barcelona. Über Social Media entstehen zudem kollektive Bewegungen, die innerhalb weniger Stunden oder Tage globale Aufmerksamkeit erreichen können.

In der Wissenschaft sind große Forschungsverbünde Beispiele dafür, wie kollektive Intelligenz globale Herausforderungen schneller angehen kann – etwa beim Human-Genome-Project, das erst durch die Zusammenarbeit Hunderter Labore weltweit möglich wurde. Ähnlich war die schnelle Entwicklung von mRNA-Impfstoffen während der Corona-Pandemie nur durch eine beispiellose globale Kooperation zwischen Forschung, Unternehmen und Regierungen möglich.

In der Natur nutzen Tiergemeinschaften kollektive Intelligenz instinktiv: Ameisenkolonien organisieren komplexe Bauwerke, ohne dass ein einzelnes Individuum den Plan kennt,[26] und Bienenvölker finden die besten Nahrungsquellen durch das Zusammenspiel vieler Suchflüge und Tanzsignale.[27] Ingenieure greifen dieses Prinzip heute in Schwarmrobotik oder Crowd-AI-Systemen auf, die aus vielen kleinen Beiträgen lernen – technische Entsprechungen natürlicher Emergenz.

In der Otto Group zeigte sich die Kraft kollektiver Intelligenz in bereichsübergreifenden Innovationsprojekten während des Kulturwandels. Mitarbeitende aus unterschiedlichsten Funktionen – vom Einkauf über die IT bis zum Kundenservice – entwickelten gemeinsam neue Ideen für Prozesse und Produkte. Diese Vielfalt wirkte wie eine höhere Kraft: Projektteams formierten sich organisch so, dass möglichst viele Perspektiven vertreten waren. Das Ergebnis waren Lösungen, die weder eine einzelne Abteilung noch eine homogene Expertengruppe hätte hervorbringen können. Weit gefasste Rahmenbedingungen ermöglichten Emergenz – und somit die Entstehung kollektiver Intelligenz.

Die Kraft der vielen wurde zusätzlich beim Umbau einer ungenutzten Lagerfläche von Otto deutlich. Aus einer ersten Idee für mehr Austausch entstand bereichsübergreifend ein Coworking-Space für alle Mitarbeitenden. Beschäftigte aus unterschiedlichsten Bereichen brachten ihre Vorstellungen zur Nutzung, Gestaltung und Namensgebung ein. Diese Vielfalt führte zu Lösungen, die kein Projektteam allein hätte entwickeln können. Der Name »Collabor8« entstand direkt aus diesem Prozess, ebenso wie viele der zentralen Elemente des späteren Spaces. Dass er 2018 zum »Co-Working-Space of the Year« gewählt wurde, zeigte: Wenn Teilhabe klug gerahmt ist, entsteht Emergenz – und aus Beteiligung Exzellenz.

Stellen Sie sich vor, Sie müssten eine Entscheidung allein treffen, obwohl vielfältige Perspektiven verfügbar wären. Wertvolle Chancen blieben ungenutzt, blinde Flecken würden größer. Ganz anders, wenn das Potenzial aller Beteiligten offen geteilt, miteinander verknüpft und auf ein gemeinsames Ziel ausgerichtet wird. Wenn jede Sichtweise gehört und weitergedacht wird, entstehen Verbindungen zwischen Ideen, die zuvor isoliert waren. Unterschiede werden dann nicht als Störung empfunden, sondern als Ergänzung, die neue Lösungswege eröffnet. Durch diesen fortlaufenden Austausch, das Aufgreifen und Kombinieren von Beiträgen, verdichten sich Einzelimpulse zu einem gemeinsamen Verständnis. Und daraus erwächst eine kollektive Intelligenz, die weit über die Summe der Einzelbeiträge hinausgeht.

Auch in leistungsfähigen Unternehmen verlaufen Veränderungsprozesse selten gleichmäßig. Bei Otto gab es Teams, die hoch motiviert waren, Neues auszuprobieren – und andere, die auf Altbewährtes setzten und jede Abweichung vom Bekannten skeptisch betrachteten. Manche Entscheidungen zogen sich, weil mehrere Hierarchieebenen eingebunden waren. In dieser Mischung aus Vorwärtsdrang und Beharrung lag unsere eigentliche Herausforderung: Balance nicht nur zwischen den Elementen eines Systems herzustellen, sondern auch zwischen den unterschiedlichen Geschwindigkeiten und Kulturen im Unternehmen. Kollektive Intelligenz zeigt sich genau darin: im Zusammenspiel unterschiedlicher Rhythmen, Sichtweisen und Energien, die sich gegenseitig ausgleichen und bereichern.

Voraussetzungen für kollektive Intelligenz

- *Geteilte Ausrichtung:* Ein gemeinsames Ziel oder eine klare Fragestellung, die allen Beteiligten Orientierung gibt. Ohne diese Ausrichtung zerstreuen sich Beiträge leicht in unterschiedliche Richtungen.
- *Offener Informationsfluss:* Wissen, Erfahrungen und Beobachtungen sollten transparent und zugänglich sein – nicht nur für einzelne, sondern für alle relevanten Akteure im System.
- *Vielfalt der Perspektiven:* Unterschiedliche Hintergründe, Fachgebiete und Denkweisen erhöhen die Wahrscheinlichkeit, dass neue Lösungsansätze entstehen.
- *Gegenseitiges Zuhören und Aufgreifen:* Beiträge werden nicht nur nebeneinandergestellt, sondern aktiv aufgenommen, weitergedacht und miteinander verknüpft.
- *Iteratives Aufbauen:* Ideen entwickeln sich in mehreren Schleifen, wobei jede Runde auf den vorherigen Beiträgen aufbaut.
- *Konstruktive Reibung:* Unterschiedliche Sichtweisen werden nicht geglättet, sondern produktiv genutzt, um Annahmen zu hinterfragen und bessere Lösungen zu finden.
- *Selbstorganisation:* Rollen, Aufgaben und Schwerpunkte passen sich flexibel an, je nachdem, wo gerade die größte Wirkung erzielt werden kann.
- Kollektive Intelligenz entsteht, wenn Gruppen Wissen, Erfahrungen und Perspektiven bündeln, um bessere Lösungen zu finden als Einzelne. Damit das funktioniert, braucht es Strukturen, die nicht von oben vorgegeben sind, sondern sich von innen heraus organisieren (Selbstwirksamkeit).

Holistische Umweltarchitektur: Die fünf Bausteine im Einsatz

- *Kräfte bündeln:* Politische Impulse, wirtschaftliche Anreize und gesellschaftliches Engagement wirken zusammen, um Nachhaltigkeit als Leitprinzip zu verankern.
- *Rahmenbedingungen schaffen:* Gesetze, Standards und internationale Abkommen bilden die Leitplanken für Klimaschutz und Ressourcenschonung – flexibel genug für Innovation, stabil genug für Sicherheit.
- *Raum eröffnen:* Grünflächen, urbane Reallabore und digitale Plattformen schaffen physische und virtuelle Räume für Experimente, Kooperation und Bildung.
- *Vernetzung fördern:* IoT, KI und Geoinformationssysteme verbinden Datenströme in Echtzeit. Umwelt-, Infrastruktur- und soziale Systeme reagieren gemeinsam auf Krisen.
- *Kollektive Intelligenz aktivieren:* Partizipative Governance und digitale Bürgerplattformen ermöglichen Mitgestaltung und Transparenz. Globale Kooperationen bündeln Wissen für resiliente Lösungen.
- *Essenz:* Holistischer Umweltschutz entsteht, wenn alle fünf Elemente ineinandergreifen – nicht als Einzelmaßnahmen, sondern als dynamisches Gesamtsystem.

Elemente im Gleichgewicht

Die fünf beschriebenen Elemente wirken nie isoliert. Sie sind Teil eines größeren Gefüges, das nur dann seine volle Wirkung entfalten kann, wenn es im Gleichgewicht bleibt. Wird ein Element überbetont und seine Wechselwirkungen mit den anderen vernachlässigt, kann das gesamte System ins Wanken geraten. Mehr Raum ohne klare Ziele kann ebenso lähmen wie zu viel Struktur ohne Freiraum. Entscheidend ist, Rahmenbedingungen zu schaffen, die alle Elemente im Gleichgewicht halten – und dieses Gleichgewicht laufend zu beobachten.

Systeme sind dynamisch: Was heute stabil ist, kann morgen ins Ungleichgewicht geraten. Die Kunst liegt darin, früh zu erkennen, wann ein Ausgleich nötig wird, und gezielt gegenzusteuern, bevor das System Schaden nimmt. Holistisch aufgebaute Systeme können – unterstützt durch kontinuierliche kollektive Intelligenz – eine hohe Anpassungsfähigkeit und Resilienz entwickeln. Unter günstigen Bedingungen lernen sie, Veränderungen eigenständig zu erkennen und ihre Strukturen so anzupassen, dass ihre Funktionsfähigkeit langfristig erhalten bleibt.

Viele Fortschritte des Menschen gehen auf Beobachtungen der Natur zurück. Der Vogelflug inspirierte die Luftfahrt, die sechseckige Wabenstruktur der Bienen das Bauwesen. Und wie das Beispiel Wald zeigt, können Systeme unter bestimmten Rahmenbedingungen vollkommen selbstständig funktionieren. Während die Natur größtenteils ihre Balance selbst erhält, benötigen viele von Menschen geschaffene Systeme permanente Steuerung, um zu bestehen. In großen Unternehmen müssen Ziele, Strategien und Innovationszyklen laufend erneuert werden, damit das System lebendig bleibt.

Eine Geschichte, die mir bis heute in Erinnerung geblieben ist, verdeutlicht die Komplexität dieses Gleichgewichts besonders anschaulich: Ein Bauer klagte über schlechte Ernten und bat Gott, künftig das Wetter selbst bestimmen zu dürfen. Gott gewährte ihm den Wunsch. Der Bauer ließ die Sonne scheinen, sorgte für ausreichend Regen – und freute sich über eine reiche Ernte. Doch er hatte den Wind vergessen. Ohne ihn konnte sich das Saatgut nicht verteilen und in den folgenden Jahren blieb die Ernte aus.

Die Lehre daraus: Holistische Systeme sind multidimensional, ihre Elemente greifen ineinander. Wer nur an einzelnen Stellschrauben dreht, gefährdet das Ganze. Kurzfristige Erträge mögen sich steigern lassen, doch auf lange Sicht entscheidet das Zusammenspiel aller Kräfte über das Überleben eines Systems.

Diese fünf Elemente sind die Bausteine, aus denen holistische Systeme ihre Stabilität und Dynamik beziehen. Im nächsten Kapitel werden wir sehen, wie sie sich in den sechs Phasen des holodynamischen Evolutionskonzepts mit den Systemstufen aus diesem Kapitel verbinden – und welche Wirkung entsteht, wenn alle Elemente im Gleichgewicht sind.

Der Wald

Nehmen wir den Wald als Beispiel. Er zeigt eindrücklich, wie alle Elemente eines Systems zusammenwirken und sich gegenseitig stabilisieren.

- *Kräfte:* Die beständigen Kräfte sind die konstanten Faktoren – Boden, Grundwasser, Luft. Sie geben Stabilität und Verlässlichkeit. Die impulsgebenden Kräfte wirken dynamisch: Sonne, Regen, Wind, Sturm oder Feuer setzen Reize – mal sanft, mal heftig. Die kontrollierenden Kräfte finden sich in den Bäumen und den Organismen des Walds. Sie regulieren den Kreislauf, halten ihn im Gleichgewicht und sichern sein Fortbestehen. Ein Baum mag passiv wirken, doch ohne Bäume würde das gesamte System samt aller Beteiligten kollabieren – sie strukturieren das Leben des Walds.
- *Rahmenbedingungen:* Die Naturgesetze bilden das Fundament. Ohne Gravitation könnte Regen nicht im Boden versi-

ckern, ohne Fotosynthese keine Energie aus der Sonne gewonnen werden. Diese universellen Prinzipien schaffen erst die Bedingungen, unter denen das System existieren kann.

- *Raum:* Damit all dies geschehen kann, braucht der Wald Platz. Er benötigt eine Fläche, auf der Wurzeln Halt finden, Pflanzen wachsen und Tiere leben können. Wird dieser Raum zerstört, verliert das System seine Grundlage.
- *Vernetzung:* Im Wald ist nichts isoliert. Bäume sind über Wurzeln und Pilzgeflechte verbunden und versorgen sich gegenseitig mit Nährstoffen. Über Duft- und Botenstoffe warnen sie sich vor Schädlingen wie dem Borkenkäfer. Nahrungsketten verbinden Pflanzen, Tiere und Mikroorganismen. Selbst vermeintliche Störenfriede wie Blattläuse werden Teil des Kreislaufs, weil sie anderen Tieren als Nahrung dienen. Diese dichte Vernetzung macht den Wald zu einem lebendigen Geflecht.
- *Kollektive Intelligenz:* Daraus entsteht eine Art neuronales Netzwerk: Jeder Baum, jedes Tier, jeder Mikroorganismus trägt dazu bei, das System widerstandsfähig zu halten. Störungen können diesen Effekt sogar verstärken. Ein langsamer Anstieg des Säuregehalts im Regenwasser zwingt die Bäume, sich anzupassen, und stärkt ihre Abwehrkräfte. Passiert die Veränderung jedoch zu abrupt oder überschreitet sie ein bestimmtes Maß, kippt das System – Bäume sterben, und das Netzwerk bricht zusammen.

Faszinierend ist, dass der Wald nicht nur lernfähig ist, sondern seine Anpassungsgeschwindigkeit steigt, solange auch die Herausforderungen schrittweise zunehmen. Angemessene Impulse machen ihn robuster, während Überforderung ihn schwächt. Aus diesem Zusammenspiel erwachsen Eigenschaften, die niemand planen könnte. Wenn ein Baum geschwächt ist, versorgen ihn andere über das Wurzelnetzwerk mit Nährstoffen. So sichern sie das Überleben des Ganzen. Doch in dieser Stärke liegt auch Verletzlichkeit: So kraftvoll der Wald als Netzwerk ist, so volatil reagiert er auf Störungen, wenn das Gleichgewicht verloren geht. Er kann nur überleben, wenn alle Beteiligten zusammenwirken.

Hier zeigt sich: Der Wald ist mehr als die Summe seiner Teile – ein holistisches System. Und was im Ökosystem gilt, gilt ebenso für Organisationen: Sie gedeihen dann, wenn Kräfte, Raum, Rahmenbedingungen, Vernetzung und kollektive Intelligenz in Balance wirken. In diesem Zusammenspiel entsteht Stabilität – und zugleich die Fähigkeit, sich mit Herausforderungen weiterzuentwickeln.

3
Dynamik statt Stillstand: Ein Modell zur Standortbestimmung und Steuerung

Im vorherigen Kapitel wurden die fünf Elemente eines Systems vorgestellt: Kräfte, Rahmenbedingungen, Raum, Vernetzung und – als besondere Komponente – die kollektive Intelligenz. Diese Bausteine entscheiden darüber, ob ein System stabil, anpassungsfähig oder sogar holistisch werden kann. Doch Systeme sind nicht einfach eine Addition dieser Elemente, die einmal festgelegt sind – sie sind lebendig. Ihre Elemente entfalten sich in Bewegung: Sie treten in den Vordergrund oder zurück, verstärken oder schwächen sich gegenseitig, verändern ihre Wirkung im Zusammenspiel mit den anderen.

Nachdem Sie die Grundkräfte kennengelernt haben, geht es nun darum, zu verstehen, wie sie sich über die Zeit entfalten und welche Entwicklungsgesetze dabei wirksam werden. Damit stellt sich eine entscheidende Frage: Wie verlaufen diese Bewegungen? Welche Entwicklungslogik bestimmt, wie sich Systeme über die Zeit hinweg verändern? Und welche Muster werden sichtbar, wenn wir ein System nicht nur als Momentaufnahme betrachten, sondern in seiner Dynamik?

Genau hier setzt das holodynamische Evolutionskonzept an. Es beschreibt sechs Stufen, die ein System typischerweise durchläuft – von der Fragmentierung bis hin zur Ganzheit. Jede Stufe markiert eine Schwelle, an der sich das Zusammenspiel der Elemente verändert und neue Qualitäten entstehen. Ich stelle sie hier zunächst für einen Überblick kurz vor, bevor wir sie später ausführlicher betrachten:

Fragmentiertes System mit Kräften: Zu Beginn bestehen Systeme oft aus isolierten Komponenten oder Akteuren, die unabhängig voneinander agieren. Die vorhandenen Kräfte wirken nebeneinander oder sogar gegeneinander, ohne erkennbare Verbindung oder Abstimmung. Es gibt weder gemeinsame Ziele noch einen strukturierten Austausch – Energie verpufft zumeist in unkoordinierten Einzelaktivitäten.

Verknüpftes System durch Rahmenbedingungen: Erste verbindende Elemente entstehen. Rahmenbedingungen schaffen Kontaktpunkte, an denen sich die Teile des Systems begegnen. Erste Informationsflüsse und lose Abstimmungen werden möglich. Diese Verknüpfung bildet die Grundlage für ein Mindestmaß an Orientierung und eröffnet Potenzial für künftige Zusammenarbeit.

Kooperatives System durch Raum: Ein gemeinsamer, bewusst gestalteter Raum – physisch, digital oder kulturell – ermöglicht es den Beteiligten, ihre Kräfte gezielt auf gemeinsame Ziele auszurichten. Rollen, Verantwortlichkeiten und Prozesse werden klarer, und die Interaktionen werden aktiv genutzt, um Synergien zu erzeugen. Aus losem Austausch wird echte Zusammenarbeit.

Adaptives System durch Vernetzung: Die Verbindungen zwischen den Teilen werden dichter und vielfältiger. Iterationen, kontinuierlicher Informationsaustausch und gegenseitige Unterstützung machen das System lernfähig. Es kann schneller auf Veränderungen reagieren, Erfahrungen integrieren und seine Strukturen flexibel anpassen, um Stabilität und Leistungsfähigkeit zu sichern.

Emergentes System mit kollektiver Intelligenz: Die enge Vernetzung und das konstruktive Zusammenspiel führen zu einem qualitativen Sprung: Aus den Interaktionen entstehen neue Eigenschaften, Lösungen oder Innovationen, die nicht aus den Einzelteilen allein ableitbar sind. Unterschiedliche Perspektiven und Fähigkeiten verbinden sich zu einer kollektiven Intelligenz, die das System weit über seine ursprünglichen Möglichkeiten hinausbefördert.

Holistisches System der Ganzheit: Alle Elemente sind so integriert, dass sie als harmonische, selbststeuernde Einheit agieren. Das System berücksichtigt nicht nur seine internen Wechselwirkungen, sondern auch den Kontext und äußere Einflüsse. Es ist in der Lage, sich selbst zu regulieren, kontinuierlich zu lernen und sich an veränderte Bedingungen anzupassen – und erreicht so einen Zustand von Stabilität, Resilienz und fortlaufender Erneuerung.

Die Evolutionsstufen sind dabei nicht nur ein theoretisches Konstrukt. Sie begegnen uns täglich – in Organisationen, in der Politik, in gesellschaftlichen Strukturen oder in der Natur. Sie lassen sich einzeln beobachten – aber ihre eigentliche Bedeutung entfalten sie erst in der Bewegung: wenn sichtbar wird, wie die Elemente einander bedingen, wie Kräfte sich gegenseitig verstärken oder blockieren, wie sich Übergänge ankündigen und wie Fortschritt beschleunigt oder gebremst werden kann.

Mathematisch betrachtet, lässt sich diese Entwicklung in vier typischen Logiken unterteilen:

1. *Im fragmentierten System* gibt es kaum systemische Wirkung – Beiträge addieren sich nicht sinnvoll.
   Beispiel: Mehrere Initiativen setzen sich für Umweltschutz ein, arbeiten aber isoliert, ohne voneinander zu wissen. Ihre Aktionen überschneiden sich oder widersprechen sich sogar.
2. *In der verknüpften Stufe* greifen erste Rahmenbedingungen und die Elemente richten sich aufeinander aus – und nun durchläuft das System eine lineare Entwicklungsphase. Jeder zusätzliche Beitrag wirkt in etwa gleich stark und additiv. Fortschritt ist proportional zum Input.
   Beispiel: Mehrere Software-Entwicklerteams nutzen ein gemeinsames Versionskontrollsystem wie Git, meist über einen zentralen Code-Speicher, auf den alle zugreifen können. Zwar ist der Austausch möglich, doch die Arbeit bleibt weitgehend unabhängig voneinander, da Prozesse und Standards nicht abgestimmt sind.
3. *In der kooperativen Phase* entfaltet sich das System durch die Multiplikation und gegenseitige Verstärkung seiner Elemente. Wenn ein gemeinsamer Raum und klare Ziele vorhanden sind, beginnen Kräfte sich gegenseitig zu verstärken. Die Wirkung ist nicht mehr nur additiv, sondern faktorisiert sich zum Beispiel so: Wissen × Ressourcen × Motivation. Kleine Verbesserungen in mehreren Be-

reichen multiplizieren sich zu deutlich größeren Gesamteffekten. *Beispiel:* Ein Hersteller, ein Logistikunternehmen und ein Händler entwickeln gemeinsam eine Lieferkette, bei der optimierte Verpackungen, abgestimmte Transportzeiten und gemeinsame Marketingaktionen den Absatz deutlich steigern.

4. *Ab der adaptiven Stufe* kann eine exponentielle Dynamik beginnen. Adaptive Systeme passen sich flexibel an Veränderungen an. Wenn Rückkopplungen, dichte Vernetzung und Lernfähigkeit hinzukommen, entstehen positive Feedbackschleifen. Fortschritt beschleunigt sich, weil jede Verbesserung die Grundlage für die nächste verstärkt.
   Beispiel: Ein Korallenriff passt sich an steigende Wassertemperaturen an, indem es symbiotische Algenarten aufnimmt, die hitzeresistenter sind. Diese Anpassung verbessert das Überleben der Korallen, was wiederum das gesamte Ökosystem stärkt.
5. *Im emergenten System* wird dieser Effekt noch deutlicher: Kollektive Intelligenz bringt völlig neue Lösungen hervor, die das Wachstum und die Leistungsfähigkeit sprunghaft steigern können. *Beispiel:* Eine internationale Musik-Community entwickelt online gemeinsam ein neues Genre, das Einflüsse aus verschiedenen Kulturen verbindet und so einen völlig neuen Stil hervorbringt.
6. *In der holistischen Phase* kann sich das System selbst steuern und anpassen – exponentielle Dynamik wird hier oft durch selbstregulierende Mechanismen stabilisiert, um Funktionsstörungen oder Kollaps zu vermeiden.
   Beispiel: Ein »Smart City«-Netzwerk integriert Verkehr, Energie, Wasser und Abfallwirtschaft so, dass alle Systeme in Echtzeit aufeinander reagieren, Ressourcen optimal nutzen und sich automatisch an veränderte Bedingungen anpassen.

Damit vollzieht sich ein Perspektivwechsel, der besonders wichtig ist: Aus einer statischen Analyse wird eine Bewegungsanalyse, aus einzelnen Standbildern wird ein fortlaufender Film. Wir können beobachten, wie sich jedes Element auf einer Stufe entfaltet, wie es andere beeinflusst – und wo genau die Hebel liegen, um Entwicklungen zu lenken.

Das Modell lässt sich nicht nur zur Standortbestimmung einsetzen, sondern auch als Steuerungsinstrument verstehen. Es hilft, zu erkennen, wohin sich ein System bewegt, wenn alles bleibt, wie es ist – und welche Möglichkeiten sich eröffnen, wenn gezielt Impulse gesetzt werden. Damit wird eine Systementwicklung von einem Zufallsprozess zu einer bewussten Gestaltungsaufgabe.

Evolution der Umweltpolitik

- *Fragmentiert:* Energie-, Wasser- und Abfallpolitik agieren isoliert. Ressourcenmanagement bleibt sektoral und ineffizient.
- *Verknüpft:* Erste gemeinsame Standards und Datenplattformen entstehen. Ressorts tauschen Informationen aus, ohne strategische Integration.
- *Kooperativ:* Städte und Regionen arbeiten zusammen. Pilotprojekte verbinden Mobilität, Energie und Grünflächen in gemeinsamen Konzepten.
- *Adaptiv:* IoT und KI ermöglichen datenbasierte Steuerung. Systeme reagieren flexibel auf Umweltveränderungen und Krisen.
- *Emergent:* Neue Lösungen entstehen aus kollektiver Intelligenz. Synthetische Ökosysteme, Kreislaufwirtschaft, urbane Biodiversität.
- *Holistisch:* Umweltpolitik wird Teil eines umfassenden Systems: Bildung, Gesundheit, Wirtschaft und Technologie greifen ineinander – für Resilienz und Lebensqualität.

Die Zukunft des Umweltschutzes liegt in der holistischen Integration – nicht als Endpunkt, sondern als dynamischer Prozess.

Stufe 1: Fragmentierte Organisationen mit diffuser Anordnung der Kräfte

Fragmentierte Organisationen entstehen, wenn Teile eines Ganzen weitgehend unabhängig agieren und nur schwach oder gar nicht verknüpft sind. Die vorhandenen Kräfte – stabilisierend (zum Beispiel Finanzen/Prozesse), impulsgebend (zum Beispiel Innovation/Vertrieb) und kontrollierend (zum Beispiel Management/Compliance) – wirken dabei ungeordnet, teilweise gegeneinander oder neutralisieren sich. Bereiche optimieren für sich, oft mit guten Absichten, aber ohne Bezug zum Gesamtsystem.

Entscheidungen werden isoliert getroffen, Schnittstellen sind schwach ausgeprägt, Informationen fließen selektiv oder gar nicht. Es können Doppelarbeit, Zielkonflikte und ineffiziente Prozesse entstehen. Systemische Potenziale, die sich aus dem Zusammenspiel der Kräfte entwickeln könnten, bleiben ungenutzt.

Die scheinbare Stabilität fragmentierter Organisationen ist trügerisch: Funktionierende Einheiten kaschieren systemische Schwächen – bis sich das Umfeld ändert. Dann geraten die Kräfte aus dem Gleichgewicht, Reibungsverluste steigen, und die Gesamtleistung sinkt.

Typisch für fragmentierte Organisationen sind Silostrukturen mit eigenen Prioritäten, Budgets und Kennzahlen: Das Marketing plant Kampagnen ohne Abstimmung mit der Produktentwicklung, der Vertrieb verspricht Lieferzeiten ohne Rückkopplung aus der Produktion – an den Schnittstellen reißen die Kundenzufriedenheit und die Wertschöpfungskette ab. Ähnliche Muster finden sich in der internationalen Politik: Nationale Einzelinteressen führen trotz globaler Probleme zu widersprüchlichen Strategien und blockieren Fortschritt.

Gerade junge Unternehmen – insbesondere Start-ups – befinden sich anfangs häufig in dieser Phase, weil sie erst die notwendige Infrastruktur schaffen müssen. Physische oder digitale Räume für den Austausch sind nicht immer vorhanden, Rahmenbedingungen fehlen, und die Vernetzung zwischen allen Beteiligten ist noch nicht abschließend hergestellt. In Konzernen arbeiten neu gegründete Tochtergesellschaften zunächst ohne gemeinsame Prozesse mit der Muttergesellschaft. Verwaltungen bearbeiten ähnliche Anliegen, ohne Daten auszutauschen, sodass Betroffene Informationen mehrfach einreichen müssen. NGOs erleben vergleichbare Muster, wenn lokale Projektteams unabhängig voneinander handeln und dabei wertvolles Wissen oder Ressourcen nicht teilen. Auch auf staatlicher Ebene sind nationale Alleingänge bei Klimaschutz oder Pandemiebekämpfung typische Symptome.

Technisch betrachtet, gleichen fragmentierte Systeme isolierten Datenbanken ohne klar definierte Schnittstellen: Ein KI-System ließe sich hier kaum trainieren, weil die Datengrundlage fragmentiert bleibt. Die Folgen sind Kommunikationsbrüche, doppelt gebundene Ressourcen und langsame, unkoordinierte Reaktionen auf Marktveränderungen.

Bei abrupten Veränderungen reagiert jeder Bereich für sich – Marketing justiert Botschaften, Vertrieb Preise, Produktion Abläufe. Ohne Abstimmung verstärken sich Inkonsistenzen: widersprüchliche Kundensignale, stockende Lieferketten, doppelte Arbeit. Anfangs kompensieren Menschen durch Mehrarbeit und Improvisation, doch mit der Zeit sinkt die Reaktionsfähigkeit, Fehler sind unvermeidbar, Chancen bleiben ungenutzt.

Deutlich wird: Stabilität hängt nicht von starken Einzelteilen ab, sondern davon, wie gut Kräfte und Bereiche verbunden sind.

Sind Sie eine fragmentierte Organisation?

Beschäftigte und Bereiche arbeiten weitgehend isoliert, Informationen fließen nur selektiv.

Entscheidungen werden überwiegend von Einzelpersonen oder abteilungsweise und ohne Abstimmung mit anderen getroffen.

Beständige, impulsgebende und kontrollierende Ressourcen arbeiten nicht auf ein gemeinsames Ziel hin.

Typische Symptome sind widersprüchliche Kundenerlebnisse, Doppelarbeit, Zielkonflikte und stockende Übergaben.

Zum Nachdenken

- Erhalten Sie alle wesentlichen Informationen aus anderen Bereichen, bevor Sie entscheiden?
- Wirken die beständigen, impulsgebenden und kontrollierenden Kräfte in Ihrem System aufeinander abgestimmt – oder ziehen sie in unterschiedliche Richtungen?
- Beobachten Sie ähnliche Brüche auch auf Systemebene, etwa zwischen Ressorts, Behörden oder Staaten?

Stufe 2: Verknüpfte Organisation durch Rahmenbedingungen

In einer verknüpften Organisation sind die Teile eines Ganzen bereits miteinander verbunden. Zwischen den Bereichen existieren definierte Schnittstellen und Informationen, zudem beginnen Ressourcen über diese Kanäle zu fließen. Erste Rahmenbedingungen – wie grundlegende Prozesse, Regeln, Kommunikationswege, gemeinsame Tools oder vereinbarte Standards – schaffen die Basis für Zusammenarbeit.

Der Informationsaustausch funktioniert, ist jedoch häufig noch anlassbezogen oder projektgebunden. Auf Veränderungen kann schneller reagiert werden, weil es eine funktionierende Kommunikation gibt. Steigt beispielsweise die Nachfrage, können Vertrieb und Produktion relativ zügig gemeinsam Maßnahmen planen.

Oft fehlt aber eine gemeinsame strategische Ausrichtung. Die bestehenden Verbindungen und Rahmenbedingungen werden eher als Mittel zum Zweck genutzt, nicht als integraler Bestandteil des Gesamtsystems.

In der Praxis zeigt sich das etwa in Unternehmen, in denen Abteilungen regelmäßig Informationen austauschen, dieser Austausch aber stark situationsgetrieben ist: Das Marketing stimmt sich mit dem Vertrieb ab, wenn ein neues Produkt gelauncht wird, oder der Kundenservice holt sich Unterstützung von der IT bei der Einführung eines neuen Tools. Zwischen diesen Projekten verfallen Teams jedoch wieder in gewohnte, bereichsbezogene Arbeitsmuster. So entstehen zwar Synergien – wenn etwa eine Vertriebsaktion durch Marketingkampagnen unterstützt wird oder die Produktentwicklung frühzeitig Feedback aus dem Kundenservice erhält –, doch ohne ein einheitliches Zielbild und verbindliche Rahmenbedingungen bleiben diese Effekte isoliert.

Folgende Beispiele bieten Strukturen für verknüpfte Organisationen: Unternehmen führen konzernweite Data-Hubs ein, in denen alle Standorte auf dieselben Informationen zugreifen können. Mittelständische Firmen schaffen CRM-Systeme, die Kundendaten aus Vertrieb, Marketing und Service zusammenführen. NGOs nutzen Cloud-Strukturen, in denen Projektteams weltweit Dokumente ablegen und abrufen können. Verwaltungen bauen zentrale Plattformen für Bürgeranträge auf, sodass Daten nur einmal erfasst werden müssen. Bundesländer stimmen sich über zentrale Datenbanken zu Gesundheitsstatistiken ab, um einheitliche Berichte zu erstellen. Auch technisch zeigt sich dieses Muster in der Zusammenführung von Sensordaten oder in der Einführung von Programmierschnittstellen (API), die bisher getrennte Systeme miteinander verbinden.

Die Vorteile sind deutlich: Doppelarbeit reduziert sich, Reaktionszeiten verkürzen sich, erste Effizienzgewinne werden sichtbar. Gleichzeitig bleiben die kontextbedingten Grenzen spürbar: Es fehlt eine tiefe strategische Abstimmung, und die Abhängigkeit von zentralen Knotenpunkten kann das System anfällig machen –

fällt der »Hub« aus, stockt der Informationsfluss. Auch auf globaler Ebene ist dies erkennbar: Staaten tauschen Informationen zu Klima, Handel oder Sicherheit aus, doch es bleibt oft beim punktuellen Kontakt ohne gemeinsame strategische Ausrichtung. Fortschritte sind möglich, aber selten nachhaltig.

Sind Sie eine verknüpfte Organisation?

- Es gibt definierte Schnittstellen, regelmäßigen Informationsaustausch und eine zentrale Hub-Technologie.
- Informationen sind grundsätzlich zugänglich, werden aber nicht automatisch oder kontinuierlich geteilt.
- Entscheidungen berücksichtigen andere Bereiche nur gelegentlich und folgen oft noch der Logik einzelner Einheiten.
- Rahmenbedingungen wie Prozesse, Regeln oder Standards sind vorhanden, aber nicht strategisch verankert.
- International bleibt der Austausch meist anlassbezogen und unverbindlich.

Zum Nachdenken

- Nutzen Sie Ihre Verbindungen nur, wenn es brennt – oder sind sie Teil des Alltags?
- Welche Informationen könnten Sie proaktiv teilen, um anderen Bereichen die Arbeit zu erleichtern?
- Gibt es zentrale Knotenpunkte, die zu Engpässen werden könnten?
- Funktioniert die Kommunikation zwar gut, doch es fehlt eine gemeinsame Ausrichtung – und beobachten Sie dieses Muster auch zwischen Behörden oder Regierungen?

Stufe 3: Kooperative Organisation durch die Entwicklung eines Raums

Eine kooperative Organisation entsteht, wenn ein gemeinsamer Raum geschaffen wird – sei es physisch, digital oder als Denkraum. Dieser Raum ist bewusst gestaltet, um Zusammenarbeit zu ermöglichen und zu fördern. Er bietet den beständigen, impulsgebenden und kontrollierenden Kräften eines Unternehmens optimale Bedingungen, um ihre Wirkung gezielt zu entfalten und auf gemeinsame Ziele hinzuarbeiten.

In diesem Umfeld sind Schnittstellen nicht nur definiert, sondern werden aktiv gepflegt. Informationen fließen kontinuierlich – nicht nur bei unmittelbarem Anlass – und orientieren sich am Gesamterfolg statt an Einzelzielen. Kooperation bedeutet hier mehr als reiner Austausch: Es ist ein gemeinsames Gestalten, bei dem Entscheidungen nicht isoliert innerhalb einer Einheit getroffen werden, sondern unter Berücksichtigung ihrer Auswirkungen auf das gesamte System.

Physische Räume wie Büros oder Projekttreffpunkte, digitale Räume wie Kollaborationsplattformen, Social Intranets und Kommunikationskanäle sowie Denk- und Kreativräume für Ideenentwicklung und Reflexion bilden die Grundlage für diese Form der Zusammenarbeit. In einem solchen Raum können bereichsübergreifende Teams Verantwortung für komplette Wertschöpfungsschritte übernehmen – von der Ideenfindung über die Umsetzung bis zur Auswertung von Ergebnissen. Zwischenergebnisse werden offen geteilt, Herausforderungen gemeinsam gelöst, und Entscheidungen basieren auf allen verfügbaren Informationen.

In Konzernen arbeiten Forschung und Entwicklung, Marketing und Produktion eng verzahnt an einer Produkteinführung, wobei bereits in der Konzeptphase Marketing-Insights und Produktionskapazitäten berücksichtigt werden. Mittelständische Firmen lassen Vertrieb und Kundenservice regelmäßig zusammenarbeiten, um Kundenfeedback in Produktverbesserungen einfließen zu lassen. NGOs bündeln die Expertise unterschiedlicher Fachbereiche wie Bildung, Gesundheit und Infrastruktur, um Projekte ganzheitlich zu planen. Verwaltungen setzen Plattformen ein, die Bürgerdaten nur einmal erfassen müssen, wodurch Bearbeitungszeiten sinken. Staaten koordinieren Gesetzesinitiativen ressortübergreifend, um widersprüchliche Regelungen zu vermeiden. Technisch sichtbar wird diese Phase in Machine-Learning-Plattformen, auf denen Datenexperten, Fachabteilungen und IT gemeinsam arbeiten, oder in Tools wie Jira und Miro, die interdisziplinäre Teams in Echtzeit verbinden.

Politisch entspricht diese Stufe multilateralen Formaten wie der Europäischen Union oder den Vereinten Nationen, in denen Länder in physischen, digitalen und diplomatischen Räumen an Projekten arbeiten – von Friedensmissionen bis zu Nachhaltigkeitsprogrammen. Bleibt der Kooperationsgedanke jedoch oberflächlich, kann er in Krisen leicht erodieren – der Rückfall in isoliertes Handeln droht.

Eine kooperative Organisation steigert ihre Innovationskraft, weil unterschiedliche Perspektiven und Kompetenzen gezielt zusammengebracht werden. Prozesse werden flüssiger, Abstimmungshürden sinken, Entscheidungen fallen schneller. Typische Vorteile sind höhere Effizienz, bessere Qualität von Entscheidungen und eine schnellere Umsetzung von Projekten. Gleichzeitig erfordert diese Form der Zusammenarbeit Zeit, Energie und die Bereitschaft, Konflikte konstruktiv zu lösen. Grenzen ergeben sich aus erhöhtem Abstimmungsaufwand, möglichen Kompromisslösungen und der Abhängigkeit von funktionierender Kommunikation. Nur wenn Kooperation Teil der Kultur ist, bleibt sie auch in Phasen hoher Belastung stabil.

Sind Sie eine kooperative Organisation?

- Es existieren bewusst gestaltete physische, digitale und Denk-Räume für Zusammenarbeit.
- Kreativität und Selbstorganisation sind hoch, doch ohne strategische Leitplanken versanden gute Ideen leicht.
- Zusammenarbeit erfolgt regelmäßig und strukturiert, nicht nur im Notfall.
- Ziele werden teilweise oder vollständig gemeinsam festgelegt.
- Erste Synergien entstehen, doch Kooperation ist noch anfällig für Rückfälle in isoliertes Arbeiten.
- Es gibt etablierte Strukturen für Austausch, doch ihre Wirksamkeit hängt oft vom Engagement einzelner Schlüsselpersonen ab.

Zum Nachdenken

- Ist Ihre Koordination in allen drei Raumdimensionen – physisch, digital und geistig – strukturell abgesichert, oder hängt sie vom Einsatz einzelner Schlüsselpersonen ab?
- Werden Konflikte konstruktiv gelöst – oder führen sie zu Blockaden?
- Wie stellen Sie sicher, dass gemeinsame Ziele nicht im Tagesgeschäft untergehen?

Stufe 4: Adaptive Organisation durch Vernetzung

In einer adaptiven Organisation stehen die Interaktionen zwischen den Unternehmensbereichen im Zentrum. Durch interdisziplinäre Teams, digitale Plattformen, kontinuierliche Feedbackschleifen und aktiven Wissensaustausch entsteht ein dynamisches Netzwerk, das schnelle Reaktionen auf Marktveränderungen und eine fortlaufende Optimierung interner Prozesse ermöglicht.

Anpassung ist kein Ausnahmemodus, sondern Teil der regulären Arbeitsweise. Veränderungen im Umfeld werden systematisch beobachtet, bewertet und in konkrete Anpassungen übersetzt. Das System lernt beständig und verändert Strukturen, Prozesse und Verhaltensweisen, sobald es sinnvoll ist.

Adaptive Organisationen sind oft datengetrieben und nutzen Feedbackschleifen, um Wirksamkeit zu messen und schnell nachzujustieren. Entscheidend ist jedoch nicht allein die Technologie, sondern die Haltung: Veränderungen werden nicht als Störung empfunden, sondern als Chance, besser zu werden.

Statt sich auf jährliche Strategie-Reviews zu beschränken, werden in einem Unternehmen auf dieser Stufe Markttrends, Kundenfeedback und operative Kennzahlen quartalsweise überprüft. Tritt ein neuer Wettbewerber mit einem innovativen Produkt auf, erfolgt keine Verzögerung bis zur nächsten Planungsrunde - crossfunktionale Teams prüfen unverzüglich sinnvolle Anpassungen und setzen sie um.

Ein globaler Einzelhändler passt beispielsweise sein Sortiment innerhalb weniger Wochen an veränderte Konsumtrends an - etwa durch die schnelle Einführung nachhaltiger Produktlinien. Ein Maschinenbauer reagiert auf Rohstoffknappheit, indem er kurzfristig alternative Materialien einsetzt. Eine Hilfsorganisation leitet in Katastrophenfällen innerhalb von Stunden Einsatzteams um, verteilt Ressourcen neu und stimmt sich mit lokalen Partnern ab. Eine Stadtverwaltung eröffnet bei Hitzewellen kurzfristig öffentliche Gebäude als Kühlzentren. Regierungen entwickeln in Pandemien digitale Lösungen für Kontaktverfolgung und passen Impfkampagnen flexibel an. Gesellschaftlich reagieren Systeme robuster, wenn Monitoring, Feedback und flexible Anpassungen institutionalisiert sind – im Unterschied zu starren, planfixierten Strukturen.

Auch im Technologiesektor gibt es Beispiele: Betrugserkennungssysteme, die automatisch auf neue Muster reagieren, Produktionsanlagen, die mithilfe von mit dem Internet verbundenen Sensoren Parameter in Echtzeit anpassen, oder adaptive Firewalls, die sich dynamisch gegen neue Angriffe schützen.

Adaptive Organisationen zeichnen sich durch kurze Entscheidungswege aus. Mitarbeitende auf allen Ebenen sind befugt, innerhalb klarer Leitplanken zu handeln. Das erfordert Vertrauen – sowohl in die Fähigkeiten der Teams als auch in die gemeinsame Ausrichtung. Diese Art von System ist widerstandsfähiger gegenüber Krisen, weil es Veränderungen antizipiert und integriert, bevor sie zum Problem werden. Gleichzeitig besteht die Gefahr, dass ständige Anpassungen Ressourcen binden und den Fokus verwässern, wenn nicht klar ist, worauf sich die Organisation langfristig ausrichtet. Ohne ein übergeordnetes, sinnstiftendes Leitbild kann eine adaptive Organisation in Aktionismus verfallen.

Sind Sie eine adaptive Organisation?

- Sie reagieren schnell auf Veränderungen und passen Strukturen sowie Prozesse flexibel an.
- Veränderungen werden aktiv gestaltet und basieren auf aktuellen Daten.
- Entscheidungen werden zügig umgesetzt, Strukturen und Prozesse sind anpassungsfähig.
- Interdisziplinäre Teams, Netzwerke und Feedbackschleifen sind etabliert.
- Institutionalisierte Monitoring- und Anpassungsmechanismen sind organisational und gesellschaftlich vorhanden.

Zum Nachdenken

- Werden sämtliche vorhandenen Ressourcen bestmöglich genutzt?
- Reagieren Sie auf Veränderungen, oder gestalten Sie sie aktiv mit?
- Haben Sie die nötigen Daten und Entscheidungswege, um schnell handeln zu können?
- Wie stellen Sie sicher, dass Anpassungen nicht zu Aktionismus führen, sondern strategisch sinnvoll sind?
- Nutzen Sie die Vernetzung Ihrer Organisation systematisch als strategischen Vorteil?

Stufe 5: Emergente Organisation durch kollektive Intelligenz

Sobald eine Organisation selbsttragende Strukturen entwickelt – etwa durch Führungskräfteentwicklung, eine gelebte Innovationskultur oder den Aufbau eines lernenden Unternehmens – und komplexe Feedbackmechanismen etabliert sind, entstehen emergente Eigenschaften: neue Produkte, Geschäftsmodelle oder Marktchancen, die nicht aus einzelnen Abteilungen allein ableitbar sind, sondern aus dem Zusammenspiel aller Kräfte hervorgehen.

Im emergenten Unternehmen entstehen Strukturen, Ideen und Lösungen nicht durch zentrale Planung, sondern aus der Interaktion der einzelnen Teile. Das System nutzt seine Vielfalt, um aus unvorhergesehenen Situationen eigenständig Innovationen hervorzubringen. Emergenz bedeutet, dass das Ganze mehr ist als die Summe seiner Teile – und dass dieses Mehr oft überraschend ist.

Statt Entwicklungen rein zentral zu steuern, schafft die Organisation die Rahmenbedingungen, in denen Neues auch dezentral entstehen kann: Vertrauen, Transparenz, Gemeinschaftssinn und

Experimentierkultur. So kann es passieren, dass ein internationales Projektteam während der Arbeit an einer Kundenlösung einen völlig neuen Ansatz entwickelt – vielleicht sogar ein Produkt oder Geschäftsmodell, das in einem klassischen, stark hierarchischen Unternehmen nicht durchgedrungen wäre. Im emergenten System dagegen wird die Idee aufgenommen, weiterentwickelt und kann sich schnell verbreiten.

Hier einige Beispiele aus unterschiedlichen Bereichen: Ein Automobilhersteller entwickelt gemeinsam mit Zulieferern, Start-ups und Forschungseinrichtungen ein Mobilitätskonzept, das weit über das Auto hinausgeht. Ein Sportartikelhersteller arbeitet mit Vereinen, Influencern und Materialforschern an nachhaltigen Produkten. NGOs, Unternehmen und Initiativen schließen sich spontan zu Koalitionen zusammen, um in Krisenregionen Nothilfe mit langfristigen Bildungs- und Infrastrukturprojekten zu verbinden. Städte entwickeln Smart-City-Strategien im Zusammenspiel von Bürgerinitiativen, Versorgern und Verwaltung. Auch Staaten schaffen gemeinsam Ökosysteme für digitale Gesundheitsdienste. Technische Entsprechungen sind KI-gestützte Diagnosesysteme, die durch Datenfusion neue Krankheitsmuster erkennen, Open-Source-Projekte, an denen weltweit Freiwillige arbeiten, oder Industrie-5.0-Ansätze, in denen autonome Systeme die Arbeit des Menschen unterstützen und Abläufe intelligent optimieren.

Auch gesellschaftliche Bewegungen zeigen Emergenz: Aus vielen kleinen Initiativen entstehen Impulse, die plötzlich globale Wirkung entfalten – etwa Fridays for Future oder #MeToo. Diese Dynamik lässt sich nicht zentral planen, sondern entsteht aus dem Zusammenspiel vieler Akteure.

Emergente Organisationen sind besonders innovativ, weil sie auf die Intelligenz des gesamten Netzwerks setzen. Impulse kommen nicht allein von der Spitze, sondern aus allen Richtungen. Das erfordert die Fähigkeit, diese Impulse zu erkennen, zu bewerten und zu verstärken – und zugleich mit der Unvorhersehbarkeit zu leben, die Emergenz mit sich bringt. Die größte Herausforderung liegt darin, das richtige Maß an Struktur zu bewahren: genug Freiraum, damit Neues entstehen kann, und zugleich genug Orientierung, damit sich die Organisation nicht in zu vielen unverbundenen Initiativen verliert. Dieses Gleichgewicht lässt sich als »kontrollierter Kontrollverlust« beschreiben.

Sind Sie eine emergente Organisation?

- Innovationen und neue Lösungen entstehen spontan und überraschend aus dem Zusammenspiel der Teile.
- Es gibt viele Schnittstellen nach außen – zu Partnern, Kunden oder Forschungseinrichtungen.
- Entscheidungen und Entwicklungen kommen oft von unten und werden dann vom Gesamtsystem aufgenommen.
- Gesellschaftlich sichtbar in sozialen Bewegungen, die Impulse setzen, aber nicht immer aufgegriffen werden.
- Ihre Organisation ist Teil eines Ökosystems, das über die eigene Wertschöpfung hinausgeht.

Zum Nachdenken

- Entstehen bei Ihnen bereits Innovationen aus unerwarteten Situationen – und werden diese konsequent weiterverfolgt und skaliert?
- Werden alle Perspektiven der Beteiligten in alle Überlegungen einbezogen?
- Wie stellen Sie sicher, dass gute Ideen nicht verloren gehen?
- Haben Sie Strukturen, um emergente Entwicklungen zu erkennen und zu fördern, ohne sie zu ersticken?
- Wie fördern Sie, dass individuelle Stärken sinnvoll eingesetzt werden?

Stufe 6: Holistische Organisation als harmonische Ganzheit

In der höchsten Entwicklungsstufe agiert die Organisation als voll integriertes, holistisches Ganzes. Strategie, Kultur, Prozesse, Menschen, Branchen, gesellschaftliche Teilsysteme, Umwelt, Stakeholder und Technologien sind so aufeinander abgestimmt, dass sie sich gegenseitig stärken und die Organisation nicht nur überlebt, sondern sich kontinuierlich weiterentwickelt. Grenzen zu anderen Teilbereichen verschwimmen. Alle Kräfte – beständige, impulsgebende und kontrollierende – sowie die Vernetzung sind vollständig integriert, sodass das System als lebendige Ganzheit agiert und sein volles Potenzial entfalten kann.

Ein solches System ist geprägt von klaren Werten, einer gemeinsamen Vision und einem tief verankerten Verständnis der Zusammenhänge. Es reagiert nicht nur auf Impulse von außen, sondern gestaltet sein Umfeld aktiv mit und bezieht dabei die Perspektiven aller relevanten Akteure ein: Kunden, Mitarbeitende, Partner, Gesellschaft und Umwelt. Entscheidungen werden stets im Kontext des Ganzen getroffen – nicht nur unter Berücksichtigung kurzfristiger Effekte, sondern mit Blick auf langfristige Auswirkungen, Wechselwirkungen und das übergeordnete gemeinsame Ziel.

Auf globaler Ebene entspräche dies einem Weltordnungssystem, in dem ökologische, soziale und wirtschaftliche Interessen nicht gegeneinander ausgespielt, sondern in Balance gebracht werden – ein Zukunftsbild, das über heutige multilaterale Strukturen hinausgeht. Beispiele sind Unternehmen, die sich mit Wettbewerbern und anderen Marktteilnehmern zusammentun, um gemeinsam globale Herausforderungen anzugehen. Institutionen, die Nachhaltigkeit, Inklusion und Resilienz als feste Bestandteile aller Prozesse verankern – von der Lieferkette über soziale Teilhabe bis zur Personalentwicklung. NGOs, die Projekte so planen, dass sie langfristig selbsttragend werden und überdimensional große Wirkung entfalten. Verwaltungen, die Bürgerdienste, Umweltmanagement und politische Prozesse digital vernetzen. Staaten, die ihre gesamte Politik konsequent an den UN-Nachhaltigkeitszielen ausrichten und mit anderen Staaten, Unterstützern und der Bevölkerung gleichberechtigt Lösungen für Herausforderungen wie Umweltverschmutzung, Ressourcenknappheit und soziale Ungleichheiten entwickeln – und das unter Einbeziehung digitaler Schlüsseltechnologien. KI-Ökosysteme, in denen Daten, Algorithmen und Anwendungen nahtlos interagieren, oder digitale Zwillinge, die Organisationen oder Städte virtuell abbilden, um Entscheidungen ganzheitlich zu simulieren und zu optimieren, sind nur einzelne Beispiele dafür.

Holistische Organisationen sind Teil eines vielschichtigen Geflechts aus Branchen, gesellschaftlichen Teilsystemen und Interessierten. Sie sind nicht starr, sondern hochanpassungsfähig und vereinen die Reaktionsfähigkeit adaptiver Systeme und die Kreativität emergenter Systeme mit einer verbindenden, sinnorientierten Ausrichtung. So können Synergien voll ausgeschöpft und Risiken frühzeitig abgefedert werden.

Die Herausforderung liegt darin, dieses Zusammenspiel dauerhaft zu sichern. Holistische Organisationen benötigen kontinuierliche Pflege: offene Kommunikation, Bereitschaft zur Selbstreflexion und die Fähigkeit, Spannungen konstruktiv zu nutzen. Sie entstehen selten aus einem einmaligen Projekt, sondern durch kontinuierliche, bewusste Gestaltung und Lernprozesse. Bisher gibt es keine Organisation, die diesen Reifegrad vollständig erreicht hat. Doch sollte es gelingen, würde ein solches System Strahlkraft weit über die eigene Wertschöpfung hinaus entfalten – als Vorbild und Impulsgeber für ganze Branchen oder globale Ökosysteme.

Gleichzeitig ist die umfassende und kontinuierliche Abstimmung aller Organisationsbereiche mit internen und externen Einflüssen anspruchsvoll – nicht zuletzt wegen ständiger Veränderungen in Märkten, Technologien, gesellschaftlichen Erwartungen und ökologischen Rahmenbedingungen. Zielkonflikte zwischen ökonomischen, sozialen und ökologischen Interessen sowie uneinheitliche Standards – beispielsweise die globaler Lieferketten – erhöhen die Komplexität zusätzlich.

Sind Sie eine holistische Organisation?

- Alle Entscheidungen werden im Kontext des großen Ganzen getroffen.
- Werte, Vision und tägliches Handeln sind konsistent.
- Interne und externe Wirkungen werden bewusst gesteuert und gemessen.
- Wirtschaftliche, gesellschaftliche und ökologische Perspektiven sind gleichwertig in Entscheidungen integriert.
- Ihre Organisation entfaltet Strahlkraft, die über die eigene Wertschöpfung hinausgeht und Teil eines Größeren ist.

Zum Nachdenken

- Welche Wirkung entfaltet Ihre Organisation außerhalb der eigenen Wertschöpfung – und wie können Sie sicherstellen, dass diese Wirkung langfristig positiv bleibt?
- Welche Mechanismen verhindern, dass Sie in frühere Stufen zurückfallen?
- Hat Ihre Organisation alle Teile des Systems und der verbundenen Systeme umfassend in die Abläufe integriert, und nutzt sie alle Perspektiven und Ressourcen vollständig?
- Wie kann sie zu einem Ökosystem werden, das Strahlkraft auf globaler Ebene entfaltet – oder sogar zu einem allverbundenen Organismus (Symbiose)?

Einfache und holistische Systeme

Wenn wir einfache Systeme mit holistischen Systemen vergleichen, treten ihre grundlegenden Unterschiede schnell und deutlich zutage. Einfache Systeme sind in der Regel linear aufgebaut, folgen klaren Ursache-Wirkungs-Ketten, reagieren nur begrenzt auf Veränderungen in ihrer Umgebung und sind auf eine feste Funktion oder einen klar definierten Ablauf spezialisiert. Holistische Systeme hingegen sind komplexe, dynamische Gebilde, in denen alle beteiligten Elemente miteinander vernetzt sind und in ständiger Wechselwirkung stehen.

Holodynamisches Evolutionskonzept zum Verständnis der Internetentwicklung nutzen

Ähnlich wie Organisationen lassen sich auch andere geläufige Fachbegriffe in das holodynamische Evolutionskonzept einordnen. Ein anschauliches Beispiel aus der digitalen Welt ist das Internet. Begriffe wie Web 1.0, 2.0, 3.0 oder 4.0 sind geläufig – sie markieren verschiedene Entwicklungsstufen. Überträgt man das Evolutionskonzept darauf, lassen sich auch zukünftige – etwa Web 5.0 und Web 6.0 – logisch ableiten. Das Beispiel verdeutlicht, wie sich mit dem holodynamischen Evolutionskonzept bestehende Entwicklungen fortschreiben und neue Stufen ableiten lassen.

1. *Fragmentiertes System mit Kräften – Web 1.0 (statisches Web):* Isolierte, statische Webseiten entfalten ihre Kräfte nur einseitig. Informationen werden bereitgestellt, Interaktion ist kaum möglich.
2. *Verknüpftes System mit Rahmenbedingungen – Web 2.0 (sozial-interaktives Web):* Plattformen wie Facebook, YouTube oder Blogs schaffen erste Rahmenbedingungen, um Nutzer

und Inhalte zu vernetzen. Austausch, Kommentieren und Teilen werden zum Standard – der Grundstein für echte Zusammenarbeit.

3. *Kooperatives System mit Raum – Web 3.0 (semantisch-dezentral-intelligentes Web):* Daten werden semantisch verknüpft, Maschinen verstehen Inhalte besser, und Blockchain-Technologien schaffen einen sicheren Raum, der dezentral organisiert ist und Nutzerinnen mehr Kontrolle gibt.
4. *Adaptives System mit Vernetzung – Web 4.0 (Web der Dinge):* KI, maschinelles Lernen und Big Data passen Inhalte dynamisch an. Vernetzte Geräte kommunizieren im Internet of Things; diese Vernetzung reagiert flexibel auf Nutzer und Umwelt.
5. *Emergentes System mit kollektiver Intelligenz – Web 5.0 (immersives Web):* Realität und Digitales verschmelzen. Emotionserkennung, biometrische Analysen sowie Virtual oder Augmented Reality erzeugen kollektive Intelligenz, die persönliche, empathische und interaktive Erlebnisse ermöglicht.
6. *Holistisches System der Ganzheit – Web 6.0 (holistisches Web):* Mensch, Technologie und Lebensräume bilden ein symbiotisches Gesamtsystem. Quantencomputing, bioadaptive Schnittstellen, fortschrittliche KI und menschenähnliche Roboter verschmelzen mit Alltag und Umwelt. Alle verbundenen Teilsysteme verbinden sich zu einer Ganzheit.

Diese Einordnung erleichtert es, vertraute Konzepte präzise im Kontext der sechs Evolutionsstufen zu verstehen – und macht deutlich, wie vielfältig das Modell anwendbar ist.

Das holodynamische Evolutionskonzept zeigt, welche zusätzlichen Eigenschaften einfache Systeme entwickeln müssen, um zu einem holistischen System zu werden. Dazu gehören vor allem die Fähigkeit zur Selbstorganisation, die Integration von Feedbackschleifen, die Offenheit für externe Einflüsse sowie die Bereitschaft, sich kontinuierlich an neue Bedingungen anzupassen.

Im Kern sind holistische Systeme flexibler, lernfähiger und anpassungsfähiger als einfache Systeme, die eher statisch, träge und in ihren Reaktionsmöglichkeiten eingeschränkt bleiben. Während ein einfaches System meist nur auf vorhersehbare Reize reagiert, kann ein holistisches System auch auf unvorhergesehene Ereignisse reagieren, indem es seine internen Strukturen und Prozesse flexibel und schnell neu ausrichtet.

Ein weiterer entscheidender Schritt auf dem Weg vom einfachen zum holistischen System ist die Fähigkeit zur Zusammenarbeit und Interaktivität. Einfache Systeme agieren isoliert oder in hierarchischen Strukturen, während holistische Systeme auf Vernetzung setzen. Ihre dezentrale oder hybride (dezentrale und zentrale) Organisation ermöglicht es, dass einzelne Teile eigenständig Entscheidungen treffen und dennoch zum Gesamtergebnis beitragen. Diese Struktur fördert die Emergenz intelligenter Muster und Lösungen, die nicht von einer zentralen Instanz vorgegeben werden, sondern aus dem Zusammenspiel vieler Akteure entstehen.

Zusammenfassend lässt sich sagen: Der zentrale Unterschied liegt in der emergenten Intelligenz und Resilienz holistischer Systeme. Sie sind in der Lage, Störungen nicht nur zu überstehen, sondern aus ihnen zu lernen und gestärkt hervorzugehen. Dennoch ist der Übergang von einem einfachen zu einem holistischen System möglich – er erfordert jedoch eine bewusste Entwicklung über mehrere Evolutionsschritte hinweg, in denen Offenheit, Vernetzung und Selbstorganisation gezielt gefördert werden.

In der Regel steht das Alter eines Systems in engem Zusammenhang mit seiner Evolutionsstufe. Junge Organisationen befinden sich in der Startphase meist in der fragmentierten Stufe – es sei denn, sie starten bereits mit klaren Prozessen, einem eingespielten Team und ausreichend Raum für Reflexion. Gewachsene Unternehmen stehen schon allein wegen des eigenen Reifegrads und der Erfahrung auf einer höheren Stufe. Dennoch gilt: Alter allein ist kein Garant für Entwicklung.

Das holodynamische Evolutionskonzept in Unternehmen

1. *Fragmentiertes System – eindimensionales Unternehmen mit diffuser Anordnung relevanter Kräfte:* Am Anfang existieren die Grundkräfte eines Unternehmens – zum Beispiel einzelne Mitarbeitende, Abteilungen, Ideen oder Ressourcen – isoliert nebeneinander, ohne klare Interaktion. Es gibt weder einen gemeinsamen physischen oder virtuellen Raum noch verbindende Rahmenbedingungen (beispielsweise Vision, Werte, Prozesse). Dadurch fehlt eine Struktur, die Kommunikation, Zusammenarbeit und gegenseitige Einflussnahme ermöglicht.
2. *Verknüpftes System – zweidimensionales Unternehmen durch Rahmenbedingungen:* Im nächsten Schritt entstehen Rahmenbedingungen – etwa in Form einer Organisationsstruktur, klarer Zuständigkeiten, grundlegender Prozesse und Kommunikationswege. Dieses Regelwerk definiert, welche Abläufe möglich sind, und schafft einen Raum, in dem sich spätere dynamische Prozesse reibungslos entwickeln können.
3. *Kooperatives System – dreidimensionales Unternehmen durch die Entwicklung eines Raums:* Ein kooperatives System entsteht, wenn ein gemeinsamer Raum geschaffen wird – sei es physisch, digital oder als Denkraum. In diesem Umfeld können beständige, impulsgebende und kontrollierende Kräfte erstmals gezielt unter optimalen Bedingungen miteinander interagieren und durch ihre Wirkung Synergien entfalten.
4. *Adaptives System – vierdimensionales Unternehmen durch Vernetzung:* Die Interaktionen zwischen den Unternehmensbereichen treten in den Vordergrund. Durch interdisziplinäre Teams, digitale Plattformen, Feedbackschleifen und Wissensaustausch entsteht ein dynamisches Netzwerk. Diese Vernetzung ermöglicht schnelle Reaktionen auf Marktveränderungen und eine kontinuierliche Optimierung interner Prozesse.

5. *Emergentes System – fünfdimensionales Unternehmen durch kollektive Intelligenz:* Sobald das Unternehmen selbsttragende Strukturen entwickelt (zum Beispiel Führungskräfteentwicklung, Innovationskultur, lernende Organisation) und komplexe Feedbackmechanismen etabliert sind, entstehen emergente Eigenschaften: neue Lösungen, Geschäftsmodelle oder Marktchancen, die nicht aus einzelnen Abteilungen allein ableitbar sind, sondern aus dem Zusammenspiel aller Teile.
6. *Holistisches System – sechsdimensionales Unternehmen als harmonische Ganzheit:* In der höchsten Entwicklungsstufe agiert das Unternehmen als voll integriertes, holistisches Ganzes. Strategie, Kultur, Prozesse, Menschen, Technologien, Umwelt und verbundene Teilsysteme sind so aufeinander abgestimmt, dass das Unternehmen nicht nur überlebt, sondern sich kontinuierlich weiterentwickelt. Alle Kräfte – beständige, impulsgebende, kontrollierende – sowie die Vernetzung sind ausbalanciert und vollständig integriert. Das Unternehmen handelt als eine harmonische Ganzheit, die ihre volle Strahlkraft entfaltet.

Von der Standortbestimmung zur Umsetzung

Die Matrix fasst die Entwicklung der fünf Elemente – Kräfte, Rahmenbedingungen, Raum, Vernetzung und kollektive Intelligenz – über alle sechs Stufen hinweg zusammen. Sie dient als Diagnose- und Planungsinstrument, um den aktuellen Reifegrad eines Systems einzuschätzen und gezielt weiterzuentwickeln. Denn Fehlschläge auf dem Weg zu holistischen Systemen liegen selten am grundsätzlichen Ansatz, sondern vielmehr an ungeeigneten Rahmenbedingungen.

Stufe	Kräfte	Rahmenbedingungen	Raum	Vernetzung	Kollektive Intelligenz
Fragmentiertes System	Unkoordiniert	Widersprüchlich	Zufällig	Nicht vorhanden.	Nicht vorhanden.
Verknüpftes System	Erste Ausrichtung	Erste Standards	Situativ	Rudimentär	Nicht vorhanden.
Kooperatives System	Gemeinsame Richtung	Verbindlich	Gezielt geschaffen	Zunehmend	Nicht vorhanden.
Adaptives System	Gezielt eingesetzt	Anpassungsfähig	Verankert	Vollständig	Nicht vorhanden.
Emergentes System	Aus Netzwerkdynamik	Minimal	Nährboden für Neues	Grundvoraussetzung für Emergenz	Entsteht
Holistisches System	Vollständig entfaltet	Als subtiler Handlungsrahmen	Teil des Ganzen	Hält das Ganze zusammen	Dauerhaft aktiv

Wenn Sie die Matrix nutzen, um den Standort Ihres Systems zu bestimmen, ergibt sich daraus die Frage: Wie kommen wir zur nächsten Stufe – und langfristig zu einem holistischen System?

Ob es sich um eine Organisation, ein technisches Netzwerk, eine Gemeinschaftsinitiative oder ein Ökosystem handelt – jedes intelligente System ist mehr als die Summe seiner Teile. Damit es langfristig wirksam, anpassungsfähig und resilient werden kann, braucht es einen ganzheitlichen Blick: auf Strukturen, Beziehungen, Ressourcen und die Kultur, die es trägt.

Ein holistisches System entsteht, wenn alle Elemente so aufeinander abgestimmt sind, dass sie sich gegenseitig stärken und gemeinsam auf ein übergeordnetes Ziel hinarbeiten. Die folgenden sieben Schritte zeigen, wie Sie diesen Prozess gestalten können – praxisnah, übertragbar und mit Beispielen aus der Organisationswelt, die sich leicht auf andere Kontexte übertragen lassen.

Standort bestimmen: Ermitteln Sie, auf welcher Entwicklungsstufe Ihr Gesamtsystem und seine Teilbereiche aktuell stehen. Das kann ein soziales, technisches, ökologisches oder organisatorisches System sein. Nutzen Sie strukturierte Bewertungsinstrumente – etwa das holodynamische Evolutionskonzept oder relevante Kennzahlen – und beziehen Sie unterschiedliche Perspektiven von Beteiligten, Vergleichsgruppen oder Betroffenen ein, um ein vollständiges Bild zu erhalten. Beispiel: Ein Unternehmen führt digitale Kennzahlen ein, um den Digitalisierungsgrad seiner Prozesse und die Zufriedenheit der Beschäftigten zu erfassen.

Elemente analysieren: Prüfen Sie, wie stark zentrale Dimensionen in jedem Teilbereich ausgeprägt sind – etwa Ressourcen, Rahmenbedingungen, Räume, Vernetzung und kollektive Intelligenz. Erfassen Sie Stärken und Schwächen, um gezielt ansetzen zu können. Beispiel: Eine NGO bewertet ihre Projekte danach, wie gut sie mit Partnern vernetzt sind, welche Ressourcen verfügbar sind und wie flexibel sie auf Krisen reagieren kann.

Hebel identifizieren: Wählen Sie ein bis zwei Elemente aus, bei denen eine Verbesserung die größte Wirkung auf das Gesamtsystem hätte. Suchen Sie gezielt nach Hebeln, an denen kleine Veränderungen große Dynamik erzeugen. Beispiel: Ein Logistikunternehmen erkennt, dass die Einführung einer zentralen Datenplattform nicht nur die Routenplanung, sondern auch Lagerhaltung und Kundenkommunikation verbessert.

Pilotbereiche wählen: Starten Sie Veränderungen dort, wo Offenheit für Neues herrscht und schnelle, sichtbare Erfolge möglich sind. Diese Pilotbereiche dienen als Vorbilder und Motivatoren für den Rest des Systems. Beispiel: Eine Stadtverwaltung testet ein neues Tool zur Bürgerbeteiligung zunächst in einem besonders engagierten Stadtteil, bevor es stadtweit ausgerollt wird.

Verbindungen stärken: Fördern Sie den kontinuierlichen Austausch zwischen den Bereichen oder Akteuren. Schaffen Sie formelle und informelle Brücken, damit Wissen, Innovationen und gute Praktiken sich schnell verbreiten können. Beispiel: Ein Industriekonzern richtet bereichsübergreifende Innovationsworkshops ein, bei denen Ingenieure, Vertrieb, Kundenservice und Kunden gemeinsam an Produktideen arbeiten.

Kultur und Rahmen verankern: Sorgen Sie für eine Balance zwischen Freiraum (für Kreativität, Eigenverantwortung, Experimente) und klaren Leitplanken (mit gemeinsamen Werten und verbindlichen Zielen). Strukturen und Regeln sollten flexibel genug sein, um Entwicklung zu ermöglichen – und zugleich stabil genug, um Orientierung zu bieten. Beispiel: Ein Softwareunternehmen erlaubt Entwicklerteams, ihre Arbeitsmethoden selbst zu wählen, legt aber verbindliche Standards für Sicherheit und Datenschutz fest.

Selbstzufriedenheit vorbeugen: Holen Sie regelmäßig externe Perspektiven ein, um blinde Flecken zu vermeiden, und sorgen Sie dafür, dass das System wach und lernfähig bleibt – auch wenn es bereits einen hohen Reifegrad erreicht hat. Hinterfragen Sie dabei kontinuierlich sowohl bestehende Strukturen als auch eigene Annahmen, um zu vermeiden, dass das System in Routinen erstarrt. Beispiel: Eine Bildungseinrichtung lädt jährlich externe Expertinnen ein, um ihre Lehrpläne zu prüfen, neue pädagogische Trends einzubringen und gemeinsam kritisch zu reflektieren, ob die bisherigen Ansätze noch wirksam und zeitgemäß sind.

Mit der Matrix und diesen sieben Schritten haben Sie nun ein Werkzeug, das Analyse und Handlung miteinander verbindet. Sie können den aktuellen Reifegrad eines Systems erkennen, die Entwicklung der einzelnen Elemente nachvollziehen und gezielt dort ansetzen, wo die größte Hebelwirkung entsteht. Dann greifen die Bausteine wie beschrieben und es entsteht ein intelligentes System – messbar über kürzere Entscheidungszyklen, geringere Reibung und stabilere Lernkurven.

Grenzen und Risiken holistischer Systeme begegnen

Holistische Systeme sind kein Allheilmittel. Auch wenn sie in ersten Ansätzen eine überragende Leistungsfähigkeit entfalten, stoßen sie in der Realität auf politische, wirtschaftliche und technische Grenzen. Sie benötigen klare Rahmenbedingungen, damit sie nicht in unkontrollierte oder unerwünschte Richtungen wachsen. Ein zu starker Eingriff in einzelne Teile kann die Balance des Ganzen stören – im Extremfall bis zum Kollaps.

Ihre Komplexität birgt zudem die Gefahr der Überanalyse: Entscheidungen verzögern sich, weil zu viele Faktoren gleichzeitig berücksichtigt werden. Zudem wären sie nicht in jeder Situation die beste Wahl: In Umgebungen mit sehr volatilen Komponenten oder wenn schnelle, fokussierte Lösungen gefragt sind, kann ein weniger komplexes System im Vorteil sein. Holistisch arbeiten bedeutet daher nicht, jede Aufgabe damit zu lösen, sondern bewusst zu prüfen, wann die Voraussetzungen stimmen und wann nicht.

Das zeigt auch ein Blick auf die Sonne unseres Sonnensystems: Trotz des kontinuierlichen Ressourcenverbrauchs arbeitet sie effizient und völlig selbstständig. Doch bevor ihre Fusionsreaktion einsetzte, waren gewaltige Energiemengen und rund 50 Millionen Jahre nötig, bis Druck und Temperatur im Kern die kritische Schwelle erreichten. Ähnlich verhält es sich mit der künstlichen Erzeugung von Fusionsenergie: Theoretisch sollte sie dauerhaft produzierbar sein, doch in der Praxis ist es bislang nicht gelungen, eine stabile und effiziente Umsetzung zu realisieren. Und so ist es auch mit holistischen Systemen: Sie sind theoretisch schlüssig, stoßen in der praktischen Umsetzung jedoch auf praktische Grenzen. Diese Analogie dient nicht als Gegenbeweis, sondern vielmehr als Hinweis: Ohne die richtigen Start- und Rahmenbedingungen bleibt die Wirkung begrenzt – mit ihnen setzt sie ein.

Eine Herausforderung ist der hohe Energiebedarf zu Beginn: Der Weg in Richtung Holismus benötigt Investitionen, Zeit und Ausdauer – sichtbare Effekte treten erst verzögert ein. Bleiben frühe Erfolge aus, wächst die Skepsis, Prioritäten verschieben sich, und Projekte verlieren an Schwung. Dem lässt sich begegnen, indem Etappenziele gesetzt, kleine, schnell sichtbare Erfolge (»Quick Wins«) anerkannt und Fortschritte über geeignete Indikatoren messbar gemacht werden.

Ein zweites Risiko entsteht aus der wachsenden Vernetzung: Je mehr Verbindungen ein System aufweist, desto größer ist die Gefahr von Koordinationslast und Abstimmungsstaus. Wenn alles mit allen besprochen werden muss, sinkt die Entscheidungsgeschwindigkeit. Klare Entscheidungsrechte, schlanke Standardrituale und der Einsatz asynchroner Formate helfen, das Gleichgewicht zwischen Austausch und Tempo zu wahren.

Auch die Ausgestaltung von Regeln ist sensibel. Zu starre Governance kann die emergente Kraft eines Systems ersticken, zu weiche Strukturen führen dagegen zu unkontrollierter Drift. Die Lösung liegt in wenigen, klar definierten Leitplanken, die regelmäßig überprüft und angepasst werden. Dabei ist es entscheidend, die fünf Elemente – Kräfte, Rahmenbedingungen, Raum, Vernetzung und kollektive Intelligenz – in Balance zu halten. Eine Überbetonung eines einzelnen Elements, etwa viel Freiraum ohne Verantwortung, kann das System destabilisieren.

Holismus scheitert in der Praxis aber nicht an der Idee, sondern an Rahmenbedingungen: widersprüchlichen Anreizen, fehlenden Entscheidungsrechten, langsamer Taktung oder schlechten Schnittstellen. Genau dort setzt die Reifegraddiagnose an, die Unterschiede innerhalb des Systems sichtbar macht: Manche Teilbereiche entwickeln sich schneller, andere bleiben zurück. Fortgeschrittene Einheiten stoßen dann an die Grenzen der Nachzügler, Schnittstellen geraten unter Spannung. Hier helfen Brücken zwischen den Bereichen, der Transfer erfolgreicher Praktiken und die Priorisierung gemeinsamer Engpassthemen.

Der ganzheitliche Blick kann zudem Entscheidungen ausbremsen, wenn zu lange nach der perfekten Lösung gesucht wird. Hier gilt es, Entscheidungen iterativ zu treffen, mit klaren Hypothesen und festgelegten Review-Terminen – und zu akzeptieren, dass 80 Prozent oft genügen, wenn Lernschleifen fest verankert sind.

Mit zunehmender Automatisierung und Autonomie wächst die Gefahr, den Betrieb sich selbst zu überlassen. Intelligente Systeme benötigen auch in hohen Reifegraden ein wachsames Monitoring und definierte Eskalationswege, um unerwartete Störungen frühzeitig zu erkennen. Schließlich kann Stabilität in Selbstzufriedenheit umschlagen: Die Zahl der Experimente sinkt, externe Impulse werden seltener. Wer das vermeiden will, sollte gezielt Irritationen von außen einbauen – durch kritische Kundenstimmen, externe Sparringspartner oder unabhängige Audits – und Lernziele verbindlich in der Organisation verankern.

Damit schließt sich der Bogen zu den Grundlagen aus diesem und dem vorherigen Kapitel – und zugleich öffnet sich eine neue Perspektive: der Blick auf das, was diese Dynamik überhaupt ermöglicht. Systeme entwickeln sich nicht zufällig, sie folgen gemeinsamen Gesetzmäßigkeiten. Diese werden sichtbar, wenn wir die Kräfte im Zusammenspiel betrachten – so wie im Wald, wo Kräfte, Rahmenbedingungen, Raum, Vernetzung und kollektive Intelligenz ineinandergreifen und Resilienz schaffen. Genau darin liegt der Kern des holistischen Denkens: Stabilität und Entwicklung entstehen nicht durch einzelne Maßnahmen, sondern aus der Logik des Ganzen.

Im nächsten Kapitel gehen wir einen Schritt weiter und betrachten, welche universellen Prinzipien dieser Logik zugrunde liegen – und wie sie uns helfen können, Systeme jeder Art zu verstehen und zu gestalten.

4
Die Logik des Ganzen: Wenn alles mit allem verbunden ist

Bisher haben wir uns mit den grundlegenden Bausteinen holistischer Systeme beschäftigt. Nun geht es darum, diese Bausteine in neue Zusammenhänge zu stellen. Die sechs Dimensionen des holouniversellen Konzepts sind unterschiedliche Blickrichtungen auf dieselbe Wirklichkeit. Jede eröffnet einen eigenen Zugang zum Ganzen und macht sichtbar, dass Systeme nicht nur beschrieben, sondern auch gestaltet werden können. Ihre Bedeutung liegt nicht in einer einzelnen Perspektive, sondern in der Vielfalt, die sich aus ihrem Zusammenspiel ergibt.

Die sechs Dimensionen des holouniversellen Konzepts sind wie sechs Prismen, die uns eine neue Tiefe der Wahrnehmung eröffnen. Jedes bündelt und bricht das Wesentliche aus den Konzepten, die wir bislang erkundet haben – von den Elementen holistischer Systeme bis zum holodynamischen Evolutionskonzept. In jeder Dimension verdichtet sich dieses Wissen zu einem klaren, ganzheitlichen Kern.

Sechs eigenständige Perspektiven, die sich gegenseitig ergänzen und zusammen ein vollständiges Bild ergeben: Sie wirken parallel und doch aufeinander aufbauend – wie die Stimmen in einer demokratischen Debatte. Wer nur einer einzelnen Position zuhört, erkennt lediglich einen Ausschnitt.

Erst wenn die verschiedenen Stimmen miteinander ins Gespräch kommen, entsteht ein größeres Ganzes: ein Beschluss, der breiter trägt, Zusammenhänge sichtbar macht und eine Tiefe entfaltet, die zuvor verborgen blieb.

Bevor wir tiefer einsteigen, hier ein kurzer Blick auf die sechs Dimensionen, die wir gleich gemeinsam erkunden – und auf die universellen Prinzipien, die ihnen zugrunde liegen:

Das Körperliche bildet das Fundament und folgt dem Prinzip der Einheit, weil hier Zusammenhalt und Grundordnung das Fundament bilden.

Das Seelische öffnet den Raum für Identität, Emotionen und Verbundenheit und wird vom Yin-Yang-Prinzip geprägt, bei dem Gegensätze zur treibenden Kraft werden.

Das Geistige steht für Bewusstsein, Wissen und die Fähigkeit, Entscheidungen zu treffen – passend dazu das Prinzip der Dreifaltigkeit, das Unterschiedliches in Harmonie verbindet.

Das Dao bringt Ordnung durch Ausgleich, Fluss und natürliche Zyklen in jedes System und verkörpert das Prinzip der universellen Ordnung, die allem Wandel eine Gesetzmäßigkeit gibt.

Die Energie ist die unsichtbare Kraft, die alles antreibt und verbindet – ihr Prinzip ist Wu Xing, dessen Wechselspiel sie hervorbringt. Sie wirkt wie eine Brücke, in der alle vorhergehenden Ebenen harmonisch verschmelzen.

Das große Ganze öffnet den Blick auf die Gesamtzusammenhänge und folgt dem Prinzip der Ganzheit: Alles ist sinnvoll integriert, und die Summe übersteigt die Teile. Es lädt dazu ein, Systeme in ihrer vollständigen Vernetzung zu sehen – als Muster, das Sinn und Zusammenhang offenbart.

Was sind universelle Prinzipien?

Universelle Prinzipien sind grundlegende Gesetzmäßigkeiten, die in Natur, Gesellschaft und individuellen Prozessen gleichermaßen wirken. Sie wurden nicht »erfunden«, sondern über Jahrhunderte aus Beobachtung, Erfahrung und kultureller Überlieferung abgeleitet. Viele dieser Prinzipien finden sich in philosophischen, religiösen und wissenschaftlichen Traditionen auf der ganzen Welt – vom Daoismus über die antike griechische Philosophie bis hin zur modernen Systemtheorie.

Sie beschreiben Muster, die unabhängig von Zeit, Ort oder Kontext gelten: zum Beispiel, dass alles miteinander verbunden ist (Prinzip der Einheit), dass Gegensätze einander bedingen (Yin-Yang), dass drei unterschiedliche Kräfte eine stabile Harmonie ergeben können (Dreifaltigkeit) oder dass Ordnung und Wandel untrennbar zusammengehören (Prinzip der universellen Ordnung). Wer diese Prinzipien kennt, kann komplexe Systeme besser verstehen – und sie bewusst gestalten.

Dimension 1: Körperliches

Mit der ersten Dimension betreten wir die Ebene des Körperlichen – das Fundament, auf dem alles Weitere aufbaut. Hier geht es um das Sichtbare, das Greifbare, die elementaren Bausteine allen Seins. Diese Dimension umfasst alles, was physikalisch existiert: Materie, Strukturen, Kräfte – bis zum menschlichen Körper.

Das dazugehörige universelle Prinzip ist das Prinzip der Einheit: die Erkenntnis, dass alle Teile eines Systems zusammengehören und in Beziehung zueinander stehen.

Nichts existiert isoliert: Jeder Bestandteil ist mit den anderen verbunden – oft auf eine Weise, die sich erst im größeren Zusammenhang erschließt. Einheit bedeutet dabei nicht Gleichförmigkeit, sondern die Verbundenheit unterschiedlicher Elemente, die aus einem gemeinsamen Ursprung hervorgehen. Gegensätze schließen sich nicht aus, sondern ergänzen sich als Aspekte eines umfassenden Ganzen.

So wie ein Haus ohne Fundament nicht stehen bleibt, so zerfällt auch jedes System ohne stabiles körperliches Fundament. Im menschlichen Körper sind es Knochen, Organe und Muskeln, im Unternehmen die materiellen Ressourcen, die Infrastruktur, die elementaren Prozesse. Verschiebt sich nur ein Teil minimal, kann das ganze System ins Wanken geraten.

Im Alltag begegnet uns diese Logik, wenn ein Team in echter Einheit wie ein gut abgestimmter Organismus funktioniert – vergleichbar mit einer eingespielten Fußballmannschaft, in der jeder intuitiv weiß, was der andere gleich tun wird. Auch viele kleine, unscheinbare Schritte können sich in dieser Abstimmung zu einem unerwarteten Durchbruch verbinden.

Einheit bedeutet: Unterschiedliche Elemente stehen in Beziehung zueinander und bilden ein zusammengehöriges Ganzes. Das Prinzip der Einheit erinnert uns daran, dass Systeme nicht aus isolierten Teilen bestehen, sondern als zusammengehöriges Ganzes betrachtet werden müssen. Wer diese Perspektive einnimmt, erkennt nicht nur die einzelnen Funktionen, sondern auch die gemeinsame Ausrichtung, die alles verbindet.

Man könnte es mit unserer Erde vergleichen: Sie existiert nicht für sich allein, sondern im Zusammenspiel mit den anderen Elementen des Sonnensystems – mit der Sonne, den Planeten, den Monden und den Kräften, die ihr Gleichgewicht sichern. Würden wir die Erde losgelöst vom Sonnensystem oder gar vom Universum betrachten, wäre das nur eine isolierte Perspektive, die der Realität nicht gerecht wird. Übertragen auf unser eigenes Leben oder auf Organisationen heißt das: Die entscheidenden Grundlagen liegen in den interagierenden Elementen und Kräften, die das Ganze tragen. Wie gelingt es, die unterschiedlichen Kräfte und Ressourcen sinnvoll einzusetzen und zu kombinieren, damit sie eine Einheit ergeben – und wo zeigen sich Über- oder Unterangebote von Ressourcen?

Dimension 2: Seelisches

Während die erste Dimension – das Körperliche – das Fundament bildet, das Sichtbare, Greifbare, die elementaren Bausteine allen Seins, eröffnet sich mit der zweiten Dimension eine neue Perspektive: das Seelische. Hier geht es nicht mehr nur um das, was wir messen oder anfassen können, sondern um das, was uns innerlich prägt, bewegt und miteinander verbindet. Es sind die Quelle und der Rahmen, in dem Identität, Intuition und Beziehung entstehen – und damit der Schlüssel zum Verständnis, warum Systeme nicht nur funktionieren und interagieren, sondern auch leben.

Das passende universelle Prinzip dazu ist das Yin-Yang-Prinzip: die fließende Balance von Gegensätzen, die einander ergänzen. Yin steht für das Dunkle, Ruhige, Empfangende; Yang für das Helle, Aktive, Gestaltende. Beide sind untrennbar miteinander verbunden, bedingen einander und wandeln sich fortwährend ineinander um. Entwicklung entsteht nicht durch die Dominanz einer Seite, sondern durch ihr Zusammenspiel. Gegensätze sind hier keine Feinde, sondern Partner, die gemeinsam Stabilität und Wachstum ermöglichen.

Diese Wechselwirkung lässt sich überall beobachten: zwischen Arbeit und Anerkennung, Aktivität und Ruhe, Nähe und Distanz. Zu viel Innovation ohne feste Strukturen führt ins Chaos, zu viel Stabilität ohne Erneuerung erstickt Wandel. Erst das bewusste Ausbalancieren beider Pole schafft ein widerstandsfähiges System. Ebenso im persönlichen Leben: Wer nur Leistung kennt, brennt aus; wer nur Erholung sucht, stagniert. Das Seelische entfaltet seine Kraft im Schwingen zwischen den Polen.

Die Natur liefert anschauliche Bilder dafür. Ebbe und Flut entstehen durch die Anziehungskraft des Mondes (Yin) und die Rotation der Erde (Yang). Der Wechsel von Rückzug und Strömung formt Küstenlandschaften, schafft Lebensräume und erhält das ökologische Gleichgewicht. Auch gesellschaftlich gilt dieses Prinzip: Freiheit ohne Verantwortung kann zu Spaltung führen, Verantwortung ohne Freiheit kann lähmen. Systeme, die beides in Balance halten, sind widerstandsfähiger und lebensfähiger.

Das Yin-Yang-Prinzip ist deshalb nicht nur eine philosophische Metapher, sondern ein handlungsleitendes Modell. Es erinnert uns daran, dass es im Seelischen nicht darum geht, Gegensätze zu vermeiden oder aufzulösen, sondern sie so miteinander zu verbinden, dass daraus etwas Neues, Stärkeres entsteht. Und genauso funktionieren Iterationen in der Praxis: Sie nehmen Spannungen und

Gegensätze auf, führen sie in einen Prozess des Ausprobierens und Korrigierens und lassen daraus Schritt für Schritt verlässliche Lösungen entstehen.

Ein Beispiel aus der Arbeitswelt: In der Produktentwicklung prallen oft zwei Extreme aufeinander – die Vision von Designern, die möglichst radikale Innovation wollen, und die Vorsicht von Ingenieuren, die auf Stabilität und Machbarkeit achten. Erst durch Rahmenbedingungen und iterative Schleifen, in denen beide Perspektiven immer wieder aufeinander bezogen werden, entsteht ein Produkt, das sowohl innovativ als auch zuverlässig ist. Genau darin zeigt sich das Yin-Yang-Prinzip: Aus Spannung entsteht Balance, und aus Balance entsteht Wandel und Weiterentwicklung.

Stellen Sie sich ein Pendel vor, das immer weiter nach links und rechts ausschlägt, ohne jemals zur Mitte zurückzufinden. Ein solches System verliert auf Dauer seine Stabilität. Überlegen Sie: Wo geraten Sie selbst oder Ihr Team in vergleichbare Einseitigkeiten? Und was könnte helfen, die Bewegung wieder ins Gleichgewicht zu bringen?

Dimension 3: Geistiges

Das Geistige ist die universelle Intelligenz, die allem zugrunde liegt – in einigen Traditionen als Akasha, Weltgedächtnis oder Bewusstseinsraum beschrieben. Es wirkt nicht als Autorität, sondern als mentales Feld, das alles durchdringt. Hier begegnen wir der Ebene, in der Informationen, Muster und Bedeutung nicht nur gespeichert, sondern lebendig miteinander verwoben sind.

So wie das Körperliche durch Materie und Kräfte wirkt und das Seelische durch Spannung und Ausgleich, so entfaltet sich das Geistige durch Raum, Resonanz und Sinnbildung. Es ist die unsichtbare Matrix, die Erfahrungen verbindet, Wissen trägt und Entwicklungen in größere Zusammenhänge einbettet. In diesem Raum des Geistigen wird deutlich: Alles ist Teil eines umfassenden Wissens. Was einmal gedacht, gefühlt oder erfahren wurde, bleibt als Spur im Ganzen erhalten – nicht starr, sondern als lebendiger Strom, der jederzeit neu zugänglich ist. Während die erste Dimension (Körperliches) das Fundament liefert und die zweite (Seelisches) Gegensätze in Balance bringt, entsteht hier eine neue Qualität: Aus dem Zusammenspiel zweier Kräfte formt sich eine Dreierstruktur.

Das universelle Prinzip dazu ist die Dreifaltigkeit. Es beschreibt, wie drei unterschiedliche, aber eng verbundene Aspekte gemeinsam ein stabiles, ausgeglichenes und harmonisches Ganzes bilden. Während beim Yin-Yang-Prinzip die Balance zwischen zwei Polen im Vordergrund steht, geht es hier um das Gleichgewicht dreier Kräfte, die sich gegenseitig ergänzen und stabilisieren.

Im menschlichen Denken und Handeln begegnen wir dem Prinzip regelmäßig: These, Antithese und Synthese bilden zusammen den klassischen Dreischritt der Dialektik. Vision, Umsetzung und Reflexion machen eine Idee handlungsfähig. Oder auch: Körper, Seele und Geist ergeben erst gemeinsam das volle Bild des Menschen. Diese Dreifaltigkeit steht für Ganzheit durch Vielfalt. Sie erinnert uns daran, dass dauerhafte Stabilität nicht durch das Ausbalancieren von Gegensätzen allein entsteht, sondern durch die Einbindung einer dritten, vermittelnden Kraft.

Stellen Sie sich vor: Zwei Mitarbeitende können sich nicht auf ein gemeinsames Vorgehen einigen – solange beide nicht nachgeben und niemand vermittelt, bleibt es beim Austausch von Gegensätzen. Kommt eine dritte Perspektive hinzu, entsteht oft eine Lösung, die beide Seiten integriert. Überlegen Sie: Wo könnte eine »dritte Kraft« in Ihrem Leben oder in Ihrer Organisation Spannungen ausgleichen, Kraft erzeugen oder Neues ermöglichen, und welche Kraft wird benötigt – die beständige, impulsgebende oder kontrollierende Kraft?

Dimension 4: Dao

Die vierte Dimension führt uns zum Dao – die Ordnung, die allem zugrunde liegt. Im Dao begegnen wir keiner äußeren Vorschrift, die Systeme von außen steuert, sondern einer inneren Logik, die das Ganze zusammenhält. Es sind die unsichtbaren Beziehungen, die Gegensätze integrieren, Bewegungen lenken und Entwicklungen in ein größeres Muster einfügen.

Das dazugehörige universelle Prinzip ist die universelle Ordnung. Sie beschreibt das Gefüge, das alle Naturgesetze miteinander verbindet und ihnen einen gemeinsamen Rahmen gibt. Was zunächst wie bloße Vielfalt erscheint, fügt sich hier in ein stimmiges Gesamtbild.

Die universelle Ordnung ist dabei kein starres Gerüst, sondern ein dynamischer Balanceakt zwischen Chaos und Struktur. Aus scheinbar zufälligen Prozessen entsteht eine tief verwurzelte Stimmigkeit, die das Universum stabilisiert und zugleich in Bewegung hält. Sie zeigt sich in mathematischen Konstanten, wiederkehrenden Mustern und dem präzisen Zusammenspiel aller Kräfte – von der Quantenebene bis zu ganzen Galaxien.

Dasselbe Prinzip wirkt auch in kleineren Systemen. Atome bestehen aus Teilchen, die sich durch unsichtbare Kräfte zu stabilen Bahnen ordnen. Zellen organisieren ihre Funktionen in fein abgestimmten Abläufen. Im menschlichen Körper wirken Organe, Kreislauf, Verdauung oder Nervensystem jeweils als eigene Subsysteme, die gemeinsam ein funktionierendes Ganzes bilden.

Im Menschen sind unterschiedliche Ebenen innerer Logik erkennbar – etwa in den Regelkreisen, die den Körper stabil halten. Fällt der Blutdruck, beschleunigt sich der Herzschlag, um den Druckverlust zu kompensieren. Steigt die Körpertemperatur, setzt der Organismus Kühlmechanismen wie Schwitzen in Gang. Solche Rückkopplungen zeigen, wie einzelne Prozesse in wechselseitigem Austausch eine höhere Ordnung erzeugen. Auch affektiv-kognitive Ebenen wie Motivation, Emotion und Intuition sind Teil dieser Ordnung.

Das Dao erinnert uns daran, dass wir in allem eine Ordnung finden können – nicht im Sinn starrer Vorschriften, sondern als lebendige Selbstorganisation. Die universelle Ordnung ist der Prozess, in dem viele einzelne Gesetzmäßigkeiten zu einem größeren Ganzen verschmelzen. Sie macht deutlich: Ganz gleich, ob wir ins Größte oder ins Kleinste blicken – alles folgt denselben Grundprinzipien, die ihren Ursprung im Urknall haben und bis heute das Zusammenspiel aller Dinge bestimmen.

Auch in Organisationen zeigt sich universelle Ordnung. Wenn Prozesse, Strukturen und Unternehmenskultur so ineinandergreifen, dass Konflikte nicht lähmen, sondern Energie freisetzen, wenn Regeln nicht begrenzen, sondern Orientierung geben oder wenn Zusammenarbeit nicht von Einzelinteressen dominiert wird, sondern auf der Basis gemeinsamer Werte – dann entsteht eine Ordnung, die nicht starr, sondern lebendig ist und in der Gegensätze nicht zerstören, sondern Neues hervorbringen.

Ein weiteres Kennzeichen solcher Ordnung ist ihre hybride Infrastruktur – mit dem Fokus auf Dezentralität: Systeme gewinnen an Widerstandskraft, wenn einzelne Teile eigenständig agieren können. Vielfalt und Autonomie der Elemente machen das Ganze robuster, weil es nicht von einem einzigen Zentrum abhängig ist. Das zeigt sich auch in Start-up-Ökosystemen oder Innovationsnetzwerken: Viele kleine, eigenständige Teams oder Unternehmen experimentieren parallel mit neuen Ideen. Scheitert ein Projekt, gefährdet das nicht das Ganze – im Gegenteil, die Erfahrungen fließen zurück ins Netzwerk und stärken die kollektive Lern- und Anpassungsfähigkeit. Gerade diese dezentrale beziehungsweise hybride (gleichzeitig dezentrale und zentrale) Struktur macht solche Systeme besonders widerstandsfähig und innovationsstark.

Ein Bild dafür ist ein Mosaik: unzählige kleine Steine, die nebeneinanderliegen. Aus der Nähe wirkt jeder für sich. Doch sobald Sie zurücktreten, fügt sich alles zu einem Ganzen, das Sinn ergibt und Schönheit entfaltet. Fragen Sie sich also: Wo in Ihrem Leben oder in Ihrer Organisation sehen Sie nur die einzelnen Steine? Und wo gelingt es Ihnen, das Muster zu erkennen, das sie verbindet?

Dimension 5: Energie

Die fünfte Dimension beschreibt die Energie – jene sichtbare oder unsichtbare Kraft, die in allem steckt. Energie ist das, was Systeme lebendig macht. Sie bleibt erhalten, wandelt jedoch ihre Form. Bewegung wird zu Wärme, Spannung zu Entladung, Emotion zu Handlung, Konflikt zu Veränderung.

Alles ist letztlich Ausdruck von Energie – Materie und Ressourcen ebenso wie die Gesten und Worte von Lebewesen, das Wissen, das wir weitergeben, oder die Naturgesetze, die das Universum tragen. Energie zeigt sich in unterschiedlichen Gestalten, doch ihr Wesen bleibt dasselbe: Sie verbindet, transformiert und hält das Ganze in Bewegung. Darum ist Energie nicht nur eine physikalische Größe, sondern zugleich eine seelische, geistige und soziale Kraft. Als universelles Transformationsprinzip überbrückt sie Gegensätze und treibt Entwicklung an.

Das dazugehörige universelle Prinzip ist das Wu Xing – wörtlich »fünf Wandlungsphasen«. Es beschreibt fünf grundlegende Qualitäten von Veränderung: Holz (Wachstum), Feuer (Transformation), Erde (Stabilisierung), Metall (Struktur) und Wasser (Regeneration). Diese Phasen sind keine starren Zustände, sondern dynamische Kräfte, die sich in einem fortlaufenden Erzeugungs- und Kontrollzyklus gegenseitig hervorbringen, regulieren und transformieren. Entwicklung entsteht hier nicht aus einem einzelnen Prinzip, sondern aus dem Zusammenspiel aller Kräfte.

Pflanzen wandeln Sonnenlicht in Biomasse um, Tiere Nahrung in Bewegung, der menschliche Körper Spannung in Leistung. Auch hier wirkt Energie nicht linear, sondern in Zyklen von Aufnahme, Transformation und Regeneration. Holz, Feuer, Erde, Metall und Wasser stehen nicht nur für kosmische Kräfte, sondern auch für alltägliche Lebensprozesse.

Und schließlich wirkt Energie in sozialen und organisatorischen Systemen. Motivation, Emotion, Kreativität, Konflikte – all dies sind Energieformen, die Prozesse antreiben. In einem Team kann Reibung lähmen, aber zugleich Dynamik erzeugen. In einer Gesellschaft können Spannungen spalten – oder den Anstoß für Entwicklung geben.

Im Wu Xing entstehen Entwicklung und Stabilität nicht aus Gleichförmigkeit, sondern aus permanenter Wechselwirkung. Holz nährt Feuer, Feuer erzeugt Erde, Erde bringt Metall hervor, Metall formt Wasser, und Wasser lässt neues Holz entstehen. Expansion, Transformation, Integration, Verdichtung und Regeneration sind Phasen eines einzigen Prozesses – im Kosmos, in der Natur wie im Menschen.

Übertragen auf Organisationen, bedeutet Wu Xing: Erneuerung braucht Schöpferkraft, um Neues hervorzubringen, Wachstum braucht Wirkkraft, um Gestalt zu gewinnen, Stabilisierung, um Bestand zu haben, Struktur, um sich zu ordnen, und Regeneration, um wieder neue Kräfte zu sammeln. Erst das Zusammenspiel macht das Ganze widerstandsfähig. Projekte beispielsweise beginnen mit der Energie des Aufbruchs (Holz), durchlaufen eine Phase intensiver Veränderung (Feuer), benötigen Stabilisierung (Erde), klare Strukturen (Metall) und schließlich eine Phase der Regeneration (Wasser), bevor Neues entstehen kann. Teams, die solche Zyklen bewusst wahrnehmen und gestalten, können Energie gezielt lenken – und werden dadurch resilienter gegenüber Krisen und Veränderungen.

Holistische Systeme richten ihren Blick dabei nicht nur auf kurzfristige Effekte, sondern auf langfristige Stabilität. Ihre Resilienz entsteht, wenn Regeneration systematisch verankert ist und Nachhaltigkeit zum Leitprinzip wird. Ein Beispiel dafür sind Non-Profit-Organisationen, die ihre Projekte nicht nur am akuten Hilfsbedarf ausrichten, sondern parallel in Bildungsprogramme, lokale Strukturen und Partnerschaften investieren. Dadurch schaffen sie langfristige Wirkung, die über einzelne Kampagnen hinausgeht und Gemeinschaften befähigt, selbst widerstandsfähiger zu werden.

Ein anderes Beispiel: Sie beobachten einen Wald im Wechsel der Jahreszeiten. Aus dem Holz des Frühlings entsteht das Feuer des Sommers, daraus die Erde des Spätsommers, das Metall des

Herbstes und schließlich das Wasser des Winters, das alles in sich sammelt, um im nächsten Frühling neues Leben hervorzubringen. Überlegen Sie: Wo in Ihrem eigenen Leben, in Ihrem Team oder in Ihrer Organisation erkennen Sie solche Zyklen von Wachstum, Transformation, Stabilisierung, Verdichtung und Regeneration?

Dimension 6: Das große Ganze

Die sechste Dimension öffnet den weitesten Horizont: den Blick auf das große Ganze. Hier geht es nicht mehr um Teile, Gegensätze oder einzelne Wandlungsphasen, sondern um die Ganzheit, die alles integriert und umfasst. Das Prinzip der Ganzheit erinnert uns daran, dass ein System nur dann wirklich verstanden werden kann, wenn es in seiner vollständigen, ungeteilten Form betrachtet wird. Ganzheit bedeutet: Alles steht in Beziehung, alles trägt zum Bild bei, und die Summe ist mehr als die Addition der Einzelteile – es entstehen Eigenschaften, die sich aus den Teilen allein nicht erklären lassen.

Diese Perspektive findet sich auch in den Naturwissenschaften. In der Quantenphysik zeigt das Phänomen der Verschränkung, dass zwei Teilchen so miteinander verbunden sein können, dass der Zustand des einen unmittelbar den Zustand des anderen beeinflusst – selbst über Lichtjahre hinweg. Erst wenn man beide als ein gemeinsames System betrachtet, erschließt sich das volle Bild. Ganzheit ist hier nicht Metapher, sondern messbare Realität: Eigenschaften entstehen nicht aus den Teilen allein, sondern aus ihrer untrennbaren Verbindung. Ganzheit entsteht also, wenn Teile in Beziehung treten und dadurch eine neue Dimension hervorbringen – das große Ganze.

Das große Ganze hilft beim Verständnis des persönlichen Erlebens. Erst im Rückblick erkennen wir oft, wie einzelne Ereignisse, Begegnungen oder Entscheidungen Teil eines größeren Zusammenhangs waren – wie Brüche und Wendepunkte sich in ein Muster einfügen, das Sinn ergibt. Das große Ganze wird sichtbar, wenn wir Einzelnes eingebettet betrachten – als Kapitel einer fortlaufenden Geschichte.

Auf der Ebene von Organisationen gilt Ähnliches. Ein Team entfaltet seine Stärke nicht durch die Summe individueller Leistungen, sondern durch das Zusammenspiel aller. In einer Gesellschaft entsteht Stabilität nicht durch Einzelinteressen, sondern durch die Balance vielfältiger Gruppen im gemeinsamen Rahmen. Im globalen Maßstab zeigt sich Ganzheit in der Vernetzung von Ökosystemen, Märkten und Kulturen – und in der Erkenntnis, dass keine Entscheidung mehr losgelöst von weltweiten Folgen gedacht werden kann.

Holistische Systeme sind Teil des großen Ganzen und entfalten ihre Wirkung stets multidimensional: Sie verbinden Mikroprozesse wie individuelle Kaufentscheidungen oder Arbeitsabläufe mit Mesoebenen wie Unternehmen und Branchen sowie Makroebenen wie globalen Märkten und Wirtschaftssystemen. Erst diese Mehr-Ebenen-Sicht erzeugt ein vollständiges Bild.

Das große Ganze ist kein statischer Endzustand, sondern eine Haltung. Sie fordert uns auf, Komplexität nicht zu zerschneiden, sondern zu würdigen. Sie lädt dazu ein, Widersprüche nicht als Brüche, sondern als Teile eines umfassenderen Zusammenhangs zu sehen. Wer die Perspektive des großen Ganzen einnimmt, erkennt: Systeme funktionieren nicht nur – sie tragen auch Sinn, im Kleinen wie im Großen.

Stellen Sie sich vor: Sie blicken mit einem Teleskop in einen klaren Nachthimmel. Unzählige Sterne leuchten, jeder für sich. Erst mit Abstand erkennen Sie Sternbilder, Galaxien, das Netz des Kosmos. Überlegen Sie: Wo sehen Sie in Ihrem Leben, in Ihrer Organisation oder in der Gesellschaft nur einzelne Punkte – und wo gelingt es Ihnen, die Verbindungslinien und das umfassende Muster zu erkennen?

Praktische Dynamiken holistischer Systeme

Um die sechs Dimensionen des holouniversellen Konzepts und ihre jeweiligen universellen Prinzipien klar zu veranschaulichen, fasst die folgende Übersicht die Kernaussagen kompakt zusammen. Sie dient als Orientierung und Nachschlagehilfe, damit die Zusammenhänge leicht greifbar bleiben.

Dimension	Kurzbeschreibung	Universelles Prinzip	Beispiele
Körperliches	Grundlage und physische Basis aller Systeme	Prinzip der Einheit	Knochen und Organe im Körper; Straßen- und Versorgungsnetze in Städten; Produktionsanlagen in Unternehmen
Seelisches	Quelle für Identität, Wesen und Stimmungen	Yin-Yang-Prinzip	Nähe und Distanz in Beziehungen; Balance zwischen Innovation und Stabilität in Organisationen; Spannung zwischen Individualität und Zugehörigkeit
Geistiges	Höhere Intelligenz, Bewusstsein und kollektive Weisheit	Prinzip der Dreifaltigkeit	Zusammenspiel von Erfahrung, Vernunft und Intuition; kollektive Intelligenz in Teams; Wissenschaft als Verbindung von Beobachtung, Theorie und Anwendung
Dao	Lebendige Ordnung im Wandel	Prinzip der universellen Ordnung	Jahreszeitenzyklen; Konjunkturzyklen in der Wirtschaft; biologische Rhythmen (z. B. Schlaf-Wach-Zyklus); »Panta Rhei« – alles fließt
Energie	Unsichtbare Kraft, die alles antreibt und verbindet	Wu-Xing-Prinzip	Kreislauf von Aktivität und Ruhe; Spannung zwischen Tradition und Wandel; Umwandlung von Emotion in Handlung; Energieflüsse in Ökosystemen
Großes Ganzes	Absolute Ganzheit und Verbundenheit aller Dinge	Prinzip der Ganzheit	Ökosystem Erde als vernetztes Ganzes; globale Lieferketten und digitale Netzwerke; spirituelle Erfahrung vom Einssein mit allem

Wir haben die sechs Dimensionen beschrieben. Doch unabhängig von ihrer Reihenfolge oder Ausprägung zeigen holistische Systeme wiederkehrende Verhaltensmuster. Diese Dynamiken tauchen in Natur, Organisationen und Gesellschaft gleichermaßen auf – und machen deutlich, wodurch sie sich von rein linearen oder fragmentierten Systemen unterscheiden. Holistische Systeme …

… *sind mehr als die Summe ihrer Teile:* Ihre Eigenschaften entstehen erst im Zusammenspiel ihrer Elemente – im Miteinander entfaltet sich eine Qualität, die kein Teil allein erzeugen könnte. *Beispiel:* Ein Vogelschwarm, der plötzlich die Richtung wechselt – kein einzelner Vogel steuert, doch gemeinsam entsteht ein kollektives Muster.

… *reagieren sensibel auf Veränderungen:* Kleinste Verschiebungen können das gesamte System beeinflussen. Dadurch sind sie zugleich verletzlich und hochgradig anpassungsfähig. *Beispiel:* In einem Ökosystem kann das Verschwinden einer Insektenart eine Kettenreaktion auslösen, die Pflanzen, Vögel und Bodenqualität betrifft.

… *lernen und regulieren sich selbst:* Sie passen sich dynamisch an neue Bedingungen an. Rückkopplungsschleifen sichern dabei Stabilität, ohne starre Kontrolle zu benötigen. *Beispiel:* Das menschliche Immunsystem, das nach einer Infektion Antikörper bildet und so künftige Angriffe besser abwehrt.

… *denken langfristig:* Resilienz, Nachhaltigkeit und Stabilität sind Teil ihrer Logik. Kurzfristige Effekte werden stets in den größeren Zusammenhang eingebettet. *Beispiel:* Permakultur-Gärten, die nicht nur für eine Saison Ertrag bringen, sondern über Jahrzehnte stabile Ernten sichern.

… *arbeiten multidimensional:* Sie berücksichtigen verschiedene Blickwinkel, Kontexte und Fachbereiche. So entstehen Lösungen, die komplexe Wirklichkeiten besser abbilden. *Beispiel:* Nachhaltige Stadtplanung, die ökologische, soziale und ökonomische Faktoren integriert – von Grünflächen über Verkehr bis zur Energieversorgung.

… *suchen Ausgleich:* Sie finden eine Balance zwischen Struktur und Freiraum, Wachstum und Ressourcen, Stabilität und Innovation. Das ist kein statischer Zustand, sondern ein fortwährender Prozess des Ausgleichs. *Beispiel:* Ein Unternehmen, das klare Prozesse vorgibt, aber zugleich agile Teams fördert, um Innovation zu ermöglichen.

... *sind hybrid organisiert:* Flexible Wechselwirkungen machen sie widerstandsfähiger. Vielfalt und Autonomie einzelner Teile erhöhen die Robustheit des Ganzen. *Beispiel:* Das Internet, das nicht von einem zentralen Knoten abhängt, sondern durch verteilte Netzwerke stabil bleibt.

... *sind oft unvorhersehbar:* Neue Qualitäten und Lösungen entstehen emergent, oft überraschend. Gerade diese Offenheit macht sie zu Quellen von Kreativität und Innovation. *Beispiel:* Ein Jazz-Ensemble, das durch Improvisation unerwartete Harmonien und musikalische Wendungen hervorbringt.

Damit endet der theoretische Teil. Wir haben gesehen, dass Systeme sich über bestimmte Elemente und Kräfte strukturieren, dass sie in Evolutionsstufen reifen und dass sie universellen Prinzipien folgen, die vom Körperlichen bis zum Ganzen reichen. Daraus entsteht ein Orientierungsrahmen, mit dem sich Systeme nicht nur verstehen, sondern auch bewusst gestalten lassen.

Doch Modelle allein verändern noch nichts. Erst ihre Übersetzung in die Praxis entfaltet Wirkung – dort, wo Menschen entscheiden, Organisationen handeln und Gesellschaften sich wandeln. In den folgenden Kapiteln wechseln wir daher die Ebene von der Theorie in die Anwendung. Wir beginnen auf der Mikroebene, mit meinen persönlichen Erfahrungen und dem Kulturwandel der Otto Group. Hier zeigt sich exemplarisch, wie abstrakte Prinzipien in gelebtes Verhalten, Werte und Strukturen übersetzt werden können.

Darauf folgt die Mesoebene, auf der Organisationen und Netzwerke im Vordergrund stehen – Orte, an denen Regeln, Kooperation und Innovation ineinandergreifen. Schließlich weiten wir den Blick auf die Makroebene, wo ganze Gesellschaftssysteme, Volkswirtschaften und globale Strukturen sichtbar werden. So entfaltet sich Schritt für Schritt, wie aus den theoretischen Grundlagen des

Holismus praktische Leitlinien werden: vom einzelnen Menschen bis zur Weltgemeinschaft.

Im nächsten Kapitel möchte ich daher eine Brücke schlagen – von den Modellen und Konzepten hin zu meiner eigenen Geschichte. Denn auch mein Weg als Unternehmer war geprägt von den Kräften, Dynamiken und Prinzipien, die wir zuvor betrachtet haben. Anhand persönlicher Erfahrungen wird sichtbar, wie sich holistisches Denken nicht nur in Organisationen oder Gesellschaften, sondern auch im individuellen Leben entfaltet.

5
Vom Kind zum Unternehmer: Entscheidungen mit Intuition

Nach der Theorie folgt die Praxis – oder genauer: das gelebte Beispiel. Dieses Kapitel erzählt meine eigene Geschichte: vom Kind, das in einer Unternehmerfamilie aufwächst, zum Unternehmer, der gelernt hat, Intuition in seine Entscheidungen einfließen zu lassen.

Die Gründergeneration

Mein Großvater Werner Otto gründete im August 1949 den Werner Otto Versandhandel, der im Folgejahr den Betrieb mit einem Sortiment von 28 Paar Schuhen begann. Dafür wurde ein vierzehnseitiger handgebundener Katalog in einer Auflage von 300 Stück im Buchdruckverfahren mit von Hand eingeklebten Bildern erstellt und an Interessierte versendet. Sie konnten ein Bestellformular ausfüllen und per Briefpost an den Otto-Versand senden. Diese Form des Direktversands von Waren an Endkunden war damals höchst innovativ.

Meine Großeltern hatten in Westpreußen ein Schuhgeschäft, welches meine Großmutter in der Zeit, als ihr Mann im Krieg war, allein führte. Als sie sich mit ihren Kindern auf die Flucht begab, hob sie das Guthaben von der Bank ab, welches nach dem Krieg das Startkapital für meinen Großvater war. Auf dem langen und beschwerlichen Weg mussten sie einige Male Schutz suchen, weil englische Bomber ihren Pferdetreck beschossen. Zum Glück überlebten sie und konnten sich in Deutschland in Sicherheit bringen. Sonst hätte es die Erfolgsgeschichte des Otto-Versands nicht gegeben – und mich auch nicht.

Im ersten Katalog wurden ausschließlich Schuhe angeboten. Die waren in der Nachkriegszeit ein rares Gut. Außerdem führte der Otto-Versand als erster Versender in Deutschland den »Kauf auf Rechnung« ein. Diese vertrauensbildende Idee wurde zum Wachstumsmotor: Innerhalb von zwei Jahren verfünffachte sich der Umsatz. Mein Großvater gehörte damit zu jener Generation von Pionieren, die den Aufschwung der Nachkriegszeit – das sogenannte Wirtschaftswunder – entscheidend mitprägten.

Wachstum in der zweiten Generation

In zweiter Generation übernahm mein Vater 1981 den Vorstandsvorsitz des Otto-Versands und entwickelte das Unternehmen innerhalb weniger Jahre zu einem internationalen Multikonzern, der Otto Group, mit den Geschäftsfeldern Handel, Services und Finanzdienstleistungen. Durch Zukäufe wurde der Konzern im Jahr 1987 zum größten Versandhändler der Welt. Heute zählt die Otto Group zu den führenden Handels- und Dienstleistungsgruppen Europas und richtet ihre Strategie konsequent auf Digitalisierung, Nachhaltigkeit und den Ausbau des Plattformgeschäfts aus.

Mein Vater gilt als einer der ersten deutschen Unternehmer, der Nachhaltigkeit nicht nur als Verpflichtung, sondern als strategischen Erfolgsfaktor verstand. Schon früh engagierte er sich für Umweltschutz, soziale Gerechtigkeit und verantwortungsbewusstes Wirtschaften – lange bevor diese Themen in der Unternehmenswelt breite Beachtung fanden. Mit seinen diversen Stiftungen engagiert er sich seit Jahrzehnten für Umweltschutz, Bildung, soziale Teilhabe, Demokratie, Kulturförderung und gesellschaftlichen Wandel. Er steht für eine Unternehmenskultur, die auf Vertrauen, Verantwortung und Menschlichkeit basiert, und betont immer wieder die Bedeutung von Haltung und Gemeinwohlorientierung. Damit wurde Unternehmertum in unserer Familie nie nur als wirtschaftliche, sondern immer auch als gesellschaftliche Aufgabe verstanden.

Heute stehe ich selbst als Unternehmer in dieser Tradition, aber mit einer eigenen Handschrift: Ich setze andere Akzente, gehe neue Wege und wahre dabei die Haltung, das Unternehmen und seine Werte in eine erfolgreiche Zukunft zu führen. Als Sohn einer Unternehmerfamilie wuchs ich in einer Balance aus Verantwortung und Freiheit auf. Die Erwartungen von außen, Meinungen der Öffentlichkeit und die daraus resultierende Verantwortung waren stets präsent. Gleichzeitig öffnen sich Türen, Chancen entstehen und der Gestaltungsraum wird spürbar. In unserer Familie war Unternehmertum nie nur ein Beruf, sondern immer auch Teil der Identität. Trotzdem führte kein gerader Weg für mich an die Spitze – und das war gut so.

Der lange Generationswechsel

Ein Generationswechsel ist kein einzelner Moment, sondern ein Prozess, der sich über Jahre entfaltet – wie ein System, das sich über viele Entwicklungsstufen weiterentwickelt. Meine eigene Reise begann lange vor der offiziellen Übergabe.

Ich erinnere mich gut an einen Sommertag 1988, einen Spaziergang am Wattenmeer mit meinen Eltern und meiner Schwester. Mein Vater fragte mich, was ich einmal beruflich machen wolle und ob mich Unternehmertum interessiere. Er ließ mich teilhaben an seinen Erfahrungen, sprach über den erfolgreichen Ausbau des damaligen Otto-Versands, der inzwischen in den Segmenten Handel und Dienstleistungen international tätig war und sich zunehmend diversifizierte.

Ich bekundete Interesse, eines Tages für das Familienunternehmen zu arbeiten und die Firma in der dritten Generation zu übernehmen. Zugleich äußerte ich aber auch meine Sorge, dass bei dem rasanten Wachstum bald nichts mehr übrig sein werde, was ich mitgestalten könne. Mein Vater nahm mir diese Sorge. Es sei stets alles im Wandel, sagte er. Und wo Wandel ist, gäbe es immer genug zu tun.

Doch hinter dieser Zuversicht lagen Fragen, die mich lange begleitet haben: Werde ich mögliche Erwartungen meines Vaters erfüllen und den Menschen im Unternehmen gerecht werden, die jeden Tag ihr Bestes geben? Diese Verantwortung wog schwer. Es gab Momente, in denen ich mich fragte, ob ich nicht einen völlig anderen Weg einschlagen sollte. Eine Strandbar in Jamaika – dieser Gedanke war mehr als ein Scherz. Er war Ausdruck des Wunschs nach Freiheit, bevor ich mich bewusst für den Weg entschied, der mich fordern, aber auch erfüllen sollte.

Dieser Moment blieb mir im Gedächtnis. Zum ersten Mal spürte ich, dass Unternehmertum nicht nur eine Chance, sondern auch eine Verantwortung ist – und dass beides untrennbar zusammengehört. Von da an begann ich, intensiver über meine mögliche Rolle als Unternehmensnachfolger nachzudenken. Begeisterung und Ehrfurcht lagen eng beieinander. Ich verstand, dass Unternehmertum harte Arbeit bedeutet und dass es Verpflichtungen und Erwartungen einschließt, die weit über die eigene Familie hinausreichen. Die Otto Group trug damals bereits Verantwortung für etwa 15 000 Mitarbeitende, deren Familien, tausend Partnerfirmen und mehr als eine Million Kundinnen und Interessenten – Zahlen, die mir als Kind unvorstellbar groß erschienen. In diesem Moment wurde aus einer abstrakten Zahl ein Gefühl: der Respekt vor einer Aufgabe, die sich bereits über Generationen entwickelte.

Dieses Verantwortungsgefühl hat mich nie losgelassen, aber es hat sich im Laufe der Jahre verändert. Heute verstehe ich Verantwortung nicht nur als ökonomische Verpflichtung, sondern als doppelte Aufgabe: auf der einen Seite wirtschaftlichen Fortschritt, Innovationskraft und Arbeitsplätze zu sichern, auf der anderen Seite Maßstäbe zu setzen – für soziale Gerechtigkeit, ökologische Balance und menschliches Miteinander. Unternehmerisches Handeln bedeutet, beides zu verbinden: wirtschaftliche Dynamik und ethische Orientierung.

Mit elf Jahren erlebte ich meine erste bewusste Begegnung mit dem Unternehmertum. Gemeinsam mit einem Freund, der wie ich seine Sommerferien auf einer Nordseeinsel verbrachte, fassten wir den Entschluss, unser Taschengeld aufzubessern – mein Wochengeld von 50 Pfennig reichte kaum für größere Wünsche. Ausgestattet mit Eimer, Putzmitteln und einem Fensterabzieher stellten wir uns an einen Sandweg nahe einem gut besuchten Café und begannen, die Autoscheiben der Gäste zu reinigen. Anfangs noch schüchtern, wurden wir mit jedem Tag selbstbewusster. Bald stellten wir uns direkt auf den Weg, sodass kein Auto an uns vorbeikam. Aus ein paar geputzten Scheiben wurden Hunderte, schließlich ganze Autowäschen samt Innenraum.

Mit meinem Kumpel zusammen entwickelte ich in den folgenden Jahren weitere Geschäftsideen. Eine davon: Partys und Clubnächte zu organisieren. Dafür entwarfen wir aufwendige Konzepte und Geschäftspläne. Aus einem Experiment wurde eine Veranstaltungsreihe. Auch das war eine prägende Erfahrung: Ich erlebte, dass Arbeit anstrengend sein konnte – aber auch Freude bereitete und sogar richtig Spaß machte, wenn sie mit einem Sinn verbunden war. Geldverdienen war nicht nur Pflicht, sondern konnte mit Kreativität und Unternehmergeist einhergehen.

Rückblickend waren diese Geschäftskonzepte unsere ersten unbewusst geschaffenen »Systeme« – mit unterschiedlichen Elementen wie Ressourcen, Räumlichkeiten, Marketing, Regeln und Dienstleistungen, die miteinander abgestimmt und in Einklang gebracht werden mussten. Ich begriff intuitiv, wie einzelne Teile zusammenspielen müssen, damit etwas funktioniert – wie bei einfachen verknüpften Systemen. Dieses Lernen durch eigenes Tun wurde zu meiner ersten Schule des holistischen Denkens. Ich vermute, jede und jeder von uns hat etwas Ähnliches schon erlebt.

Intuition als Kompass

Schon jung spürte ich eine Begabung dafür, Geschäftsideen zu erkennen – welche funktionieren könnten und welche nicht. Das war kein analytischer Prozess, sondern ein Gespür für Stimmigkeit. Manchmal war die Idee noch vage, aber irgendetwas in mir sagte: »Das hat Potenzial.«

Dieses intuitive Erkennen möglicher Erfolgsmuster begleitete mich durch alle Phasen meines unternehmerischen Lebens – von den Partykonzepten bis zu späteren Gründungen wie Intelligent House Solutions, Evoreal oder About You.

Mit der Zeit entwickelte sich daraus auch eine Art Frühwarnsystem für Unternehmen in Schieflage. Ich nehme wahr, wenn in einer Organisation etwas nicht stimmt – in Strukturen, Abläufen oder in der Kommunikation. Ich hinterfrage gerne Konzepte, Ideen und Berichte und treffe häufig den wunden Punkt. Dann gehe ich tief ins Detail und den Dingen auf den Grund, bis ich die eigentliche Ursache erkenne.

Schon während meiner zahlreichen Praktika fiel mir auf, wenn in Unternehmen nicht ganzheitlich gedacht wurde: Einzelne Organisationen wirkten fragmentiert, Abteilungen agierten nebeneinander statt miteinander, und die Führung verstand es nicht immer, Vernetzung und Vertrauen als zentrale Ressourcen angemessen einzusetzen. Diese Erfahrungen prägten mein Verständnis davon, wie Unternehmen als Systeme funktionieren sollten: kooperativ, vernetzt und mit klarer innerer Logik.

Mit vierzehn nahm ich einen ersten Ferienjob im Familienunternehmen an. Mein Ziel war, mir ein sehnlich gewünschtes Computerteil zu kaufen – eine Speicherkarte, die meinen Rechner beschleunigen sollte. Meine Eltern legten großen Wert darauf, dass meine Schwester und ich Geld nicht als selbstverständlich betrachteten, und so begrüßte mein Vater meine Entscheidung. Er sorgte zudem dafür, dass ich in der Abteilung für Werbegeschenke und im Lager denselben Lohn erhielt wie alle anderen – und dass niemand wusste, dass ich sein Sohn war.

Die Arbeit war eher monoton: Artikel zusammensuchen, einpacken, mit Clips verschließen. Schon nach wenigen Stunden schmerzten meine Finger. Zwei Wochen später hatte ich Schwielen, aber auch genug Geld für das Computerteil. Vor allem aber verstand ich, wie viel Mühe und Disziplin hinter jedem Einkommen steckten. Viele meiner Kolleginnen und Kollegen arbeiteten für Notwendiges wie Miete, Lebensmittel und Familienausgaben – nicht für Luxusgüter wie Computerzubehör.

Dieser Ferienjob war wichtig für mich und prägt mich bis heute. Er lehrte mich Demut und schärfte mein Verständnis für die Leistung jener Menschen, die das Fundament eines Unternehmens bilden. Es war zugleich ein Einblick in das »System Unternehmen«, wie jedes Element – vom Management bis zur Aushilfe im Lager – Bedeutung hat. Mir wurde klar, dass ein Ganzes nur dann stabil bleibt, wenn alle Menschen respektvoll behandelt werden und optimal miteinander zusammenarbeiten – wie bei einem kooperativen System.

Unternehmerische Gehversuche

Vor meinem Studium holte ich den Rat meines Vaters ein – zu Studienort und -fach –, um mich bestmöglich auf eine unternehmerische Rolle vorzubereiten. Ich entschied mich für die European Business School in London, ergänzt durch einen Auslandsaufenthalt in Buenos Aires. International Business wurde mein Schwerpunkt, Englisch und Spanisch eine bewusste Wahl, um mich für globale Märkte zu öffnen. Besonders engagiert war ich, wenn wir Business-Pläne erstellten – eine Erfahrung, die mir half, Chancen und Risiken strukturiert zu denken und unterschiedliche Perspektiven zu verbinden. Solche Lernprozesse spiegeln die Logik kooperativer und adaptiver Systeme wider: Sie richten verschiedene Teile auf ein gemeinsames Ziel aus – ein Kernelement holistischer Logik.

Meine Schwester hatte bereits früh signalisiert, dass sie keine Rolle im Familienunternehmen übernehmen wollte. Sie zog es in die Stiftungswelt. Dadurch wuchs der Fokus auf mich – denn andere Geschwister gab es nicht. Mir war klar, dass ich die Verantwortung wahrscheinlich irgendwann übernehmen würde und dass ich mich langfristig darauf vorbereiten musste.

Mein Vater gab mir früh die Freiheit, selbst zu entscheiden, ob ich eine Rolle im Unternehmen übernehmen möchte – und bereitete gleichzeitig das Unternehmen auf einen künftigen Wechsel vor. Diese Kombination aus Eigenverantwortung und vorausschauender Planung war prägend. Es gab keine Pflicht, aber immer eine reale Option – und die wollte ich bewusst annehmen oder ablehnen.

Meine ersten beruflichen Schritte ging ich allerdings nicht im Konzern, sondern in der Start-up- und Immobilienwelt. Direkt nach dem Studium gründete ich Intelligent House Solutions, ein Unternehmen für smarte Gebäudetechnik. Wir boten ganzheitliche Architektur- und Technikplanung an und integrierten Automatisierungssysteme für Beleuchtung, Heizung, Sicherheit und Multimedia – maßgeschneidert für hochwertige Privatimmobilien und anspruchsvolle Gewerbeobjekte. Kunden konnten sich bei uns beraten und die Generalplanung ihres Hauses bis zur medientechnischen Ausstattung umsetzen lassen – alles aus einer Hand.

Ich war tief in die Auswahl des Produktsortiments eingebunden, arbeitete eng mit allen Beteiligten zusammen und lernte, wie wichtig klare Strukturen und verlässliche Partnerschaften sind. Zusätzlich bauten wir eine »Wohnung der Zukunft« als echte Musterwohnung mit Szenensteuerungen, automatisierten Türen, fahrbaren Möbeln und radargesteuerten Armaturen – vermutlich eine der modernsten Wohnungen zu dieser Zeit. Ich lebte dort über ein Jahr, um die Alltagstauglichkeit zu testen. Es war ein Selbstexperiment in Systemintegration – Technologie, Architektur und Mensch in einem abgestimmten Zusammenhang.

Mit diesen Erfahrungen gründete ich zusammen mit einem Geschäftspartner Evoreal, ein Projektentwicklungs- und Immobilienunternehmen mit Fokus auf hochwertigen Neubauten und Revitalisierungen. Mithilfe eines weiteren Geschäftsführers suchten wir gezielt Grundstücke mit Potenzial, entwickelten Konzepte, sicherten Finanzierung und Genehmigungen, steuerten Bauprozesse und kümmerten uns um die Vermarktung. Dabei blieb der Blick stets auf das Gesamtsystem gerichtet – von der ersten Idee bis zur Übergabe an den Kunden.

Durch meine Start-up-Aktivitäten konnte ich finanzielle Unabhängigkeit vom Familienvermögen erreichen. Gleichzeitig ist mir wichtig, zu erwähnen, dass gerade dieses Vermögen den Unternehmensaufbau und die Startfinanzierung erst möglich machte. Später verkaufte ich meine Anteile, um mich neuen Unternehmungen und stärker der Otto Group zuzuwenden. Die Erfahrungen außerhalb des Konzerns erweiterten meinen Blick und schärften mein ganzheitliches Denken.

In Vorbereitung auf meinen Einstieg in das Familienunternehmen unternahm ich im Spätsommer 2012 im Rahmen einer USA-Reise mit zwei Freunden eine Tour ins Silicon Valley. Ich wollte mich von den dort ansässigen innovativen Start-ups und Inkubatoren inspirieren lassen. Eindrucksvoll war der Besuch des Accelerators Plug and Play – ein Hub, der jungen Start-ups gezielt Unterstützung durch Mentoring, Partnerschaften und Kapital bot. Die Energie in der alten Lagerhalle, die als Hauptsitz diente, war überwältigend: Teams tüftelten an Konzepten, schrieben Code an Wände oder prüften Prototypen. Im Modell der Evolution von Systemen entspricht ein Hub einer frühen Entwicklungsstufe – einem Keim, aus dem sich Plattformen, Netzwerke oder Ökosysteme entwickeln können. Noch während des Besuchs reifte in mir der Entschluss, auch in Hamburg einen Ort zu schaffen, an dem Ideen auf diese Weise zum Leben erweckt werden – vielleicht verbunden mit Bildung, da mir selbst in jungen Jahren die Anpassung an das damalige uniforme Schulsystem schwergefallen war.

Was ich bis dahin theoretisch als Entwicklungslogik von Systemen verstanden hatte, wurde im Silicon Valley greifbar: Begriffe wie Hub, Plattform, Netzwerk oder Ökosystem zeigten sich als reale Ausdrucksformen ganzheitlicher Dynamik. Aus einem Knotenpunkt kann eine Plattform entstehen, aus Plattformen wachsen komplexe Netzwerke und aus komplexen Netzwerken schließlich ein Ökosystem. In diesem Moment begann ich zu verstehen, wie sich Theorie und gelebte Praxis gegenseitig spiegeln.

Von Cluster bis Symbiose

Begriffe wie Hub, Plattform, Netzwerk und Ökosystem werden oft unscharf in der Geschäftswelt verwendet – folgende Evolutionsstufen gemäß des holodynamischen Evolutionskonzeptes zeigen den Stand der Entwicklung auf:

1. *Cluster (fragmentiertes System mit Kräften):* Eine lose Ansammlung voneinander getrennter Einheiten oder Gruppen, deren einzelne Kräfte isoliert ohne Verbindungen wirken. Informations- und Ressourcenflüsse sind stark eingeschränkt, wodurch Synergien kaum entstehen und das Gesamtsystem wenig stimmig wirkt.
2. *Hub (verknüpftes System mit Rahmenbedingungen):* Ein zentraler Knotenpunkt, der Akteure miteinander verbindet – analog oder digital – und den Austausch von Informationen oder Ressourcen ermöglicht. Er schafft erste Rahmenbedingungen für strukturelle Verbindungen, ohne jedoch eine tiefe strategische Abstimmung zu gewährleisten.
3. *Plattform (kooperatives System mit Raum):* Eine organisierte Austauschumgebung, meist digital, die Anbieter und Nutzer gezielt zusammenführt. Sie eröffnet Raum für Zusammenarbeit und gemeinsame Wertschöpfung, indem sie Interaktion strukturiert und erleichtert.
4. *Komplexes Netzwerk (adaptives System mit Vernetzung):* Analoge oder digitale Strukturen, in denen Akteure auf Basis von Vertrauen und gemeinsamen Interessen interagieren. Durch flexible Verbindungen und kontinuierlichen Austausch entsteht eine dynamische Vernetzung, die es dem System ermöglicht, sich schnell an veränderte Rahmenbedingungen anzupassen.
5. *Ökosystem (emergentes System mit kollektiver Intelligenz):* Ein komplexes Geflecht wechselseitig abhängiger Bereiche und Akteure, in dem durch Interaktion neue Fähigkeiten, Produkte oder Geschäftsmodelle entstehen können. Die Vielfalt

und Interaktionen erzeugen eine kollektive Intelligenz, die ein hohes Innovationspotenzial freisetzt.

6. *Symbiose (holistisches System der Ganzheit):* Ein vollständig integriertes Ganzes, in dem alle Teile in wechselseitiger Abhängigkeit agieren und auf ein übergeordnetes Ziel ausgerichtet sind. Entscheidungen und Handlungen erfolgen flexibel im Einklang mit internen Strukturen und externen Einflüssen. So entstehen eine nachhaltige Weiterentwicklung, positive Wirkung und Resilienz in einer umfassenden Ganzheit.

Räume für Neues

Die Lektionen aus dem Silicon Valley brachte ich nach Hamburg und setzte sie bei der Otto Group direkt im Project Collins ein – dem späteren About You, heute einer der führenden Online-Modehändler Europas. Über dieses Projekt ergab sich zugleich der Einstieg in das Familienunternehmen. Kern von About You war von Beginn an die Idee der Personalisierung: Ein KI-gestützter Ansatz stellt Nutzern kuratierte Produktempfehlungen und Styles zusammen, die immer wieder neu inspirieren sollen. Dieser Einstieg bot mir die Gelegenheit, erste Erfahrungen im Zusammenspiel mit meinem Vater zu sammeln.

Bevor ich endgültig bei der Otto Group einstieg, führte ich mit ihm mehrere Gespräche über mögliche Optionen. Zunächst dachten wir über eine klassische Nachfolgelösung nach – etwa die Übernahme der Geschäftsführung einer bestehenden Tochtergesellschaft. Das klang vernünftig, und wir wollten es so umsetzen. Einige Wochen später erzählte mein Vater mir dann aber von einem kleinen, experimentellen Projekt innerhalb der Otto Group: Ein Team arbeitete an einer völlig neuen, digitalen Idee, fernab der etablierten Strukturen – das Project Collins. In diesem Moment wusste ich intuitiv, dass genau das mein Weg sein könnte.

Ich hatte keine vollständige Analyse – nur ein starkes inneres Gefühl. Intuitiv erkannte ich: Hier entsteht Zukunft, hier kann ich etwas bewegen.

Das Projekt brauchte vor allem Raum – im wörtlichen wie im übertragenen Sinn. Wir wollten etwas Neues schaffen, losgelöst vom Konzernalltag, und suchten daher gezielt nach einem Ort, an dem Ideen frei entstehen konnten. Die Otto Group stellte uns schließlich eine leer stehende Fläche außerhalb der Zentrale zur Verfügung. Dort begannen wir, die ersten Gedanken zu sammeln, Wände zu beschriften, Möbel neu anzuordnen und unsere Vision zu entwickeln. Dieser physische Freiraum wurde zum Symbol für eine neue Denkweise: Offenheit, Mut zum Experiment, Aufbruch und Vertrauen in das Potenzial des Ungeformten.

Entsprechende Denkräume sind für jedes Start-up essenziell. Darum blieb Collins bewusst auf Distanz zum Konzerncampus – nicht aus Abgrenzung, sondern als Schutzraum für kreative Energie. Erst so konnte sich eine eigene Kultur entwickeln, die unabhängig, schnell und selbstorganisiert agierte. Bei diesem Projekt zeigte sich eindrücklich, wie echte Wirkung entsteht, wenn alle fünf Elemente – Kräfte, Rahmenbedingungen, Raum, Vernetzung und kollektive Intelligenz – gezielt miteinander verbunden werden und daraus eine emergente Ganzheit erwächst. Der eigene Raum schuf eine neue Kultur, die wiederum die Energie der Menschen befeuerte. Die gewonnene Kraft eines motivierten Teams konnte sich entfalten, weil die Rahmenbedingungen Geschwindigkeit und Eigenverantwortung ermöglichten. Die Vernetzung nach innen und außen brachte kontinuierlich neue Impulse hervor. In Verbindung mit interner Kreativität und externem Know-how entstand daraus Emergenz, die wiederum kollektive Intelligenz förderte. Kein Element allein hätte diesen Sprung ermöglicht, erst das Zusammenspiel brachte jene Dynamik hervor, die wir suchten.

Die eigentlichen Kräfte von Collins, und später About You, lagen in den Menschen. Von Beginn an hatten wir außergewöhnliche Talente: Programmiererinnen, Strategen, Kreative – Persönlichkeiten, die bereit waren, Neuland zu betreten. Sie bildeten den Motor des Systems. Daneben konnten wir auf vorhandene Ressourcen der Otto Group zurückgreifen: bestehende Einkaufsbeziehungen, Logistik und juristische Expertise. Diese Kombination aus unternehmerischer Eigenständigkeit und konzerninternem Rückhalt wirkte wie ein Beschleuniger: Wir konnten schnell bauen, testen, verbessern – und dabei immer auf ein stabiles Fundament zugreifen.

Von Anfang an war klar, dass diese neue Einheit eigene Regeln brauchte. Ich ließ mir vom Vorstand schriftlich bestätigen, welche Rahmenbedingungen gelten sollten – welche Strukturen wir nutzen durften und wo wir freie Hand hatten. Dieses Dokument war mehr als eine Formalität: Es definierte Systemgrenzen, die uns Schutz und Orientierung zugleich gaben. Manche Konzerngesellschaften sahen unser Projekt zunächst skeptisch, insbesondere im Einkauf. Doch die klaren Regeln schufen Vertrauen und Rückhalt und ermöglichten, unbeeinflusst arbeiten zu können – ein frühes Beispiel für sinnvoll gesetzte Systemgrenzen in einem größeren Organismus. Damit zeigte sich ein zentrales Prinzip jedes funktionierenden Systems: Freiheit braucht Struktur, um sich entfalten zu können.

Ebenso entscheidend war die Vernetzung – intern wie extern. Wir pflegten regelmäßige Stand-up-Meetings, kurze Entscheidungswege und eine Kultur des offenen Austauschs. Jeder wusste, woran die anderen arbeiteten. Diese Transparenz förderte Vertrauen und Schnelligkeit. Zugleich nutzten wir die engen Verbindungen im Konzern und dessen Kontakte zu Marken und Partnern, was uns neue Türen öffnete. Vernetzung war kein organisatorisches Add-on, sondern Teil unseres genetischen Codes – ein Grundmuster, das sich durch alle Ebenen zog.

Durch das Zusammenspiel von Kräften, Rahmenbedingungen, Raum und Vernetzung entstand etwas Größeres: kollektive Intelligenz. Wir erkannten früh, dass Innovationen nicht aus Einzelköpfen, sondern aus dem Miteinander hervorgingen. Je klarer die Strukturen und je größer die Freiheit, desto stärker die kreative Energie. Dieses gemeinsame Flow-Erlebnis, in dem Ideen plötzlich ineinandergriffen, war für mich prägend – und die Bestätigung dessen, was ich heute als emergente Dynamik bezeichne: das Gefühl, Berge versetzen zu können.

Doch kollektive Intelligenz entfaltet sich nur, wenn Menschen ihre Stärken am richtigen Platz einsetzen können. Ich habe früh gespürt, dass ich Menschen intuitiv einschätze und erkenne, wer wo am besten wirken kann. Das ist keine bewusste Methode, sondern eine Form intuitiver Wahrnehmung – ein inneres Wissen, das sich in Gesprächen oder manchmal schon in den ersten Minuten zeigt. Gerade bei der Auswahl der Führungskräfte für Collins und About You war das entscheidend. Wir suchten Persönlichkeiten mit intrinsischer Motivation, Neugier, Mut und Selbstwirksamkeit. In meinen frühen Gründerjahren lag ich mit meinem Bauchgefühl nicht immer richtig, doch über die Jahre entwickelte sich mit Erfahrung und Reflexion daraus echte Menschenkenntnis. Heute spüre ich oft schon in einer Videokonferenz, ob jemand in ein Team passt oder nicht. Führung bedeutet für mich, Potenziale zu erkennen und Räume zu schaffen, in denen sie sich entfalten können. In vielen Organisationen zeigt sich, wie wertvoll es ist, wenn dieses Potenzial sichtbar gemacht und gezielt gefördert wird. Die Fähigkeit, Menschen in ihrer Energie und ihrem Können intuitiv zu erfassen, kann den entscheidenden Unterschied ausmachen, ob ein System wächst oder stagniert.

Vom Entrepreneur zum Gestalter

Bei Collins war unser Ziel, eine neue Form des Online-Shoppings zu entwickeln: inspirierend, individuell und nah an den Bedürfnissen der Menschen. Wir nutzten die Warenbestände von Otto, um mit zwei Testshops das Nutzerverhalten zu analysieren, und entwickelten die Plattformen iterativ weiter. Daraus entstanden schließlich die Shops Edited und About You.

Während Edited eine modebewusste Zielgruppe ansprach, richtete sich About You breiter aus – mit einem klaren Kern: einem KI-gestützten Algorithmus, der jedem Kunden nahezu unmerklich ein passendes, persönliches Sortiment zusammenstellte. Das Ergebnis war wie eine Boutique, die ihr Schaufenster bei jedem Vorbeischlendern neu und individuell dekoriert. Deshalb nannten wir About You eine Zeit lang »den Shop mit 1000 Gesichtern«.

Im Mai 2014 – weniger als zwei Jahre nach der Gründung – launchten wir About You offiziell. Vier Jahre später erreichte das Unternehmen durch ein Investment von Heartland A/S, der Beteiligungsholding eines der größten europäischen Bekleidungsunternehmen, eine Bewertung von über einer Milliarde US-Dollar – und wurde damit zum ersten Unicorn Hamburgs. Im Juni 2021 folgte der Börsengang, bei dem alle Aktien erfolgreich an der Frankfurter Börse platziert werden konnten. 2025 verkaufte die Otto Group das Unternehmen an Zalando.

Ich hatte in den Jahren zuvor viele Gründungen begleitet, doch aus dieser Phase war About You längst herausgewachsen. Ich nutzte meine Intuition, um zu erkennen, wann ein neuer Weg beginnt oder wann die eigenen Fähigkeiten an anderer Stelle mehr bewirken können.

Als Serial Entrepreneur mit über zehn Gründungen hatte ich gelernt, Strukturen zu schaffen: die richtigen Menschen zu finden, Rahmenbedingungen zu gestalten, Kultur und Regeln zu entwickeln sowie strategische Impulse zu setzen. Diese Kompetenz brachte ich auch bei About You ein. Doch irgendwann spürte ich, dass meine Rolle sich verändern musste. Meine Stärke lag im Aufbau, im Gestalten und im Zukunftentwerfen – nicht im Verwalten des Erreichten.

Gleichzeitig stand die Otto Group vor einer großen Transformation, und ich spürte, dass meine Erfahrungen und meine Energie dort gebraucht würden. Es war, als ob zwei gegensätzliche Bewegungen zeitgleich verliefen: About You ging in die Reifephase über, während die Otto Group in eine neue Zukunft aufbrach. Ich wusste, dass ich mit meinen Fähigkeiten an dieser Stelle mehr bewirken konnte – nicht aus Kalkül, sondern weil es sich richtig anfühlte.

So entschied ich mich, Mitte 2015 die Geschäftsführung von About You zu verlassen und als »gestaltender Gesellschafter« in die

Zentrale der Otto Group zu wechseln. Der Pressesprecher unseres Familienunternehmens prägte diesen Begriff, der meine Rolle als aktiver Gesellschafter treffend beschrieb und in der Presse positiv aufgenommen wurde. Im Konzern konnte ich meine Stärken in größerem Maßstab einsetzen: Visionskraft, strategische Umsetzung, mein Faible für IT, Digitales und Marketing, mein interkulturelles Verständnis und meine Erfahrungen im Human-Resources-Management. Zugleich war es eine gute Gelegenheit, die Zusammenarbeit mit meinem Vater zu üben – als Vorbereitung auf den Generationswechsel. Auch wenn zu diesem Zeitpunkt noch offen war, ob und in welcher Rolle ich das Familienunternehmen einmal übernehmen würde – ich fühlte mich bereit für diese Lebensaufgabe. Die enge Zusammenarbeit mit meinem Vater markierte den Beginn eines sanften Übergangs zwischen zwei Generationen.

Rückblickend würde ich sagen: About You ist ein herausragendes Unternehmen, aber kein vollständig holistisches System. Wir bewegten uns zwischen adaptiv und emergent – dynamisch, innovativ, aber nicht immer stabil in allen Dimensionen. Als damalige Eigentümerin steuerte die Otto Group About You als Familienunternehmen langfristig, verantwortungsvoll und risikobewusst. Das brachte viele Vorteile mit sich, bedeutete aber auch, dass About You keine unbegrenzten Ressourcen der Kapitalmärkte zur Verfügung hatte und damit nicht beliebig expandieren konnte. Die Börsennotierung änderte daran wenig – sie brachte neue Erwartungen, neue Abhängigkeiten und ein stärkeres Augenmerk auf kurzfristige Ergebnisse.

Diese Rahmenbedingungen hinderten About You daran, sich weiter in Richtung eines holistischen Unternehmens zu entwickeln. Die Erfahrung war lehrreich: Ein System kann nur so ganzheitlich sein, wie seine Strukturen es zulassen. Wachstum und Kapital sind wichtig, aber sie allein schaffen keine Balance. Holismus kann nicht alles heilen, ist aber als gezielt eingesetztes Betriebssystem mit klaren Rahmenbedingungen praktikabel – und genau diese Bedingungen kann jede Organisation diagnostizieren und herstellen.

Heute sehe ich meine Rolle weniger in der klassischen Geschäftsführung, sondern stärker in der Funktion eines gestaltenden Gesellschafters. Ich versuche, wie ein Generalist zu denken und zu arbeiten – dort am wirksamsten, wo ich Strukturen verbinde, Ideen in Systeme überführe und langfristige Entwicklungen anstoße. Mich reizt das Gestalten mehr als das Verwalten. Meine Rolle verstehe ich als Brücke zwischen Strategie und Kultur, zwischen Ökonomie und Sinn – immer mit dem Ziel, das Ganze im Blick zu behalten und den größtmöglichen positiven Einfluss zu entfalten.

Diese Haltung prägt auch unsere gemeinnützigen Engagements. Gemeinsam mit meiner Frau Janina Lin Otto arbeite ich in unterschiedlichen Stiftungsprojekten daran, Wirkung zu erzeugen, die über wirtschaftliche Kennzahlen hinausgeht – in Bildung, sozialer Teilhabe, Gesundheit und Nachhaltigkeit. Wir verstehen Philanthropie nicht als Anhängsel des Unternehmertums, sondern als gestaltendes Prinzip und Wirkkraft im gesellschaftlichen Raum.

Ich beobachte mit Interesse, wie Gründerinnen und Unternehmer heute zu öffentlichen Figuren werden – zu Symbolen für Fortschritt, aber auch für Eitelkeiten. Namen wie Elon Musk oder Jeff Bezos prägen die Debatten über Innovation und Macht. Ich selbst möchte anders sichtbar sein: nicht lauter, sondern klarer, nicht größer, sondern glaubwürdiger. Ich glaube an eine stille Revolution des Unternehmertums – eine, die Menschen einbezieht statt ausschließt. Für mich geht es darum, Wirkung zu erzeugen, die verbindet: Dynamik mit Verantwortung, Innovation mit Ethik und Gestaltungskraft mit Menschlichkeit.

6
Übergabe oder Umbruch? Warum Nachfolge mehr ist als ein Verantwortungsübergang

Wenn in familiengeführten Unternehmen, Institutionen oder kleineren Familienbetrieben von einem »Generationswechsel« die Rede ist, denken viele zunächst an rechtliche Fragen, steuerliche Konstruktionen oder die nüchterne Übergabe von Macht und Verantwortung. Doch diese Sichtweise greift zu kurz. Ein Generationswechsel ist kein rein technischer Vorgang, sondern ein tiefgreifender, mehrdimensionaler Prozess, der Menschen, Werte, Strukturen und Zukunftsvisionen gleichermaßen betrifft.

Ein holistischer Generationswechsel bedeutet, dass dieser Übergang nicht fragmentiert, sondern ganzheitlich gedacht und gestaltet wird. Er umfasst die organisatorische Ebene ebenso wie die kulturelle, die emotionale und auch die systemische. Er fragt nicht nur, wer übernimmt, sondern auch: Wie geschieht das? Welche Werte bleiben prägend? Und welche neuen Impulse können entstehen? Während der klassische Vergleich des Staffellaufs eine abrupte Übergabe beschreibt, geht es hier um einen gemeinsamen Übergang wie bei einem Tanz – darum, sich anzunähern und einen gemeinsamen Takt zu finden, der mit der Zeit zu einer harmonischen neuen Einheit wird.

Geteilte Verantwortung

Der Generationswechsel begann für mich eigentlich bereits in der Kindheit, als ich anfing, mich gedanklich mit dem damaligen Otto-Versand zu beschäftigen, und ihn bei ersten Besuchen und einem Ferienjob von innen erlebte. Es folgte der Aufbau von About You, bevor es im Sommer 2015 in die nächste Phase ging: Ich übernahm die Rolle des gestaltenden Gesellschafters der Otto Group an der Seite meines Vaters. In dieser Position konnte ich den Konzern intensiver kennenlernen und neben meinem Vater sowie gemeinsam mit dem Vorstand die strategische Ausrichtung der Unternehmensgruppe weiterentwickeln.

Sofort wurde ich mit zahlreichen, für mich neuen Seiten eines Konzerns konfrontiert. Entscheidungsprozesse dauerten länger als in der Start-up-Welt, die ich kannte, weil mehr Menschen involviert waren. Vorstandsbereiche hatten zum Teil unterschiedliche Vorstellungen, wie das Unternehmen weiter erfolgreich bleiben könnte, und Veränderungen mussten behutsam angegangen werden, weil es viele Beschäftigte mitzunehmen galt.

Besonders in Erinnerung blieb mir das erste Gespräch mit meinem Vater in meiner neuen Funktion, bei dem ich einige gravierende, grundlegende Änderungsvorschläge mitbrachte. Unsere Meinungen gingen auseinander und mein Vater setzte sich schließlich durch. Zunächst war ich enttäuscht, dass viele meiner Ideen nicht in vollem Umfang Anklang fanden. Ein paar Jahre später aber realisierte ich, dass die große Veränderungsgeschwindigkeit, die ich von meinen Start-ups gewohnt war, den Konzern möglicherweise überfordert hätte.

Für ihn war klar: Tempo darf Stabilität nicht gefährden. Für mich stand fest: Der Wandel musste deutlich schneller vorangetrieben werden. Am Ende fanden wir im Miteinander einen gesunden Weg, der beides berücksichtigte – eine Balance, die manche Unternehmerfamilien nicht immer erreichen. Mir war bewusst, dass dieser Prozess scheitern kann – gerade dann, wenn zwei Generationen sich nicht auf einen gemeinsamen Weg einigen können.

Später waren mein Vater und ich fast immer einer Meinung, wenn es um große und kleine Entscheidungen ging. Natürlich gab es gelegentlich kontroverse Diskussionen, die wir aber nutzten, uns gemeinsam weiterzuentwickeln. Denn durch positive Reibung entsteht Fortschritt – wie in einem adaptiven System, dessen Pole zwischen Stabilität und Veränderung wechseln und es dadurch resilienter machen. Meinen Vater und mich verband stets der ehrliche und direkte Austausch – und ein Vertrauen, das uns half, Differenzen produktiv zu nutzen. Ein wesentlicher Bestandteil einer gesunden Unternehmenskultur, wie mir später bewusst wurde.

Für eine effektive Zusammenarbeit hielten wir unsere Zuständigkeitsbereiche schriftlich fest und grenzten sie klar voneinander ab. Auf Gesellschafterebene übernahm ich die Verantwortung für Marketing, Branding, Unternehmenskultur, Werte sowie IT und Digitales. Mein Vater verantwortete Finanzen, Controlling, Human Resources, Revision, Corporate Social Responsibility, Unternehmenskommunikation sowie weitere Geschäftsfelder. In unseren Ressorts hatten wir jeweils die volle Entscheidungshoheit bei Gesellschafterangelegenheiten, während wir über die langfristige strategische Ausrichtung des Konzerns, Vorstandsbesetzungen und grundlegende Weichenstellungen gemeinsam entschieden.

Zusätzlich vereinbarten wir einen Katalog »kritischer Erfolgsfaktoren« für die Otto Group – Bedingungen, die aus meiner Sicht entscheidend waren, um die erfolgreiche Zukunft des Konzerns zu sichern. Dazu gehörte etwa, im Vorstand neue Kompetenzen aufzubauen und in möglichst jeder Tochtergesellschaft einen Digitalexperten – CDO (Chief Digital Officer) oder CTO (Chief Technology Officer) – in die Geschäftsführung zu holen.

Meine Überzeugung, dass digitale Kompetenz und kulturelle Offenheit essenziell sind, war nicht theoretisch. Schon früh hatte ich gesehen, was geschieht, wenn Unternehmen diesen Wandel verschlafen, etwa 1999 während eines Praktikums bei Compaq. Dort spürte ich die Unsicherheit in den Fluren, zugleich war der Mut zur Transformation nicht groß genug – wenige Jahre später verschwand das Unternehmen als eigenständiger Konzern vom Markt. Für mich war das eine frühe Lektion: Technologie und Kultur sind keine Nebenthemen, sie entscheiden über das Überleben des Unternehmens.

Anfangs hatte ich geringere Einflussmöglichkeiten, später größere. Das hing auch damit zusammen, dass der Vorstand mir immer mehr vertraute und ich mit immer weniger Widerständen aus der Organisation konfrontiert wurde. Zwar fand nicht jede meiner Ideen sofort Zustimmung, doch nach und nach erkannten mein Vater und die Führungskräfte, dass viele meiner Impulse einen Mehrwert boten. Besonders deutlich wurde das in unserem Leitbildprozess, den ich maßgeblich mitgestaltete:

Über die Jahrzehnte war das Bedürfnis nach einer klaren Vision des Konzerns gewachsen. Deshalb stieß ich einen partizipativen Prozess an, um den Sinn unseres Handelns neu zu definieren. Das Ergebnis lautete: »Responsible commerce that inspires.« Diese Formel, entwickelt gemeinsam mit Gesellschaftern, Vorständen und einigen Mitarbeitenden, prägt bis heute die Ausrichtung der Otto Group. Sie bringt auf den Punkt, was uns ausmacht: Verantwortung als Kernwert, Handel als DNA und Inspiration, die unsere Kundinnen und Kunden ins Zentrum stellt. Noch heute ist es das Leitbild der Gruppe und wird gerade neu interpretiert: Es geht nicht mehr nur um verantwortungsvollen Handel, der inspiriert, sondern um verantwortungsvolles Handeln und Inspiration der Kundinnen gleichermaßen – unabhängig vom Geschäftsmodell.

Der Generationswechsel war früh geplant: Im März 2026 habe ich den Vorsitz des Stiftungsrats der Michael Otto Stiftung und des Gesellschafterrats der Otto Group von meinem Vater übernommen. Zu diesem Zeitpunkt hatte ich zusammen mit Janina den Aufbau unserer Stiftungsprojekte bereits auf ein stabiles Fundament gestellt, während mein Vater den Konzern in einen »ruhigen Hafen« überführen konnte. So gelang der Übergang, ohne dass akuter Handlungsdruck bestand.

Entgegen einiger Erwartungen habe ich mich bewusst gegen die Position des CEO oder Aufsichtsratsvorsitzenden entschieden, da ich meine Stärke als gestaltender Gesellschafter am besten entfalten kann und an eine zeitgemäße Verantwortungsteilung glaube. Seit März 2025 ist Petra Scharner-Wolff die neue CEO, und ihr Vorgänger Alexander Birken übernahm zeitgleich von meinem Vater den Vorsitz im Aufsichtsrat. Dazu sollte man wissen: Die Otto Group ist heute in drei zentrale Gremien gegliedert:

1. *Stiftungsrat (beständige Kraft):* Er ist die höchste Instanz. Die Michael Otto Stiftung hält die Mehrheit am Konzern und entscheidet über Grundsatzfragen sowie die langfristige Ausrichtung.
2. *Gesellschafterrat (impulsgebende Kraft):* Er bildet das visionäre Herz und dient als Gesprächspartner für neue Ideen, Investitionen und für Zukunftsprojekte. Ich habe ihn um weitere externe Fachleute ergänzt – frische Perspektiven machen ein System widerstandsfähiger.
3. *Aufsichtsrat (kontrollierende Kraft):* Er überwacht, moderiert und bildet die Schnittstelle zum Vorstand.

Diese mehrgliedrige Governance-Struktur verkörpert zentrale Prinzipien des Holismus: Vielfalt und Balance durch Dreifaltigkeit, positive Reibungen durch die bewusste Einbindung externer Sichtweisen und Selbstbestimmung durch gleichzeitig dezentrale und zentrale (hybride) Steuerung.

Für mich war entscheidend, dass Verantwortung geteilt wird – ohne alleiniges Machtmonopol, stattdessen mit Gremien, die sich auf unterschiedliche Sichtweisen stützen. Die Konzentration auf wenige Einzelintelligenzen schwächt Resilienz – und das gilt für Unternehmen wie für andere komplexe Systeme gleichermaßen. Kollektive Intelligenz kann nur dann entstehen, wenn sich eine Emergenz aus den Einzelintelligenzen möglichst aller Beteiligten bildet. Eine höhere kollektive Intelligenz eröffnet neue Perspektiven und stärkt die Anpassungsfähigkeit und Stabilität des Systems.

Durch den schrittweisen Übergang blieb Zeit, das Unternehmen behutsam in eine Form zu führen, die Tradition und Zukunftsfähigkeit miteinander verbindet – und die Prinzipien gelebter Systementwicklung aus den ersten Kapiteln praktisch umsetzt. Dazu zählen stufenweise Entwicklung, Stärkung von Schnittstellen, Einbindung externer Perspektiven und Förderung emergenter Prozesse. Die zeitlich gestaffelte Übergabe ist ein Beispiel für adaptive Transformation: Veränderung in Etappen, um Systemstabilität zu sichern.

Der Generationswechsel ist kein Endpunkt und schon gar nicht die Vollendung eines holistischen Systems; selbst nach einem großen Meilenstein bleibt die kontinuierliche Weiterentwicklung Teil der Systemlogik. Aber er zeigt deutlich, wie sich meine Haltung zu anderen Unternehmern unterscheidet – und wie ich begonnen habe, den Weg in eine neue Richtung einzuschlagen. Eine Richtung, in der Vielfalt, geteilte Verantwortung, externe Perspektiven und somit kollektive Intelligenz von Anfang an Teil des Designprozesses sind.

Der holistische Generationswechsel

Was sich in unserem eigenen Prozess zeigte, lässt sich auch auf andere Kontexte übertragen. Ein Generationswechsel folgt universellen Mustern, die weit über den Einzelfall hinausgehen. Er berührt Strukturen, Kulturen, Beziehungen und Individuen zugleich – und entfaltet erst dann seine volle Wirkung, wenn all diese Ebenen bewusst miteinander verbunden werden. Er ist nicht nur ein Übergang zwischen Personen, sondern ein ganzheitlicher Entwicklungsprozess. Im Folgenden betrachte ich diese Dimensionen aus dieser holistischen Perspektive.

Strukturelle Dimension (Körperliches): Grundlagen schaffen, Kräfte abstimmen

Auf der strukturellen Ebene zeigt sich, wie entscheidend es ist, einen Generationswechsel nicht dem Zufall zu überlassen. Verträge, rechtliche Rahmenbedingungen und steuerliche Fragen bilden zwar die Grundlage, doch sie allein reichen nicht aus, um einen Übergang wirklich tragfähig zu gestalten. Ein holistischer Ansatz versteht Struktur nicht als starres Korsett, sondern als lebendigen Rahmen, der Sicherheit gibt und zugleich Entwicklung ermöglicht.

Wenn eine Organisation in die nächste Generation übergeht, braucht es klare Absprachen darüber, wer welche Verantwortung übernimmt und in welchem Tempo dies geschieht. Transparenz ist hier der Schlüssel: Nur wenn Rollen und Zuständigkeiten offen definiert werden, lassen sich Missverständnisse und verdeckte Konflikte vermeiden. Besonders hilfreich ist es, Übergangsphasen bewusst zu gestalten: Statt eines abrupten Wechsels, bei dem die eine Generation von heute auf morgen die Bühne verlässt und die andere sie betritt, kann eine Phase der gemeinsamen Führung eingerichtet werden. Währenddessen arbeiten beide Generationen Seite an Seite, tauschen Wissen aus, teilen Netzwerke und bringen auch das stille Erfahrungswissen zur Geltung – also jene Einsichten und Intuitionen, die man nicht einfach nachlesen, sondern nur im gemeinsamen Tun erleben und weitergeben kann.

Solche Übergangsmodelle können durch institutionalisierte Formen gestützt werden – etwa durch Beiräte, Mentoring-Programme oder Übergangsteams, die den Prozess begleiten und stabilisieren. Auf diese Weise wird der Wechsel nicht als Bruch erlebt, sondern als organischer Prozess, der von allen Beteiligten getragen wird. Struktur ist in diesem Sinne kein Selbstzweck, sondern ein Instrument, das Vertrauen schafft. Sie eröffnet Möglichkeiten, in denen sich die Beteiligten auf die tieferen Dimensionen des Wandels einlassen können – auf die kulturellen, die beziehungsorientierten und die systemischen Fragen, die den Generationswechsel letztlich zu einem ganzheitlichen Ereignis machen.

Kulturelle Dimension (Seelisches): Werte bewahren, Rahmenbedingungen gestalten

Jedes Unternehmen, jede Institution und jeder Familienbetrieb leben von einer Kultur, die weit über einen Satz von Regeln oder Leitbildern hinausgeht. Kultur ist das unsichtbare Gewebe, das Menschen miteinander verbindet: Geschichten, die erzählt, Rituale, die gepflegt werden, Werte, die unausgesprochen gelten. In einem Generationswechsel wird dieses Gewebe auf die Probe gestellt. Denn mit dem Eintritt einer neuen Generation stellt sich unweigerlich die Frage: Welche Elemente dieser Kultur sind unterstützend und müssen bleiben, welche dürfen sich wandeln, und welche sollten vielleicht sogar bewusst losgelassen werden, damit Neues wachsen kann?

Ein holistischer Generationswechsel erkennt, dass Kultur nicht statisch ist, sondern lebendig. Die ältere Generation bringt Erfahrung, Identität und eine gewachsene Tradition ein. Sie verkörpert das Fundament, auf dem das Ganze steht. Die jüngere Generation hingegen bringt frische Impulse, neue Technologien und andere Ausdrucksformen. Im besten Fall ist sie der Ideengeber der Zukunft, der das Bestehende nicht gefährden, sondern erweitern will.

Die Herausforderung liegt darin, diese beiden Bewegungen nicht gegeneinander auszuspielen, sondern in ein fruchtbares Spannungsfeld zu bringen. Es geht darum, ein gemeinsames Narrativ zu entwickeln, das Vergangenheit und Zukunft miteinander verbindet. Es beantwortet Fragen wie: Woher kommen wir? Was hat uns geprägt? Wohin wollen wir gemeinsam gehen? Wenn beide Generationen an diesem Narrativ mitwirken, entsteht eine Kultur, die nicht im Alten verharrt, aber auch nicht im Neuen wurzellos wird.

So wird der Generationswechsel zu einem kulturellen Übergang, der nicht nur Strukturen verändert, sondern auch Identität erneuert. Er ist die Chance, Werte zu bewahren, ohne sie zu versteinern, und Innovation zuzulassen, ohne die Wurzeln zu kappen. Kultur wird so zum verbindenden Raum, in dem sich das Zusammenspiel der Generationen harmonisch entfalten kann.

Verständnisdimension (Geistiges): Räume für Austausch, Dialog statt Bruch

Ein Generationswechsel ist niemals nur eine Frage von Strukturen oder Werten, sondern immer auch ein zutiefst menschlicher Prozess. Er berührt Beziehungen, Emotionen und unausgesprochene Erwartungen. Hier treffen unterschiedliche Vorstellungen, Lebensphasen, Haltungen und Weltbilder aufeinander: die Erfahrung und das Bedürfnis nach Anerkennung für das Geleistete auf der einen Seite, die Energie und der Wunsch nach Gestaltungsspielraum auf der anderen.

Gerade in dieser Dimension zeigt sich, ob ein Übergang als Bruch oder als Dialog erlebt wird. Wenn die ältere Generation das Gefühl hat, ihre Lebensleistung werde nicht gewürdigt, kann leicht Bitterkeit entstehen. Wenn die jüngere Generation das Gefühl hat, sie werde nicht ernst genommen, wächst Frustration. Ein holistischer Generationswechsel nimmt diese Spannungen nicht als Störung wahr, sondern als natürlichen Teil des Prozesses. Er schafft Räume, in denen Erwartungen, Ängste und Hoffnungen ausgesprochen werden können. Räume, in denen gegenseitiges Zuhören wichtiger ist als das Rechtbehalten.

Solche Dialogräume können formal gestaltet sein – etwa durch moderierte Gespräche, Mediation oder Coaching – oder informell, durch regelmäßige Begegnungen, in denen beide Seiten bewusst zuhören. Entscheidend ist, dass Respekt und Anerkennung spürbar werden: Die ältere Generation verdient Wertschätzung für ihr Lebenswerk, die jüngere verdient Vertrauen in ihre Fähigkeiten.

Wenn dieser bewusste Dialog gelingt, entsteht eine Atmosphäre, in der Konflikte nicht verdrängt, sondern gelöst werden können. Der Generationswechsel wird dann nicht als Machtkampf erlebt, sondern als gemeinsamer Prozess des Wachsens. Beziehungen werden nicht geschwächt, sondern gestärkt. Es ist wie bei gut synchronisierten Zahnrädern: Sie greifen ineinander, ohne sich zu blockieren, und übertragen Energie reibungslos von einer Bewegung auf die nächste.

Systemische Dimension (Dao): Eingebettet ins Umfeld

Kein Generationswechsel geschieht im luftleeren Raum. Jede Organisation, jedes Unternehmen, jede Institution ist Teil größerer Zusammenhänge – eingebettet in Märkte, gesellschaftliche Entwicklungen, ökologische Rahmenbedingungen und politische Strukturen. Ein holistischer Generationswechsel erkennt diese Einbettung und versteht den Übergang nicht nur als interne Angelegenheit, sondern als Prozess, der Auswirkungen weit über die eigenen Grenzen hinaus entfaltet.

In erfahreneren Generationen liegt der Blick manchmal stärker auf Stabilität, auf dem Bewahren von Bewährtem und auf Verlässlichkeit gegenüber Partnern, Mitarbeitenden und Kundinnen. Jüngere Generationen bringen teilweise ergänzend eine besondere Sensibilität für neue gesellschaftliche Strömungen mit: Zukunftsverantwortung, Vielfalt der Perspektiven, Digitalisierung und Orientierung am größeren Ganzen. Ein gelingender Übergang integriert beide Perspektiven und sorgt dafür, dass die Organisation nicht nur nach innen stabil bleibt, sondern auch nach außen anschluss- und zukunftsfähig wird.

So kann ein Generationswechsel zu einem Moment werden, in dem die Organisation ihre Rolle im größeren Gefüge neu definiert. Welche Verantwortung tragen wir gegenüber Geschäftspartnern und Stakeholderinnen, welche gegenüber der Gesellschaft? Wie gestalten wir unsere Beziehungen zu Umwelt und Gemeinwohl? Welche Beiträge leisten wir, damit nicht nur unser eigenes Fortbestehen gesichert ist, sondern auch das Wohl des Ganzen?

Ein holistischer Ansatz sieht den Generationswechsel daher als Gelegenheit, die eigene Mission neu zu verankern. Er verbindet Kontinuität mit Transformation: Die Wurzeln bleiben erhalten, doch die Äste wachsen in neue Richtungen. Auf diese Weise wird der Übergang nicht nur zu einem inneren Wandel, sondern zu einem Beitrag für das größere Ganze – eine Resonanz, die über das eigene Haus hinaus spürbar wird, hinein in Umwelt und das gesellschaftliche Umfeld.

Individuelle Dimension (Energie): Loslassen und Hineinwachsen im Gesamtgefüge

Sosehr ein Generationswechsel Strukturen, Kulturen und Systeme betrifft, so sehr ist er auch ein zutiefst individueller Prozess. Für die scheidende Generation bedeutet er oft, etwas loszulassen, das über Jahrzehnte hinweg Identität, Sinn und tägliche Orientierung gestiftet hat. Dieses Loslassen ist selten einfach. Wer über Jahre hinweg Verantwortung getragen hat, kann nun lernen, diese abzugeben – und zugleich eine neue Rolle für sich selbst finden.

Für die nachfolgende Generation wiederum bedeutet der Übergang ein Hineinwachsen in Verantwortung. Plötzlich stehen nicht mehr nur Ideen und Visionen im Vordergrund, sondern auch die konkrete Umsetzung, das Tragen von Konsequenzen und das Aushalten von Druck. Dieses Hineinwachsen ist mit Begeisterung und Tatendrang ebenso verbunden wie mit dem Risiko der Überforderung. Die Erwartungen können hoch sein – von außen wie von innen.

Ein holistischer Generationswechsel nimmt diese individuellen Dynamiken ernst. Er begleitet beide Seiten: Die Erfahrenen finden Raum, neue Wege zu gehen – sei es in beratender Funktion, in Stiftungsarbeit, in persönlichen Projekten oder schlicht in der Freiheit, die Früchte ihres Wirkens zu genießen. Die Jüngeren wiederum werden gestärkt durch Coaching, durch Netzwerke, durch das Vertrauen, das ihnen entgegengebracht wird – und dadurch, dass sie in ihre Stärke kommen.

Entscheidend ist, dass die emotionalen Dimensionen nicht verdrängt, sondern bewusst angesprochen werden. Emotionen sind keine Störungen, sondern Teil des Übergangs. Wenn sie Raum bekommen, können sie transformiert werden – in Anerkennung, in Vertrauen, in gegenseitige Wertschätzung. So wird der Generationswechsel auch auf der individuellen Ebene nicht zu einem Bruch, sondern zu einem Prozess des Wachstums. Die Älteren lernen, loszulassen, ohne zu verlieren. Die Jüngeren lernen, hineinzuwachsen, ohne sich zu überheben. Und beide Generationen erfahren, dass der Übergang nicht nur die Organisation verändert, sondern auch sie selbst.

Das große Ganze: Resonanz mit dem Leben selbst

Sosehr ein Generationswechsel Strukturen, Kulturen, Beziehungen, Systeme und Individuen betrifft, so sehr ist er auch Teil eines umfassenderen Gefüges. Kein Übergang geschieht isoliert. Er berührt nicht nur einzelne Personen, sondern immer mehrere Ebenen zugleich.

Auf der Mikroebene stehen die Übergebenden und Nachfolgenden mit ihren Rollen, Erwartungen und Verantwortlichkeiten. Auf der Mesoebene ist die Organisation selbst betroffen – ihre Strukturen, Kulturen und internen Beziehungen, einschließlich der Mitarbeitenden, die den Übergang unmittelbar erleben. Auf der Makroebene schließlich wirkt der Generationswechsel in den erweiterten Kontext hinein – zu Partnern, Käuferinnen und Kunden, gesellschaftlichen Institutionen sowie ökologischen und wirtschaftlichen Rahmenbedingungen. Damit wird deutlich, dass er stets in größere Zusammenhänge eingebettet ist, in denen Stabilität und Erneuerung untrennbar miteinander verbunden sind.

Ein Generationswechsel wiederholt damit ein grundlegendes Muster: Verantwortung wird weitergegeben, Gestaltungsspielräume verschieben sich, und eine neue Phase beginnt. Dieses Muster übersteigt die einzelne Organisation und verweist auf übergeordnete Dynamiken, die in allen sozialen und institutionellen Kontexten wirksam sind.

Ein holistischer Generationswechsel erkennt diese Dimension an. Er versteht den Übergang nicht nur als Chance für die unmittelbar Beteiligten, sondern auch als Beitrag zum größeren Ganzen. Er stellt Fragen nach den Spuren, die hinterlassen werden, nach der Verantwortung, die über die Organisation hinausreicht, und nach den Auswirkungen, die ein gelingender oder misslingender Übergang auf die Mitarbeitenden, die Partner und die Gesellschaft haben kann.

So wird deutlich: Ein Generationswechsel ist nicht nur ein organisatorischer Vorgang, sondern auch ein zentraler Punkt, an dem individuelle, organisationale und gesellschaftliche Dynamiken zusammenwirken. Seine Qualität entscheidet darüber, ob er lediglich als interner Prozess erlebt wird – oder ob er zu einem konstruktiven Beitrag für die Zukunftsfähigkeit der Organisation und ihres Makrokosmos wird.

Interaktion und Transformation

Ein gelungener Generationswechsel lebt also nicht allein von Planung und Strukturen, sondern von einer inneren Bereitschaft zur Interaktion. Sie entsteht, wenn beide Generationen bereit sind, nicht nur zu sprechen, sondern auch zu hören – nicht nur zu reagieren, sondern wahrzunehmen. Resonanz bedeutet, im Gegenüber ein Echo zu finden, ohne sich zu verlieren.

In dieser Haltung entsteht Beziehung jenseits von Rollen oder Hierarchien. Sie ermöglicht, dass aus zwei Perspektiven ein gemeinsames Bewusstsein wächst – eines, das sowohl Erfahrung als auch Neugier, sowohl Stabilität als auch Bewegung in sich trägt. Der Übergang wird so zu einem Moment wechselseitigen Lernens: Die Älteren entdecken neue Formen der Relevanz, die Jüngeren erfahren, was es heißt, Verantwortung nicht nur zu übernehmen, sondern zu gestalten.

Interaktion ist keine Methode, sondern eine Offenheit zur Auseinandersetzung. Sie verwandelt den Generationswechsel in einen lebendigen Dialog zwischen Vergangenheit und Zukunft – in eine Bewegung, die nicht trennt, sondern verbindet.

Praktische Prinzipien für den holistischen Generationswechsel

Aus den verschiedenen Dimensionen lassen sich konkrete Prinzipien ableiten, die den Generationswechsel nicht nur planbar, sondern auch lebendig machen.

- *Frühzeitigkeit:* Ein Übergang, der Jahre im Voraus vorbereitet wird, schafft Sicherheit und Ruhe. Er erlaubt es, Wissen weiterzugeben, Rollen zu klären und Vertrauen aufzubauen, bevor der eigentliche Wechsel vollzogen wird.
- *Partizipation:* Ein holistischer Generationswechsel bindet alle relevanten Stimmen ein – nicht nur die der unmittelbar Beteiligten, sondern auch jene von Mitarbeitenden, Partnern oder Familienmitgliedern. So entsteht ein Prozess, der von vielen getragen wird und nicht als Entscheidung »von oben« erlebt wird.
- *Iterativität:* Der Wechsel wird nicht als einmaliges Ereignis verstanden, sondern als Prozess, der in Etappen verläuft. Kleine

Schritte, gemeinsame Projekte, Übergangsphasen – all das macht den Wandel organisch und nachvollziehbar.

- *Transparenz:* Sie ist das Fundament, auf dem Vertrauen wächst. Offene Kommunikation über Ziele, Erwartungen und Grenzen verhindert Missverständnisse und schafft Klarheit.

Und Integration bedeutet, dass Tradition und Innovation nicht als Gegensätze verstanden werden, sondern als zwei Kräfte, die sich gegenseitig ergänzen. Die Erfahrung der Älteren und die Vision der Jüngeren verbinden sich zu einem Ganzen, das stärker ist als die Summe seiner Teile. Wo diese Prinzipien zusammenwirken, entsteht ein schöpferischer Prozess.

Ein holistischer Generationswechsel ist also nicht nur ein organisatorischer Akt – er ist eine Gelegenheit zur Erneuerung, zur Stärkung von Beziehungen, zur Verankerung von Werten und zur Öffnung in die Zukunft. Wenn er gelingt, entsteht nicht nur Kontinuität, sondern auch Transformation. Nicht nur Bewahrung, sondern auch Innovation. Nicht nur Übergabe, sondern auch gemeinsames Wachstum.

So verstanden, wird der Generationswechsel zu einer Chance, Vergangenheit und Zukunft in der Gegenwart zu verbinden. Er ist ein Moment, in dem Organisationen, Institutionen und Familien nicht nur ihre eigene Geschichte weiterschreiben, sondern auch einen Beitrag zum größeren Ganzen leisten. Er wird damit zu einem Sinnbild für das Leben: ein fortwährender Kreislauf, in dem Kontinuität und Veränderung untrennbar miteinander verbunden sind.

Dimension im Generationswechsel	Inhaltliche Fokussierung	Dimension im holo-universellen Konzept	Begründung
Strukturelle Dimension (Grundlagen und Kräfte)	Verträge, Strukturen, Übergangsmodelle, Transparenz	Körperliches	Das Schaffen sichtbarer, materieller Ordnung – die »Gestalt« des Übergangs
Kulturelle Dimension (Werte und Rahmenbedingungen)	Werte, Rituale, Geschichten, Identität	Seelisches	Kultur als Rahmenbedingung von Sinn, Emotion und Identität
Verständnisdimension (Dialog statt Bruch)	Anerkennung, Vertrauen, Konfliktbearbeitung, Dialog	Geistiges	Beziehungen werden hier nicht nur emotional, sondern bewusst-reflexiv gestaltet. Es geht um Haltung, Bewusstsein, Sinngebung.
Systemische Dimension (Einbettung ins Umfeld)	Märkte, Gesellschaft, Ökologie, Gemeinwohl	Dao	Diese Ebene öffnet den Blick auf die Einbettung in größere Kontexte – Natur, Gesellschaft, Weltgeschehen.
Individuelle Dimension (Loslassen und Hineinwachsen)	Persönliche Transformation, Rollenwandel, Sinnsuche	Energie	Innere Dynamik: Loslassen, Hineinwachsen, Kraftquellen, Überforderung versus Begeisterung
Ganzheitliche Dimension (Resonanz mit dem Leben selbst)	Zyklische Kontinuität, wechselseitige Bedingtheit, Verbindung von Individuum, Organisation und Umwelt	Großes Ganzes	Generationswechsel ist Teil eines zyklischen Werdens und Gehens, in dem Wandel und Beständigkeit verbunden sind.

7
Wenn Systeme ihre Kultur ändern: Von Effizienz zu Resilienz

Zwischen 2005 und 2015 veränderte sich der Markt im Versandhandel spürbar. Der Shift zum Onlinehandel und der zunehmende Wettbewerb führten zu einer deutlichen Zuspitzung: Immer mehr Onlinehändler etablierten sich in Deutschland und kämpften um Marktanteile. In dieser Phase mussten zwei der größten deutschen Mitbewerber – Neckermann und Quelle – Insolvenz anmelden, weil sie unter anderem den digitalen Wandel zu spät begonnen hatten.

Deshalb machten wir uns frühzeitig Gedanken, wie wir die Otto Group noch stärker für die Zukunft aufstellen konnten. Die Gründung von About You, das sich durch Personalisierung von den damaligen Konkurrenten abgrenzte, war ein Teil unserer Antwort. Aber es wurde schnell deutlich: Wir mussten noch weiter gehen, Veränderungen mussten noch viel weitreichender stattfinden. So entstand der Kulturwandel 4.0, angelehnt an den Begriff Industrie 4.0, der für eine umfassende Digitalisierung und Vernetzung steht.

Als Mitinitiator stieß ich Ende 2015 mit dem Kulturwandel 4.0 gemeinsam mit meinem Vater, dem Vorstand und vielen Mitarbeiterinnen und Kollegen einen Prozess an, der den Konzern stark verändert hat und noch immer prägt. Noch heute fragen uns viele Unternehmen nach unserem »Geheimrezept«. Für mich persönlich ist der Kulturwandel etwas ganz Besonderes. Er war der Ausgangspunkt meines holistischen Verständnisses von Transformation: dass Wandel nicht allein in Technologien oder Geschäftsmodellen liegt, sondern in der Art, wie Menschen zusammenarbeiten, lernen und gemeinsam Zukunft gestalten.

Transformationszeitalter 4.0

Im Zeitalter der Industrie 4.0, das etwa 2011 begann und bis heute andauert, beschäftigen sich Organisationen weltweit mit der digitalen Transformation, also dem Wandel hin zur umfassenden Digitalisierung. Zahlreiche international etablierte Unternehmen – darunter Kodak und Toys 'R' Us sowie Compaq als früher Vorbote dieser Entwicklung – haben in dieser Zeit ihre einstige Marktführerschaft verloren oder sind ganz vom Markt verschwunden, weil sie die tiefgreifenden Veränderungen zu spät erkannten oder nicht konsequent genug darauf reagierten.

Bei Compaq konnte ich das mit eigenen Augen erleben. Im Sommer 1999 absolvierte ich dort ein Praktikum im Rahmen meines Studiums als Assistent einer Führungskraft in Houston. Ähnlich wie bei dem Computer-Großhändler Actebis, bei dem ich zuvor tätig war, bestätigte sich meine Intuition: Beide Unternehmen standen vor großen Herausforderungen in ihrem Marktumfeld. Der Handel gehörte zu den ersten Branchen, die sich transformieren mussten. Immer mehr Konsumenten bestellten online – ein attraktiver Webshop und die entsprechende Technologie wurden zur Überlebensfrage. Andere Branchen hatten mehr Zeit – bei ihnen ist der Wandel teils noch immer im Gange. Doch die Lektion bleibt: Wer die Dynamik von Transformation nicht erkennt und rechtzeitig reagiert, hat das Nachsehen.

Rahmenbedingungen für gelingende Transformation

Doch warum tun sich manche Unternehmen bei der digitalen Transformation schwerer als andere? Ich bin überzeugt: Die entscheidende Variable ist die Unternehmenskultur, also die Haltung und die Art, wie mit Veränderung umgegangen wird.

Schon zu Beginn des Kulturwandel 4.0 in der Otto Group wurde deutlich, wie wichtig Offenheit ist. Manche Organisationen reagieren auf Wandel mit Abwehr, andere mit Neugier. Bei uns gab es glücklicherweise genügend Menschen, die Veränderungen nicht nur akzeptierten, sondern ihr grundsätzlich positiv begegneten – auch wenn Unsicherheit vorhanden war, weil niemand genau wusste, was der Weg zum digitalen Unternehmen bedeuten würde.

Transparenz war ein weiterer Schlüssel. Sie machte sichtbar, wo Doppelarbeit stattfand, wo Ressourcen ungenutzt blieben oder sogar gegenläufig gearbeitet wurde. Gleichzeitig half Transparenz, Ängste der Kolleginnen und Mitarbeiter ernst zu nehmen und Chancen aufzuzeigen.

Ebenso wichtig war uns die enge Einbindung der Mitarbeitenden. Ziel war nicht nur, Strukturen zu verändern, sondern Menschen in ihrer Resilienz für die zunehmenden Veränderungen zu stärken – im Interesse jedes Einzelnen und im Interesse der gesamten Unternehmensgruppe. Denn zu dem Zeitpunkt war klar: Wir mussten handeln, damit die Otto Group auch weiterhin langfristig erfolgreich bleiben konnte.

Daher stellten wir einen Handlungsrahmen bereit, der Orientierung bot und zugleich Freiheiten eröffnete. Die Beschäftigten konnten aus verschiedenen Werkzeugen wählen – von Methoden der Selbstorganisation über neue Führungsstile bis zu modernen Arbeitsformen, um nur einige zu nennen. Der Handlungsrahmen war sehr weit gefasst, beinhaltete aber auch die Vorgabe, dass Mitarbeitende und Führungskräfte den Prozess unterstützten. So gab es verbindliche Grundlagen wie digitales Basiswissen, das zusammen mit weiteren freiwilligen Lerninhalten auf einer digitalen Plattform abgerufen werden konnte. Pflichtlektüre und freiwillige Vertiefung ergänzten sich.

Ein Teil des Kulturwandels 4.0 wurde also verpflichtend verankert, ein Großteil jedoch war freiwillig. So entstand eine Balance: klare Leitplanken einerseits, Freiheit für eigenverantwortliches Gestalten andererseits. Dieser Rahmen wurde damals allen 123 Konzerngesellschaften vorgegeben – und dennoch blieb der individuelle Handlungsspielraum sehr groß. Gegenseitiges Vertrauen war dafür die essenzielle Voraussetzung des Wandels.

Kein Projekt, sondern ein Prozess

Auch die ökonomischen Rahmenbedingungen spielten eine zentrale Rolle. Konzerne und Unternehmen, die sich ausschließlich an kurzfristigen Renditezielen orientieren, übersehen die Notwendigkeit langfristiger Stabilität. Effizienzprogramme und schnelle Gewinne mögen in ruhigen Zeiten beeindrucken und können auch in Krisen hilfreich sein, doch mit geringen Puffern stoßen sie schnell an Grenzen. Ohne Investitionen in Infrastruktur, Innovation und Lernkultur wird ein System fragil und anfällig. Oft laufen besonders börsennotierte Unternehmen Gefahr, sich in der Logik kurzfristiger Gewinne zu verlieren – und schwächen damit ihre Resilienz in Krisenzeiten. Denn wenn sämtliche Ressourcen auf Wachstum ausgerichtet sind, fehlen die Reserven, um das Unerwartete abzufangen. Genau deshalb verstanden wir unseren Kulturwandel nicht als abgeschlossenes Projekt, sondern als fortlaufenden Prozess: Er brauchte Strukturen, die Resilienz und Anpassungsfähigkeit dauerhaft verankern.

Herausfordernd war die tief verwurzelte Skepsis gegenüber Veränderungsprojekten, die es natürlich auch bei uns gab. Mitarbeitende erinnerten sich an frühere Initiativen, die gut gestartet, aber nicht immer konsequent zu Ende geführt worden waren. Vorbehalte begleiteten den Beginn des Kulturwandels. Auch Führungskräfte hegten Zweifel: Was passiert, wenn Kontrolle abgegeben wird? Läuft das System dann aus dem Ruder? Diese Ängste waren real und nachvollziehbar – und sie mussten ernst genommen werden.

Die Antwort lag in konsequenter Kommunikation und Beteiligung. Von Beginn an wurden Formate geschaffen, die Transparenz und Dialog ermöglichten: Vorstandssessions, Workshops, offene Fragerunden. Mitarbeitende konnten sich informieren, einbringen und selbst entscheiden, ob und wie sie sich beteiligen wollten. Diese Offenheit war entscheidend, um Vertrauen aufzubauen – nicht durch bloße Ansagen, sondern durch erlebbare Haltung. Der Wandel wurde nicht verordnet, sondern gemeinsam gestaltet. Und genau darin lag seine Kraft.

Ein entscheidender Schritt im Kulturwandel war daher die konsequente Vernetzung. Gemeinsame Begegnungen, regelmäßiger Austausch und digitale Werkzeuge machten intensive Zusammenarbeit möglich. Als die Otto Group 2017 beschloss, allen Bürobeschäftigten Laptops bereitzustellen, war das deshalb mehr als eine technische Entscheidung – es war ein kulturelles Signal. Bis dahin arbeiteten viele an stationären Rechnern, oft in festen Büros, mit begrenztem Zugang zu konzernspezifischen Informationen und kaum Optionen zur parallelen Bearbeitung von Dateien. Zusammenarbeit über Konzerngesellschaften hinweg war mühsam, häufig mit doppelten Ablagen, langen Abstimmungsschleifen und verstreuten Wissensinseln verbunden.

Mit den Laptops und digitalen Anwendungen für die Zusammenarbeit änderte sich die Arbeitsweise grundlegend: Alle konnten nun flexibel und ortsunabhängig arbeiten, Unterlagen sofort teilen, in Echtzeit gemeinsam Dokumente bearbeiten und Videokonferenzen nutzen. Wissen begann schneller zu fließen, Doppelarbeit nahm ab, erfolgreiche Ideen verbreiteten sich konzernweit. Je stärker die Vernetzung, desto steiler die Lernkurve. Das System entwickelte eine emergente Dynamik: wie ein Fischschwarm, der ohne zentralen Planer plötzlich eine perfekte Formation bildet. Lokale und überregionale Interaktionen führten unbewusst zu Ordnung, von der alle profitierten – effizienter, widerstandsfähiger, gemeinschaftlicher. Genau darin zeigte sich die Magie eines holistischen Systems.

Damit das System seine volle Kraft entfalten konnte, mussten die Energien aller Stakeholder immer wieder ausbalanciert werden. Mitarbeitende wurden gezielt darin bestärkt, ihre Stärken abseits der gewohnten Strukturen einzubringen, und schon im Recruiting wurde auf Diversität geachtet. Unterschiedlichkeit erwies sich als Quelle für Kreativität, denn Heterogenität macht ein System intelligenter als Homogenität. Entscheidend war eine Balance zwischen den beständigen, den impulsgebenden und den kontrollierenden Kräften. Dieser Balanceakt war kein einmaliger Meilenstein, kein abzuschließendes Projekt, sondern ist Teil eines kontinuierlichen Prozesses, in dem das System lernt, sich selbst immer wieder neu auszurichten und weiterzuentwickeln.

Das Außergewöhnliche bei unserem Kulturwandel war, dass es kein klar definiertes Ziel gab. Aus einem Projekt wurde ein Prozess – der sich im besten Fall im finalen Zustand immer wieder selbst hinterfragt. Zwar hatten wir allen kommuniziert, dass wir als Unternehmen schneller, leistungsfähiger und digitaler werden wollten. Doch was das konkret für jede einzelne Person bedeutete, wusste niemand so genau. Der Kulturwandel erfordert daher Mut – und Vertrauen: Mut, mit Ungewissheit umzugehen, und Vertrauen, dass aus dem offenen Prozess etwas Besseres hervorgeht.

Ein zentrales Team unterstützte alle Konzerngesellschaften dabei, dass dort jeweils eigene Kulturwandel-Teams entstanden. Idealerweise geschah dies intrinsisch – getragen von Mitarbeitenden, die Lust auf diese Aufgabe hatten. Nur selten wurden Externe hinzugezogen oder zusätzliches Personal eingestellt. So entstand eine Bewegung, die überwiegend aus den eigenen Reihen wuchs. Organisatorisch war der Leiter des Kulturwandels 4.0 direkt als Stabsstelle beim Vorstandsvorsitzenden angebunden. Der Kulturwandel wurde also zur Chefsache – nicht ein Nebenprojekt, sondern ein zentraler Bestandteil der strategischen Ausrichtung.

Von Workstreams zu Herzensthemen

Ein zentraler Bestandteil des Kulturwandels 4.0 war die thematische Fokussierung auf konkrete Veränderungsfelder. Zu Beginn wurden diese unter dem Begriff »Workstreams« geführt – thematische Schwerpunkte, die jeweils von den einzelnen Vorständen verantwortet und vorangetrieben wurden. Sie spiegelten die damaligen Herausforderungen und Ziele wider: Transparenz und Vernetzung (#Collaboration), Speed (#Speed), Customer-Centricity und Data (#Customer), Steuerung in einer digitalen Welt (#KPIs), agile Führung und Empowerment (#Empowerment), Schlagkraft der Gruppe (#Power).

Diese Workstreams bildeten die erste thematische Struktur des Kulturwandels und halfen, Orientierung zu geben und erste Initiativen zu bündeln. Nach etwa zwei bis drei Jahren – bedingt durch einen Vorstandswechsel und erste Erfolge – wurde deutlich, dass eine Weiterentwicklung notwendig war. Die Themen wurden neu ausgerichtet und erhielten eine neue Bezeichnung: Herzensthemen. Diese Umbenennung war nicht nur ein semantischer Schritt – sie verdeutlichte die emotionale Verbundenheit und das persönliche Engagement der Verantwortlichen.

Die neuen Herzensthemen spiegelten die gewachsene Reife der Organisation und die veränderten Anforderungen wider. Immer wieder wurden auch temporäre Schwerpunkte gesetzt – etwa das Thema Mut, das besondere Aufmerksamkeit erhielt. Diese Flexibilität war Ausdruck eines lernenden Systems, das sich kontinuierlich weiterentwickelte und auf neue Impulse reagierte.

Ein holistisches System entsteht

Aus zahlreichen Initiativen wuchs nach und nach eine Struktur, die einem neuronalen Netzwerk glich – viele über alle Gesellschaften verteilte Elemente, die miteinander interagierten. Mit der Zeit entwickelte sich eine Eigendynamik, die nicht mehr aufzuhalten war. Gute Praktiken setzten sich durch, verbreiteten sich schnell und verbanden sich zu einem größeren Ganzen. So entstand ein System, das nicht mehr von zentraler Steuerung abhängig war, sondern aus sich selbst heraus lernte, sich stabilisierte und weiterentwickelte.

Der Kulturwandel 4.0 machte sichtbar: Ein Unternehmen funktioniert nicht als Summe seiner Bereiche, sondern wie ein lebendiger Organismus – verbunden, lernfähig, resilient. Was zunächst wie ein Organisationsentwicklungsprojekt begann, wurde zu einer Bewegung, die durch Vernetzung, Vertrauen und Vielfalt eine eigene Stabilität gewann.

Ein authentischer Kulturwandel braucht Mut, Geduld und die Bereitschaft, Kontrolle abzugeben. Er entsteht durch konsequentes

Vertrauen und langfristiges Engagement – nicht durch kurzfristige Programme. Denn von der ersten Idee bis zur nachhaltigen Verankerung einer neuen Kultur können Jahre, manchmal Jahrzehnte vergehen. Wer diesen Weg konsequent geht, legt den Grundstein für eine Organisation, die dauerhaft wandlungsfähig bleibt.

Damit wurde deutlich: Der Kulturwandel 4.0 war kein Projekt, sondern der Beginn eines neuen Verständnisses von Transformation. Es ging nicht um die Umsetzung eines Plans, sondern um die bewusste Entwicklung eines Systems, das sich selbst stabilisieren und erneuern kann.

Mit dem Kulturwandel erreichten wir kurzzeitig die Eigenschaften eines holistischen Systems – für mich das erste erlebte Beispiel eines künstlich gestalteten ganzheitlichen Systems: nicht starr, nicht linear, sondern lernfähig und getragen von kollektiver Intelligenz. Die eigentliche Lektion lautet: Transformation bedeutet nicht, eine Organisation einmal zu verändern, sondern, sie so zu gestalten, dass sie Wandel dauerhaft hervorbringen kann – und daraus neue Stärke gewinnt. Ein holistisches System bewahrt seine Stabilität aber nur, solange die Umstände es stützen und alle Haupt- und Teilsysteme ebenfalls holistisch sind. Bis zu einem holistischen Unternehmen ist es also noch ein weiter Weg.

New Work: Selbstbestimmung als Fundament einer holistischen Gesellschaft[28]

New Work geht über ein neues Verständnis von Arbeit hinaus – es markiert einen kulturellen Wandel. In einer holistischen Gesellschaft, die den Menschen in seiner Ganzheit sieht, wird Arbeit nicht als Pflicht verstanden, sondern als Möglichkeit zur Entfaltung. Es geht um Selbstbestimmung, Sinnhaftigkeit, Flexibilität und Partizipation – Werte, die nicht nur die Arbeitswelt, sondern das gesellschaftliche Miteinander prägen.

In diesem Verständnis ist Arbeit kein Mittel zur bloßen Existenzsicherung, sondern ein Raum für Wirkung. Menschen wollen nicht nur funktionieren, sie wollen gestalten. Sie wollen Teil von etwas Größerem sein, das ihren Werten entspricht. Wenn Arbeit Sinn stiftet, entsteht intrinsische Motivation – und damit echte Innovationskraft.

New Work bedeutet auch: Vertrauen statt Kontrolle. In Organisationen, die auf Selbstorganisation setzen, übernehmen Menschen Verantwortung, weil sie dürfen – und nicht, weil sie müssen. Das verändert nicht nur die Dynamik innerhalb von Unternehmen, sondern auch die Beziehung zwischen Individuum und System. Der Mensch wird nicht verwaltet, sondern befähigt.

Flexibilität ist dabei kein Luxus, sondern eine Voraussetzung für Resilienz. In einer Welt, die sich ständig verändert, brauchen Menschen die Freiheit, sich anzupassen – räumlich, zeitlich und inhaltlich. Starre Strukturen brechen, wenn sie nicht mehr zur Realität passen. New Work schafft Räume, in denen Neues entstehen darf.

Partizipation schließlich ist der Schlüssel zur kollektiven Intelligenz. Wenn Menschen mitgestalten können, kann Vielfalt in Perspektiven, Ideen und Lösungen entstehen. Entscheidungen werden nicht nur demokratischer, sondern weiser, weil sie auf gemeinsamer Erfahrung beruhen. So wird das Prinzip der geteilten Verantwortung, das auch in der New Philanthropy sichtbar ist, zur gelebten Praxis.

Auf der anderen Seite kann New Work zu einer Überforderung der Mitarbeitenden führen, wenn ständige Selbstorganisation, Flexibilität und Sinnsuche mehr Druck als Freiheit erzeugen. Zudem besteht die Gefahr, dass Grenzen zwischen Arbeit und Privatleben verschwimmen, was langfristig zu Stress und fehlender Erholung beiträgt. Alle Beteiligten sollten das Konzept wirklich unterstützen, wenn es Wirkung entfalten soll. Das kann anfangs Mehrarbeit bedeuten, zahlt sich auf lange Sicht aber oft aus.

New Work ist damit kein isoliertes Konzept, sondern Teil eines größeren Paradigmenwechsels. Es fordert nicht weniger Struktur, sondern intelligentere Rahmenbedingungen. Nicht weniger Arbeit am Anfang, sondern nachhaltigeres Agieren. Nicht weniger Führung, sondern eine neue Form von Leadership – eine, die auf Vertrauen, Sinn und Beziehung basiert.

Kulturwandel mit den Elementen holistischer Systeme gestalten

Ein holistischer Kulturwandel beginnt nicht mit einem Masterplan, sondern mit einer Haltung. Er entsteht, wenn Organisationen lernen, ihre eigenen Kräfte zu balancieren, Werte neu auszurichten, Räume für Entwicklung zu schaffen, Vernetzung zu ermöglichen und schließlich kollektive Intelligenz zu erreichen. Die folgenden fünf Elemente bilden dabei eine praxisnahe Orientierung:

Kräfte (Ressourcen) bewusst einsetzen: Jede Organisation verfügt über beständige, impulsgebende und kontrollierende Kräfte – seien es finanzielle Mittel, Kompetenzen, Arbeitskräfte oder kulturelle Routinen. Kulturwandel gelingt, wenn diese Kräfte nicht gegeneinander wirken, sondern in Balance gebracht werden. Praktisch bedeutet das: Ressourcen gezielt dort einsetzen, wo sie Energie freisetzen, statt sie in internen Reibungen zu verlieren.

Rahmenbedingungen gestalten: Rahmenbedingungen sind die Leitplanken, die Orientierung geben. Sie umfassen Werte, Regeln, Strukturen und auch die ökonomischen Voraussetzungen. Wer Kulturwandel gestalten will, sollte diese bewusst setzen – nicht als starre Vorgaben, sondern als klare Orientierung, die zugleich Freiräume eröffnet. Ein gut gesetzter Rahmen schafft Sicherheit und macht Mut zum Experimentieren.

Raum eröffnen: Kulturwandel braucht Räume – physische, digitale und mentale. Räume, in denen Dialog möglich ist, in denen

Fehler nicht sanktioniert, sondern reflektiert werden und in denen Vielfalt sichtbar wird. Praktisch heißt das: Begegnungsorte schaffen, Rituale etablieren, die Austausch fördern, und digitale Plattformen nutzen, die Zusammenarbeit erleichtern. Raum ist die Bedingung, damit Kräfte wirken können.

Vernetzung fördern: Ohne Vernetzung bleibt jede Initiative isoliert. Kulturwandel entfaltet sich, wenn Menschen, Teams und Gesellschaften miteinander in Resonanz treten und sich auch digital vernetzen. Das bedeutet: Silos aufbrechen, Wissen teilen, Feedbackschleifen etablieren, Informationen einholen. Vernetzung ist nicht nur eine technische Frage, sondern eine kulturelle Haltung: das Bewusstsein, dass wir gemeinsam mehr erreichen als allein.

Kollektive Intelligenz aktivieren: Die wahre Stärke eines Systems liegt nicht in den Einzelteilen, sondern in ihrer vollständigen Integration. Unterschiedliche Perspektiven, Erfahrungen und Kompetenzen bilden die Grundlage für kollektive Intelligenz. Praktisch heißt das: Vielfalt nicht nur tolerieren, sondern aktiv nutzen. Entscheidungen nicht ausschließlich zentral treffen, sondern emergent aus Interaktion entstehen lassen. Innovation ist das Ergebnis von Zulassen, nicht von Planung.

Wenn Kräfte balanciert, Rahmenbedingungen gesetzt, Räume geöffnet, Vernetzung gestärkt und kollektive Intelligenz aktiviert sind, entsteht ein holistisches System. Es ist nicht starr, sondern lernfähig; nicht linear, sondern dynamisch; nicht abgeschlossen, sondern in permanenter Entwicklung. In diesem Zustand wird Kulturwandel zu einem selbsttragenden Prozess: Die Organisation erneuert sich fortlaufend und gewinnt aus jedem Wandel neue Stärke.

Die fünf Elemente sind keine Checkliste, sondern ein dynamisches Gefüge. Wer sie in seiner Organisation bewusst gestaltet, schafft die Voraussetzungen für einen Kulturwandel, der nicht nur reagiert, sondern Zukunft aktiv formt. Holistischer Kulturwandel ist damit weniger ein Projekt, sondern eine Haltung – und zugleich die Einladung, Organisationen als lebendige Systeme zu begreifen.

Kulturwandel betrifft sowohl Strukturen und Prozesse als auch individuelles Verhalten und kollektive Werte. Um Wandel wirksam zu gestalten, lohnt es sich, die verschiedenen Dimensionen sichtbar zu machen. Die folgende Übersicht zeigt zentrale Ansatzpunkte, wie Organisationen Kultur aktiv entwickeln können.

Dimension	Aspekt zur Optimierung	Ziele und Wirkung
Werte und Haltung	Stärkung von Vertrauen	Psychologische Sicherheit, Mut zu Innovation
	Förderung von Resilienz und Lernbereitschaft	Anpassungsfähigkeit in dynamischen Umfeldern
	Wertschätzung und Anerkennung	Motivation, Bindung und positive Grundhaltung
Führung und Verantwortung	Vorleben von Werten durch Führungskräfte	Glaubwürdigkeit und Orientierung für Mitarbeitende
	Stärken aller Beteiligten sinnvoll einbeziehen Stärkung von Eigenverantwortung	Freudvolles und effektiveres Arbeiten, intrinsische Motivation Mehr Initiative, weniger Abhängigkeit von Hierarchien
	Partizipative Entscheidungsprozesse	Höhere Identifikation und Motivation
Kommunikation	Förderung von Transparenz	Vertrauen stärken, Informationssilos abbauen
	Aktives Zuhören	Bessere Zusammenarbeit, mehr gegenseitiges Verständnis
	Erhöhen der Kritikfähigkeit	Offene Feedbackkultur, konstruktiver Umgang mit Fehlern
Zusammenarbeit	Förderung von Teamgeist	Mehr Kooperation statt Konkurrenzdenken
	Interdisziplinarität und Diversität	Kreativere Lösungen, breitere Perspektiven
	Konfliktfähigkeit	Spannungen konstruktiv nutzen, statt sie zu vermeiden oder eskalieren zu lassen

Das holodynamische Evolutionskonzept im Kulturwandel nutzen

Der Kulturwandel 4.0 zeigt uns, dass Organisationen wachsen können, wenn sie sich ihrer Entwicklung bewusst werden und offen für Veränderung und Neuerungen sind – nicht, wenn sie sich von ihrer Vergangenheit abtrennen. Jede Phase baut auf der vorherigen auf – sie ist weder Umweg noch Versäumnis, sondern Ausdruck ihrer Zeit. Diese Entwicklung folgt derselben Logik, die im theoretischen Teil beschrieben wurde: den holodynamischen Evolutionsstufen, die Systeme von Fragmentierung über Vernetzung und Kooperation bis zur Ganzheit führen. Der Kulturwandel 4.0 macht dieses Prinzip in der Praxis sichtbar – er zeigt, wie aus Stabilität und Impulsen Bewegung werden kann, ohne dass das Fundament verloren geht.

Fragmentiertes System mit Kräften – Stabilität als Stärke: Am Anfang steht das, was lange erfolgreich war: klare Strukturen, definierte Zuständigkeiten, präzise Abläufe. Diese Ordnung war über Jahrzehnte die Grundlage wirtschaftlicher Stärke und Verlässlichkeit. Doch mit der wachsenden Geschwindigkeit der Märkte und der zunehmenden Vernetzung zeigte sich ihre Grenze: Effizienz allein genügte nicht mehr. Im Kulturwandel 4.0 wurde diese Erkenntnis nicht als Vorwurf, sondern als Einsicht verstanden – als notwendiger Schritt, um Zukunftsfähigkeit zu sichern. Veränderung begann nicht mit Kritik, sondern mit dem Bewusstwerden dessen, was zu eng geworden war. Neben der beständigen Kraft, der Stabilität, traten zwei weitere Kräfte hervor, die lange unverbunden nebeneinanderstanden: die impulsgebende Kraft – innovative Ideen, kreative Impulse und Experimente, die zwar vorhanden waren, aber oft keinen Raum fanden – und die kontrollierende Kraft, die zwischen Freiraum und Vorgaben balancierte. Diese Kräfte wirkten losgelöst voneinander: Stabilität sicherte Ordnung, Impulse suchten nach Ausdruck, Kontrolle begrenzte oder öffnete Spielräume. Erst durch das Bewusstwerden ihres Zusammenspiels wurde klar, dass Zukunftsfähigkeit nicht aus einer einzelnen Kraft entsteht, sondern aus dem Ausgleich zwischen Beständigkeit, Impuls und Kontrolle.

Verknüpftes System mit Rahmenbedingungen – Orientierung durch Sinn: Auf die Erfahrung der funktionalen Klarheit folgte der Wunsch nach Verbindung. Menschen wollten verstehen, wie ihr Beitrag im größeren Zusammenhang wirkt. Erste Formate schufen Austausch über Abteilungen hinweg, und es entstand ein gemeinsames Vokabular für Themen, die vorher getrennt behandelt wurden. Der Kulturwandel 4.0 zeigte, dass Sinn kein Luxus ist, sondern das neue Organisationsprinzip: Er richtet Kräfte aus, ohne sie zu zentralisieren. Die funktionale Logik blieb wertvoll – sie bekam nur eine zusätzliche Dimension: Sinnbezug. Rahmenbedingungen wurden neu definiert – nicht mehr nur durch Regeln und Prozesse, sondern durch Sinn und Harmonie. Sie gaben Orientierung, ohne die Vielfalt zu beschneiden.

Kooperatives System mit Raum – Vertrauen wächst aus Erfahrung: Aus Struktur wurde Beziehung. Führung, die früher unter anderem über Kontrolle funktionierte, wandelte sich zu Führung über Vertrauen – nicht weil Kontrolle schlecht war, sondern weil sie ineffizient war. Das zuvor Erreichte blieb wichtig: Verlässlichkeit, Verantwortungsbewusstsein, Qualitätsbewusstsein. Doch nun galt es, diesen Erfolg zu teilen. Im Kulturwandel 4.0 entstanden Netzwerke und Projekte, die bereichsübergreifend arbeiteten. Kooperation wurde nicht gegen das Alte gesetzt, sondern darauf aufgebaut – als Weiterentwicklung einer Kultur, die gelernt hatte, Verantwortung nicht nur zu tragen, sondern zu teilen. Raum entstand – nicht nur physisch, sondern auch psychologisch und mental –, in dem Menschen sich entfalten konnten, Verantwortung teilten und Vertrauen wuchs. Dieser Raum war die Voraussetzung für echte Kooperation.

Adaptives System mit Vernetzung – Selbstregulation als Zeichen von Reife: Wo Vertrauen wächst, entsteht Lernfähigkeit. Organisationen, die lange auf Expertise und Routine gebaut hatten, begannen sich selbst zu hinterfragen – aus Mut und Veränderungswillen. Im Kulturwandel 4.0 zeigte sich das in agilen Projekten, Peer-Feedback-Formaten und offenen Dialogen. Lernen wurde zur natürlichen Fortsetzung von Professionalität. Was früher Stabilität sicherte, wurde nun zur Basis für Entwicklung. Diese Phase war kein Bruch, sondern die Weiterführung des Bewährten in eine neue Zeit. Dabei zeigte sich auch eine systemische Selbstregulation: Einzelne Mitarbeitende, die sich nicht mit dem neuen Kulturverständnis identifizieren konnten, verließen das Unternehmen – andere, die sich von der neuen Kultur angezogen fühlten, kamen dazu. Es entstand eine natürliche Bewegung, in der sich das System selbst ausbalancierte. Diese Dynamik war Ausdruck eines lebendigen Organismus, der nicht nur lernfähig, sondern auch anpassungsfähig war. Voraussetzung dafür war jedoch die Ernsthaftigkeit des Prozesses. Kulturwandel gelingt nur, wenn er wirklich gewollt ist – wenn Führungskräfte bereit sind, Macht zu teilen, Verantwortung abzugeben und Unsicherheit zuzulassen. Vernetzung wurde zum zentralen Prinzip – und verband Menschen, Projekte und Ideen und machte Selbstregulation möglich. Durch Vernetzung entstand ein lebendiges Geflecht, das Stabilität und Bewegung zugleich erzeugte.

Emergentes System mit kollektiver Intelligenz – Innovation als natürliche Folge: Wenn Lernen Teil der Kultur wird, entsteht Raum für Neues. Im Kulturwandel 4.0 zeigte sich, wie viel Energie freigesetzt wird, wenn Menschen sich vernetzen und ihr Wissen transparent teilen. Aus der Verbindung von Erfahrung und Offenheit wuchs Kreativität. Teams arbeiteten schneller und spontan über Grenzen hinweg und entwickelten Ideen, die über das Geplante hinausgingen. Das Alte trug das Neue: Die solide Basis aus Prozessen und Verantwortlichkeiten blieb, doch sie wurde flexibler. Gerade in dieser Verbindung von Stabilität und Bewegung zeigte sich, dass Balance nicht Stillstand bedeutet, sondern die Voraussetzung für nachhaltige Innovation ist. Innovation war keine Ausnahme, sondern die natürliche Folge einer reifen Organisation, die sich selbst vertraut. Kollektive Intelligenz wurde sichtbar – nicht als abstraktes Konzept, sondern als gelebte Praxis. Sie entstand aus der Vielfalt der Perspektiven und der Bereitschaft, Wissen zu teilen.

Holistisches System der Ganzheit – Bewusstsein als nächste Form von Stabilität: Am Ende – und zugleich am Anfang des Neuen – steht eine Organisation, die sich selbst versteht. Sie baut weiterhin auf Struktur, Verlässlichkeit und Leistungsfähigkeit, aber sie ergänzt sie um Bewusstsein, Resonanz und Sinn. Im Kulturwandel 4.0 wurde sichtbar, wie daraus ein lebendiges Gleichgewicht entsteht: eine Organisation, die Wandel nicht mehr als Ausnahme erlebt, sondern als Ausdruck ihres Wesens. Selbstorganisation, Vielfalt und Vertrauen sind keine Gegenpole zur Tradition, sondern deren Weiterentwicklung. In diesem Zusammenspiel entfaltet sich kollektive Intelligenz – die Fähigkeit, mehr zu wissen und zu gestalten, als es Einzelne je könnten. Die Organisation bleibt dieselbe – sie atmet nur freier. Ganzheit zeigte sich als neue Qualität – nicht als Uniformität, sondern als bewusstes Zusammenwirken von Vielfalt. Ganzheit bedeutete, dass die Organisation ihre Kräfte, Rahmenbedingungen, Räume, Vernetzungen und kollektive Intelligenz in einem lebendigen Ganzen integrierte.

Diese Entwicklung verdeutlicht, wie der Kulturwandel die im theoretischen Teil beschriebenen holodynamischen Evolutionsstufen in der Praxis sichtbar gemacht hat. Jede Phase bewahrte zentrale Stärken der vorherigen – Prozessklarheit, Verlässlichkeit, Qualitätsbewusstsein – und erweiterte sie um neue Qualitäten wie Sinn, Schnelligkeit, Vernetzung und Lernfähigkeit. So entstand Schritt für Schritt ein System, das Stabilität nicht aufgab, sondern in Bewegung überführte: eine Organisation, die sich selbst erneuern kann, weil sie verstanden hat, wie Wandel funktioniert.

Die Entwicklung eines Kulturwandels lässt sich also nicht als lineares Projekt beschreiben, sondern als ein Prozess, der verschiedene Reifestufen durchläuft. Jede Stufe bringt eigene Herausforderungen und Lernfelder mit sich – und eröffnet zugleich neue Möglichkeiten, Resilienz und Zukunftsfähigkeit zu stärken.

Um diese Dynamik greifbarer zu machen, habe ich die zentralen Schritte in einer Übersicht verdichtet. Sie zeigt, wie sich der Kulturwandel in Organisationen von fragmentierten Strukturen zu einem holistischen System entwickeln kann. Sie ist keine starre Abfolge, sondern eine Orientierungshilfe: Jede Organisation kann an einem anderen Punkt einsteigen, verweilen oder zurückfallen – entscheidend ist, den nächsten Schritt bewusst zu gestalten.

Evolutionsstufe	Kulturwandel-Schritt	Beschreibung	Schlüsselelement
Fragmentiertes System	Wahrnehmen und Bewusstmachen	Spannungen, Brüche und Dysbalancen sichtbar machen. Erste Diagnose: Wo verpuffen Kräfte, wo fehlen Verbindungen?	Kräfte: Offenheit, Bewusstheit und Reflexion
Verknüpftes System	Rahmen setzen und Sinn stiften	Gemeinsame Regeln, Werte und Strukturen schaffen, die Orientierung geben. Kulturwandel beginnt mit einem Warum und klaren Leitplanken.	Rahmenbedingungen: Purpose, Verbindlichkeit und Orientierung
Kooperatives System	Psychologische Sicherheit schaffen	Räume (physisch, digital, kulturell) gestalten, in denen Vertrauen, Fehlerfreundlichkeit und Vielfalt gelebt werden.	Raum für: Vertrauen, Mut und Gemeinschaftlichkeit
Adaptives System	Vernetzung und Dialog fördern	Rückkopplungen, kontinuierlicher Austausch und Feedbackschleifen etablieren. Organisation wird lernfähig und flexibel.	Vernetzung für: Flexibilität, Resonanz und Lernkultur
Emergentes System	Iteratives Lernen und Innovation	Unterschiedliche Perspektiven verbinden, kollektive Intelligenz nutzen. Innovation entsteht aus Interaktion, nicht aus Planung.	Kollektive Intelligenz durch Synergien, Kreativität und Selbstorganisation
Holistisches System	Nachhaltigkeit und Zukunftsfähigkeit	Kulturwandel bleibt ein permanenter Entwicklungsstrom. Organisation lernt, Spannungen produktiv zu nutzen und Zukunft aktiv zu gestalten.	Ganzheit durch ganzheitliches Handeln, Empfinden, Denken und vollständige Integration

8
Cotton made in Africa: Selbsthilfe statt Hilfszahlungen

Wer heute auf Otto.de oder bei einem anderen Modeanbieter ein T-Shirt mit dem Siegel »Cotton made in Africa« (CmiA) sieht, hält es vielleicht zunächst für eines der vielen Nachhaltigkeitssiegel – ein kleiner Aufdruck zwischen anderen Symbolen, die umweltfreundliche Materialien oder faire Produktionsbedingungen versprechen.

Viele Kundinnen und Konsumenten fragen sich, ob dahinter echte Wirkung steckt – oder nur eine Marketingidee. Doch das CmiA-Siegel steht in Wahrheit für mehr als ein Nachhaltigkeitsversprechen: Es ist das sichtbare Zeichen einer Bewegung, die zeigt, wie ein gezielter Impuls ein komplexes System in Bewegung setzt und eine Dynamik entfalten kann, die weit über das ursprüngliche Ziel hinausreicht.

Als ich Cotton made in Africa zum ersten Mal wahrnahm, erkannte ich sofort den eigentlichen Kern: den Versuch, ein fragiles und in sich widersprüchliches System so zu gestalten, dass es nicht nur überdauert, sondern sich langfristig selbst tragen kann.

Viel Arbeit für wenig Lohn

Baumwolle ist nicht nur ein Rohstoff, sondern eines der bedeutendsten Agrargüter der Welt, Grundlage unzähliger Produkte und für Millionen von Menschen eine zentrale Einkommensquelle und Lebensgrundlage. Doch im konventionellen Anbau profitieren viele Kleinbäuerinnen und Landwirte kaum davon: Niedrige Weltmarktpreise, teures Saatgut und Betriebsmittel sowie fehlende Absatzsicherheit führen dazu, dass harte Arbeit oft kaum den Lebensunterhalt sichert. Cotton made in Africa setzt genau hier an – mit dem Ziel, die Lebensbedingungen der Bauern zu verbessern, den Anbau nachhaltiger zu gestalten und den Handel so auszurichten, dass auch diejenigen profitieren, die am Anfang der Lieferkette stehen.

Wie kam es dazu? 2005 gründete mein Vater die Aid by Trade Foundation und initiierte daraus Cotton made in Africa mit einem einfachen, fast radikalen Ziel: nicht nur kurzfristige Hilfe zu leisten, sondern den Landwirtinnen und Bauern Werkzeuge, Wissen und Marktzugang zu geben, um ihre wirtschaftliche Lage dauerhaft aus eigener Kraft zu verbessern. Statt Geld in ein instabiles System zu geben und damit kurzfristige Effekte zu erzeugen, ging es darum, Impulse zu setzen, die von innen heraus wirken – nachhaltig, selbstverstärkend und strukturbildend.

Von Anfang an war Otto nicht nur Abnehmer der Baumwolle, sondern auch Botschafter dieser Idee. Für uns war das Engagement keine Frage von Imagepflege oder CSR-Pflicht, sondern Ausdruck einer klaren Haltung. Nachhaltige soziale Wirkung entsteht nur, wenn sie auf fruchtbaren Boden fällt. Und wenn dieser Boden fehlt, dann muss er erst bereitet werden – geduldig, beharrlich, mit Blick auf das große Ganze.

Wenn wir die globalen Herausforderungen unserer Zeit lösen wollen, genügt es nicht, Geld zu verteilen und auf Veränderung zu hoffen. Die Probleme sind zu komplex, die Systeme zu vernetzt, die Kräfte zu ungleich verteilt. Ohne Ursachen zu verändern, bleibt das System im alten Muster – auch wenn Symptome vorübergehend verschwinden. Veränderung entsteht erst, wenn Systeme in ihrer Tiefe verstanden und neu gestaltet werden.

Solange wir nicht lernen, in größeren Zusammenhängen zu denken, bleiben wir in einer Endlosschleife kurzfristiger Projekte gefangen – eines ersetzt das andere, ohne die Struktur zu verändern. Die Folge: Die Probleme wachsen schneller, als wir sie lösen können. Der einzige nachhaltige Weg besteht darin, Systeme so zu gestalten, dass sie sich selbst erhalten und weiterentwickeln – stabil aus sich heraus, lernfähig und anpassungsstark.

Damit das gelingt, müssen fünf Elemente ineinandergreifen – Raum, Kraft, klare Rahmenbedingungen, funktionierende Vernetzung und kollektive Intelligenz. Wir haben diese Elemente in den vorherigen Kapiteln im Detail betrachtet. Bei Cotton made in Africa werden sie lebendig: ein Lehrstück darüber, wie Theorie in Praxis übergeht.

Darum beschäftigt mich der Holismus so intensiv: weil er die Brücke schlägt zwischen einem ersten Impuls – einer Idee, einer Intervention, einer Investition – und einer langfristigen Wirksamkeit. Weil er verhindert, dass gute Absichten in Aktionismus versanden. Und weil er Wege aufzeigt, wie komplexe Systeme nicht nur stabilisiert, sondern auch in Bewegung gehalten werden können – bis sie die Fähigkeit entwickeln, sich selbst immer wieder neu zu erfinden.

Dieser Gedanke reicht weit über Baumwolle hinaus. Er gilt für Klimaschutz, Bildung, Gesundheit, Wirtschaft – für jede große Herausforderung unserer Zeit. Überall dort, wo viele Akteure, Ressourcen, Interessen und Rahmenbedingungen ineinandergreifen, kann ein holistischer Ansatz darüber entscheiden, ob wir echte Fortschritte erzielen oder im Kreis laufen.

Evolutionäres Konzept

Bei Cotton made in Africa war das System anfangs in hohem Maße fragmentiert – sodass Weiterentwicklung kaum möglich war. Über ganz Afrika verteilt, arbeiteten unzählige Kleinbauern isoliert voneinander, ohne gemeinsame Plattform, ohne verlässlichen Austausch – wie ein fragmentiertes System. Manche Felder lagen Stunden voneinander entfernt. CmiA begann, Zugang zu neuem Wissen und Methodenkompetenz zu organisieren – Schritt für Schritt, Dorf für Dorf.

Viele Kleinbauern wurden von den Aufkäufern ihrer Ernten häufig erst sehr spät entlohnt, lange nachdem die Baumwolle geliefert worden war. Cotton made in Africa verpflichtete Baumwollgesellschaften daher frühzeitig, pünktlich zu zahlen, und kontrollierte dies durch regelmäßige Audits.

Zudem fehlten einheitliche Qualitätsstandards, waren Absatzmärkte instabil und moderne Anbaumethoden kaum bekannt. Das führte zu geringen Ernten, zu niedrigen Erträgen und zu einem Gefühl der Perspektivlosigkeit. Genau dort setzten wir an.

Das Fehlen von Rahmenbedingungen und Raum im Sinne des holodynamischen Konzepts war offensichtlich: Es gab weder physische Orte für gemeinsames Lernen noch Gelegenheiten, Ideen, Erfahrungen und Wissen miteinander zu teilen. Jede Farm kämpfte allein, und wertvolle Erkenntnisse blieben lokal – statt im gesamten Netzwerk Wirkung zu entfalten.

Der erste Schritt hin zu einem verknüpften System war daher, Rahmenbedingungen zu schaffen. Auf sogenannten »Demo-Plots« – Demonstrationsfeldern – lernten Bauern, wie sie Erträge steigern und zugleich Umwelt und Böden schonen konnten. Regelmäßige Treffen brachten Produzenten aus verschiedenen Dörfern zusammen. Gemeinnützige Organisationen und lokale Experten gaben Wissen weiter, das zuvor nur wenigen zugänglich war. Handelspartner gaben erstmals Feedback – nicht nur zu Mengen und Preisen, sondern auch zu Qualität, Umwelt- und Sozialstandards.

Nach und nach entstanden neue Verbindungen: Bauern lernten von sogenannten Lead-Farmern in ihrer Region, die ihnen mit Rat zur Seite standen. NGOs brachten ihr Fachwissen ein, das direkt auf den Feldern erprobt wurde. Cotton made in Africa vermittelte den Austausch zwischen Baumwollgesellschaften – über Länder und Sprachbarrieren hinweg. Diese Vernetzung setzte eine neue Kraft frei – nicht durch einen zentralen Eingriff von außen, sondern durch das Zusammenfließen vieler einzelner Energien.

Nachdem die ersten Rahmenbedingungen und Raum für Austausch und Zusammenarbeit geschaffen waren, folgte der nächste Schritt: Vertrauen zwischen den Beteiligten aufzubauen, durch verbindliche Standards. Diese betrafen nicht nur den Baumwollanbau und den Umgang mit natürlichen Ressourcen, sondern auch faire Arbeitsbedingungen in den Entkörnungsanlagen.

Für viele war das ein tiefgreifender Wandel. Bisher hatte jeder für sich selbst gearbeitet, ohne sich an gemeinsame Regeln halten zu müssen. Jetzt entstand ein Rahmen, der Orientierung und Sicherheit bot – ohne Bevormundung. Cotton made in Africa stellte die Bauern in den Mittelpunkt – ihre Realität, ihre Sorgen und ihre Potenziale. Besonders spürbar war: Die Ernten wurden endlich pünktlich bezahlt. Parallel wurden organische Dünger, biologische Pflanzenschutzmittel und Fruchtwechselprogramme eingeführt, um die Böden langfristig fruchtbar zu halten.

Schulungen erklärten nicht nur, was getan werden sollte, sondern auch, warum diese Schritte wichtig waren – für die Ernte, für die Umwelt, für die Menschen. Die Trainer kamen oft aus der Region, beherrschten die dortige Sprache und kannten die Herausforderungen aus eigener Erfahrung. Dadurch wurden neue Methoden nicht als fremde Vorgabe, sondern als Angebot des gemeinsamen Lernens erlebt.

Zum ersten Mal erfuhren viele Bauern, dass gemeinsame Regeln kein Zwang waren, sondern ein Schutzschild, der alle trug. Das Wissen, dass auch der Nachbar dieselben Standards befolgte, stärkte Vertrauen und Qualität gleichermaßen. In dieser Phase wurde aus einer lose verbundenen Gruppe von Einzelkämpfern eine Gemeinschaft, die im gleichen Rhythmus arbeitete – ein kooperatives System, das sich selbst stärkte.

Mit wachsender Reichweite der Initiative zeigte sich schnell: Es gibt keine Blaupause für den Wandel. Was in einer Region hervorragend funktioniert, kann in einer anderen scheitern – allein aufgrund von Unterschieden im Klima, in der Bodenbeschaffenheit oder in den sozialen Strukturen. Jede Klimazone stellte die Bauern vor eigene Herausforderungen: andere Maßnahmen zum Erosionsschutz, variierende Bodenqualitäten, unterschiedliche Schädlinge und Unkräuter – möglichst bekämpft mit pflanzlichen Biopestiziden aus der Region selbst.

Die Initiative reagierte nicht mit Kontrolle, sondern mit Vertrauensvorschuss – mit Flexibilität statt Starrheit. Lokale Partner erhielten gewisse Entscheidungsspielräume, um Programme an die

Bedingungen vor Ort anzupassen. So konnten gute Ideen schnell von einem Dorf ins nächste weitergegeben werden – Wissen begann zu fließen. Gelang es einer Kooperative, die Erträge durch eine neue Anbautechnik zu verbessern, wurde diese Methode über Schulungen in anderen Gebieten bekannt gemacht – Lernen wurde zum verbindenden Prinzip im Sinne des adaptiven Systems mit der Vernetzung des holodynamischen Konzepts.

In dieser Phase entstand eine neue Form von Energie: die Fähigkeit, Erfahrungen schnell zu teilen, Verantwortung zu dezentralisieren und Entscheidungen gemeinschaftlich zu treffen. Die Bauern begannen, sich nicht mehr nur als Teil eines festen Systems zu sehen, sondern als dessen Mitgestalter.

Das System lernte – und genau das war der entscheidende Unterschied zu den Anfangsjahren. Statt ausschließlich auf Anweisungen von außen zu reagieren, entwickelte es eine Art innere Sensorik: die Fähigkeit, Veränderungen früh zu antizipieren und selbstständig darauf zu reagieren.

Mit der Zeit begann das System etwas zu zeigen, das niemand im Detail geplant hatte – und das weit über den Baumwollanbau hinauswies. Aus den Strukturen des Baumwollhandels wuchsen neue Ideen, Initiativen und Gemeinschaftsprojekte – aus sich selbst heraus.

Frauen gewannen an Einfluss – in ihren Dörfern, in ihren Familien und in den Finanzen –, weil gezielte Maßnahmen ergriffen wurden, um Geschlechtergerechtigkeit zu fördern. Viele gründeten Kooperativen und entwickelten eigene Produkte, nähten Kleidung, verarbeiteten Nahrungsmittel und verkauften sie auf regionalen Märkten. Jugendliche, deren Eltern nun ein stabileres Einkommen hatten, konnten die Schule abschließen. Oft waren es die Frauen, die ihre Einkünfte für den Schulbesuch ihrer Kinder einsetzten. Viele Kinder, insbesondere Mädchen, bekamen zum ersten Mal die Gelegenheit, auf eine Schule zu gehen – unterstützt durch den Bau von bislang 134 Klassenräumen, 67 Schulkantinen und 55 Schulgärten, die in vielen Regionen überhaupt erst den Zugang zu Bildung ermöglichten.

So entstand ein stiller, aber tiefgreifender gesellschaftlicher Wandel: Mehr Bildung wurde möglich – und mit ihr Selbstwirksamkeit. Das zeigt sich auch daran, dass die Anwesenheitsquote an Schulen mit CmiA-Förderung heute bei 83 Prozent liegt – deutlich höher als die 68 Prozent an vergleichbaren Schulen ohne Förderung. Und noch wichtiger: Während in ähnlichen Schulen durchschnittlich 56 Kinder pro Jahr die Schule abbrechen, sind es an den CmiA-unterstützten Schulen nur elf.[29]

In manchen Dörfern entstanden Spargemeinschaften. Familien oder Frauenkooperativen legten gemeinsam kleine Beträge zur Seite, um Rücklagen für Notfälle oder Investitionen zu bilden – etwa für den Kauf von Geräten und Vieh oder um beispielsweise auch Kosten einer Beerdigung zu tragen. In anderen Regionen legten die Dorfgemeinschaften zusammen Gärten an, um die Ernährung zu sichern und unabhängiger vom schwankenden Markt zu werden.

All diese Projekte waren nie zentral geplant. Sie entstanden organisch aus dem System heraus – als Folge der Stabilität, des neu gewonnenen Wissens und der gestärkten Vernetzung. Hier zeigte sich, was das holodynamische Konzept als kollektive Intelligenz beschreibt: Wechselwirkungen, die aus dem Zusammenspiel der Elemente entstehen – ungeplant, aber sinnhaft.

Solche Entwicklungen entstehen, wenn ein System stabil genug ist, um Rückschläge auszuhalten, und zugleich frei genug, um über die ursprünglichen Ziele hinauszuwachsen. Aus einer Initiative für nachhaltigen Baumwollanbau war eine Plattform geworden, auf der Menschen ihre eigene Zukunft gestalten.

Heute ist Cotton made in Africa eine internationale Bewegung, die im Lauf der Jahre immer weitergewachsen ist und mittlerweile in zehn afrikanischen Ländern mit über 800 000 Kleinbauern zusammenarbeitet. Sie bauen auf einer Fläche von über 1,6 Millionen Hektar Baumwolle nach den Nachhaltigkeitsprinzipien von CmiA und CmiA Organic an. Ihre Ernte macht mehr als ein Drittel der afrikanischen Baumwollproduktion aus.[30]

CmiA schafft wirtschaftliche Stabilität und leistet zugleich einen bedeutenden Beitrag zum Umweltschutz – durch nachhaltige Anbaumethoden und sparsame Ressourcenverwendung. Darüber hinaus wurde ein Netzwerk von afrikanischen Partnern aufgebaut, das gemeinsam mit der Aid by Trade Foundation Bildung und Weiterbildung fördert, sodass die Familien in den Anbaugebieten langfristig profitieren und ihre Zukunft aktiv gestalten können. Eine unabhängige Studie zeigt, dass diese Schulungen die Lebensverhältnisse verbessern. In der Côte d'Ivoire stieg das durchschnittliche Einkommen einer Bauernfamilie aus CmiA-Baumwollverkäufen zwischen 2015 und 2021 um fast 18 Prozent.[31]

Internationale Modemarken haben sich dem Konzept angeschlossen, und Verbraucherinnen weltweit unterstützen die Idee durch bewusste Kaufentscheidungen. Das CmiA-Netzwerk umfasst heute rund 2700 Textilproduzenten sowie Modemarken und Textilunternehmen weltweit. Die Initiative zeigt: Sozialer Wandel und wirtschaftlicher Erfolg können Hand in Hand gehen.

Ottos frühe Partnerschaft mit Cotton made in Africa hat dem Unternehmen eine Reputation als glaubwürdiger Akteur für Nachhaltigkeit im Textilhandel verschafft.

Holistische Hilfe

Cotton made in Africa macht deutlich, welche transformative Kraft entsteht, wenn soziales Engagement auf unternehmerisches Denken trifft. Hilfe darf nicht versickern – sie sollte ein nachhaltiges System schaffen, das langfristig positive Veränderungen bewirkt – und sich selbst stabilisiert und aus sich heraus weiterentwickelt.

Heute trägt CmiA viele Merkmale eines holistischen Systems – und doch ist es noch auf dem Weg. Die fünf zuvor beschriebenen Elemente sind in der Struktur erkennbar und wirken zusammen:

Die Kraft entsteht aus dem Engagement der Beteiligten: aus Bauern, die stolz auf ihre Ernte und ihre Standards sind; aus Koordinatoren, die ihr Wissen weitergeben; und aus Handelspartnern, die durch langjährige Kooperationen und kontinuierliche Nachfrage stabile Absatzmöglichkeiten sichern.

Die Rahmenbedingungen werden durch Anbaumethoden nach festgelegten Standardkriterien, Verifizierungsprozesse und verlässliche Partnerschaften gestützt.

Der Raum ist vorhanden – geschaffen durch Demonstrationsflächen, akzeptierte Schulungsinfrastruktur, regionale Koordinationsstellen sowie digitale Rückverfolgbarkeitssysteme, die Transparenz in der Lieferkette schaffen und Informationen schneller verfügbar machen.

Die Vernetzung reicht von kleinen lokalen Gruppen bis zu internationalen Handelspartnern, NGOs und Forschungseinrichtungen.

Die beginnende kollektive Intelligenz zeigt sich in der Fähigkeit, gemeinsam neue Lösungen zu entwickeln – seien es innovative Anbaumethoden oder ein gemeinsames Finanzierungsmodell für den Bau einer Schule.

Doch trotz dieser Fortschritte gibt es Unterschiede zwischen den Regionen, in denen Strukturen teils resilient, teils fragil sind. Politische Unsicherheiten, Preisvolatilität und Klimaextreme stellen das System immer wieder auf die Probe. Folglich ist Cotton made in Africa kein abgeschlossenes Erfolgsmodell, sondern ein lebendiger Organismus, der sich weiterentwickelt. Es zeigt, wozu ein konsequenter systemischer Ansatz führen kann – und zugleich, wo seine Grenzen liegen, wenn äußere Faktoren instabil bleiben.

Genau deshalb ist CmiA so lehrreich. Es ist nicht nur eine Erfolgsgeschichte, sondern auch ein Spiegel dafür, wie Systemwandel in der Realität funktioniert: Er braucht Zeit, Geduld, Rückschläge – und immer wieder die Bereitschaft, sich anzupassen. Entscheidend ist dabei nicht die Höhe der eingesetzten Mittel, sondern ihre systemische Wirksamkeit. Eine Million Euro, die in eine lernfähige Struktur fließt, ist langfristig nachhaltiger als zehn Millionen Euro, die ein von Externen abhängiges System am Leben halten.

Cotton made in Africa ist noch kein vollendetes holistisches System, aber es beweist, dass wir Systeme so gestalten können, dass sie sich selbst tragen. Genau darin liegt der Schlüssel zu nachhaltigem Wandel.

Was fehlt zu einem holistischen System?

Ein Ansatz kann viele holistische Elemente enthalten – und dennoch an einigen Stellen lückenhaft bleiben. CmiA zeigt beispielhaft, wie weit ein System kommen kann, wenn ökologische, soziale und wirtschaftliche Faktoren integriert werden – und wo zugleich Grenzen sichtbar werden, die eine ganzheitliche Wirkung noch verhindern. Die folgende Übersicht macht diese Spannbreite deutlich.

Holistische Eigenschaften:

- *Mehrdimensionale Ausrichtung:* CmiA verbindet ökologische, soziale und ökonomische Ziele in einem Standard – vom Verzicht auf gefährliche Pestizide über Schulungen für Kleinbauern bis zu faireren Marktchancen. Selbst Themen wie Bildung, Gleichberechtigung und Ressourcenschutz sind integrale Bestandteile des Ansatzes.
- *Systemdenken:* Es betrachtet nicht nur den Anbau, sondern auch Lieferketten, Marktmechanismen und die Reinvestition von Lizenzgebühren in die Anbauregionen.
- *Integration verschiedener Perspektiven:* CmiA vernetzt Landwirtinnen und Bauern, Baumwollunternehmen, Textilunternehmen, gemeinnützige Organisationen, Forschungseinrichtungen und Verbraucher.
- *Anzeichen von Emergenz und kollektiver Intelligenz:* Durch das Zusammenspiel ökologischer, sozialer und wirtschaftlicher Faktoren können emergente Eigenschaften wie kollektive Intelligenz entstehen – als Resultat der mannigfaltigen Perspektiven, der Interaktionen und des vernetzten Handelns.

Nicht-holistische Eigenschaften:

- *Marktabhängigkeit:* Die Wirkung bleibt stark an die Nachfrage nach CmiA-Baumwolle und die Lizenzgebühren der Partnerunternehmen gekoppelt – ein Risiko für Stabilität und Skalierbarkeit.

- *Preis- und Ertragsschwankungen:* Volatile Weltmarktpreise, Wetterextreme und politische Instabilität in Anbauländern können Einkommen und Planungssicherheit der Kleinbauern erheblich beeinflussen.
- *Lebenseinkommen:* Trotz messbarer Fortschritte bleibt es eine große Herausforderung, Kleinbauern ein existenzsicherndes Einkommen zu gewährleisten.
- *Massenbilanzierung:* Unternehmen, die das Mengenausgleichssystem nutzen, können CmiA-Baumwolle mit anderer mischen – effizient, aber mit dem Risiko sinkender Transparenz. Immer mehr Händler entscheiden sich daher für vollständig rückverfolgbare Systeme.

Ohne diese Art des Denkens wird es schwer werden, konstruktive Antworten auf die Krisen unserer Zeit zu finden. Der Holismus eröffnet uns einen Weg, der für eine zukunftsfähige Gestaltung unverzichtbar ist. Klimawandel, soziale Ungleichheit, geopolitische Spannungen – keine dieser Herausforderungen lässt sich mit kurzfristigen oder isolierten Maßnahmen bewältigen. Wir brauchen einen Ansatz, der alle relevanten Kräfte, Rahmenbedingungen und Vernetzungen einbezieht und sie in eine gemeinsame, sich selbst verstärkende Dynamik führt. Einen Ansatz, der nicht nur Symptome repariert, sondern Strukturen schafft, in denen Krisen gar nicht erst in dieser Schärfe entstehen.

Für mich liegt genau darin der Kern von unternehmerischem und gesellschaftlichem Handeln: die Welt nicht nur leicht zu verbessern, sondern so zu gestalten, dass sie sich aus sich selbst heraus weiterentwickeln kann. Das ist ein hoher Anspruch – aber wenn wir nicht in diesen Dimensionen denken, stoßen wir immer wieder an dieselben Grenzen. Das ist, was ich unter holistischem Denken verstehe. Darum setze ich mich dafür ein, Projekte so zu gestalten, dass sie auf Dauer Bestand haben.

9
Unternehmerisches Handeln im Wandel: Zwischen wertgetriebenem Business und Philanthropie

Seitdem meine Frau Janina und ich uns 2012 kennenlernten, begleitet uns eine Frage: Wie lässt sich unsere Welt nachhaltig positiv verändern? Wir sind beide unternehmerisch geprägt – und zugleich überzeugt, dass wirtschaftlicher Erfolg und gesellschaftliche Verantwortung kein Widerspruch sind. Schon in unseren ersten Gesprächen fiel uns ein wiederkehrendes Muster auf: Die Welt steckt voller Initiativen, Stiftungen und Organisationen, die sich engagieren wollen – und doch bleiben viele Herausforderungen bestehen.

Über die Jahre wurden wir Zeugen zahlreicher globaler Krisen: Klimawandel, soziale Ungleichheit, Fluchtbewegungen, Armut, politische Polarisierung, psychische Erkrankungen – Symptome einer Welt, die in vielen Bereichen überkomplex und innerlich unausgeglichen ist. Gleichzeitig beobachteten wir zahlreiche Initiativen, die Hilfe zu leisten versuchten. Doch so wertvoll diese Arbeit war, oft linderte sie nur das Sichtbare, während die tieferliegenden Dynamiken unberührt blieben.

Mit der Zeit erkannten wir: Das Problem war kein Mangel an Engagement, sondern ein Systemversagen. Wir bekämpfen Symptome, aber selten die Strukturen, aus denen sie entstehen. Wenn Ursachen in vernetzten Systemen liegen, müssen auch Lösungen systemisch gedacht werden. Diese Erkenntnis markierte einen Wendepunkt. Wir wollten nicht länger nur helfen, sondern gestalten – nicht nur Symptome lindern, sondern auch Ursachen angehen. Hilfe allein reicht nicht, wenn Rahmenbedingungen unverändert bleiben.

Wir fragten uns: Wie können wir unsere Mittel so einsetzen, dass sie Menschen befähigen, selbstwirksam zu handeln – statt von externer Hilfe abhängig zu bleiben? Welche Bedingungen braucht ein System, um gesund zu werden oder zu bleiben – egal ob Unternehmen, Organisation oder Gesellschaft? Je tiefer wir darüber nachdachten, desto deutlicher wurde: Nachhaltige Veränderung benötigt ein durchdachtes System – Strukturen, die unterstützen, auch wenn Projekte enden. Sie braucht Orte, an denen Akteure zusammenkommen, die sonst nebeneinander agieren. Sie braucht Mechanismen, die Lernen und Weiterentwicklung ermöglichen, statt Erfolg nur zu wiederholen.

Unsere Gespräche mit Wissenschaftlern, Ärztinnen, Lehrern, Gründerinnen und politischen Entscheidungsträgern bestätigten dieses Bild: Es mangelt nicht an Ideen, sondern an Schnittstellen, an Verlässlichkeit und an Ressourcen. Doch genau daraus entstehen resiliente Systeme: aus klaren Rollen, geteiltem Wissen, wirkungsorientierter Finanzierung und Pufferzonen für das Unerwartete. Kurz: holistische Infrastruktur statt punktueller Hilfe.

2018 gründeten wir deshalb die Holistic Foundation – eine gemeinnützige Stiftung, die gemeinsam mit vielen anderen eine gute Zukunft gestalten möchte. Indem wir Rahmenbedingungen schaffen, in denen Wandel im Sinne einer nachhaltigen Gesellschaft möglich wird – ganz dem Konzept des Holismus entsprechend. Der Name ist Programm: Holistic steht für den Anspruch, Veränderung als gemeinsame, ganzheitliche Systemaufgabe zu begreifen – von der Gemeinschaft für die Gemeinschaft.

Warum Systeme neu denken lernen sollten

Wenn wir die Grundlagen für eine enkeltaugliche Gesellschaft legen wollen, müssen wir die großen Systeme in den Blick nehmen: neben Bildung auch Wirtschaft, Gesundheit und Zivilgesellschaft. Sie sind tragende Säulen unseres Zusammenlebens, und doch stoßen ihre bestehenden Strukturen an ihre Grenzen. Schulen, Universitäten, Unternehmen, Behörden oder Kliniken – viele dieser Systeme sind zu statisch, um mit der Dynamik unserer Zeit Schritt zu halten. Die Welt verändert sich rasant und mit ihr die Erwartungen an Sinn, Arbeit und Gemeinschaft. Weil wir in einer vernetzten Welt leben, sind viele der aktuellen Krisen nicht isoliert, sondern eng miteinander verflochten. Und sie sind menschengemacht.

Statische Systeme sind selten flexibel genug, um sich schnell anzupassen oder ganzheitliche Lösungen zu entwickeln. Gleichzeitig verändern digitale Innovationen die Art, wie wir lernen, arbeiten und leben – schneller, als traditionelle Strukturen Schritt halten können. Die Folge: Ineffizienzen, Brüche und wachsende Spannungen. Die Erwartungen an Bildung, Arbeit und Gesundheit wandeln sich spürbar. Immer mehr Menschen suchen nach kollaborativen, kreativen und anpassungsfähigen Formen des Miteinanders, während starre Hierarchien und bürokratische Prozesse Innovation hemmen.

Diese Entwicklung zeigt sich in vielen Lebensbereichen: In der Arbeitswelt gewinnen agile, projektbasierte Teams an Bedeutung, im Bildungsbereich wächst die Nachfrage nach kooperativen Lernformen und Peer-Learning, und auch im Gesundheitswesen entstehen neue Modelle gemeinschaftlicher Versorgung. Menschen wollen nicht länger nur funktionieren, sondern aktiv mitgestalten – in flexiblen, kreativen und resilienten Gemeinschaften. Währenddessen stehen viele Organisationen zusätzlich unter wirtschaftlichem Druck oder leiden unter Fachkräftemangel. Das erschwert es, neue Anforderungen zu erfüllen und nachhaltige Strategien zu entwickeln. Gerade deshalb wird deutlich: Zukunftsfähigkeit entsteht nicht durch Kontrolle, sondern durch Vertrauen. Nicht durch Zentralisierung, sondern durch Vernetzung. Nicht durch Angst, sondern durch gemeinsame Verantwortung.

Denn Systeme verändern sich, wenn Menschen beginnen, sich selbst als Teil des Ganzen zu begreifen – nicht als Einzelakteure darin, sondern als Mitgestalter. Wenn viele Menschen unter den richtigen Rahmenbedingungen zusammenkommen, entstehen Emergenzen, die die Fähigkeiten Einzelner weit übertreffen. Solche kollektiven Dynamiken führen zu exponentiell besseren Lösungen. Deshalb sind wir überzeugt: Die Herausforderungen unserer Zeit lassen sich deutlich schneller und nachhaltiger meistern, wenn wir unsere Stärken bündeln und gemeinsam für das große Ganze wirken – statt isoliert und unkoordiniert in unterschiedliche Richtungen zu streben. Wir Menschen sind die Ursache für die vielfältigen Herausforderungen unserer Zeit – deswegen sind wir auch Teil ihrer Lösung.

Die Natur zeigt uns längst, wie sich komplexe Probleme meistern lassen: durch das Prinzip neuronaler Netzwerke. Jedes Neuron ist mit allen anderen verbunden, reagiert auf ihre Impulse und stimmt sich präzise ab. Erst dieses fein orchestrierte Zusammenspiel eröffnet die Fähigkeit, selbst außergewöhnlich komplexe Aufgaben zu bewältigen.

Genau dieses Prinzip übertragen wir in unsere Arbeit. Mit den aus unserer Stiftung initiierten Projekten Life Hamburg und der Academy of Life, auf die ich im Kapitel 11 näher eingehen werde, fördern wir Systeme, die durch Wechselwirkungen einen überdurchschnittlichen Mehrwert erzeugen sollen. Wir schaffen Rahmenbedingungen, in denen Gemeinschaften Antworten auf die komplexen Herausforderungen unserer Zeit entwickeln können – nicht von außen gesteuert, sondern durch ein Rahmenwerk befähigt.

New Philanthropy als Brücke zwischen Tradition und Innovation

Holismus bedeutet für mich, die Welt nicht in einzelne getrennte Sektoren zu zerlegen, sondern sie als Ganzes zu betrachten – alle Teile der Gesellschaft in einer gemeinsamen erfüllten Zukunft. Wenn wir diese Zukunft aktiv gestalten möchten, reicht es nicht, nur ökonomisch zu denken oder nur altruistisch zu handeln. Beides allein bleibt unvollständig. Genau in diesem Spannungsfeld haben Janina und ich unseren Weg zur Philanthropie gefunden – nicht im Schwerpunkt in der klassischen Form von Spenden und Stiftungen, sondern als »New Philanthropy«. Sie verbindet Werte mit Wirkung, Tradition mit Innovation, Geben mit Gestalten.

New Philanthropy beschreibt eine neue Form gesellschaftlicher Verantwortung. Sie baut eine Brücke zwischen philanthropischen Zielen und unternehmerischem Denken und ersetzt Spendenlogik durch strategische, messbare Wirkung. Klassische Philanthropie wurde lange sehr eindimensional verstanden: unterstützen, versorgen, mildern. Man könnte sie als kurzfristige reaktive Hilfe durch einseitigen Ressourcentransfer definieren – ein Konzept, das auch oft zu einseitiger Abhängigkeit der Spendenempfänger geführt hat. Ich skizziere mit New Philanthropy ein Modell, das zeigt, wie wir gesellschaftliche Verantwortung strategisch mit wirtschaftlichem Denken verbinden – einen Ansatz, den Sie vielleicht auch in Ihrem Unternehmen oder Ihrer Organisation anwenden können.

Besonders deutlich wurde mir dies bei einem Projektgespräch im Bildungsbereich: Wir hatten Gelder verteilt, kurzfristig viel bewegt – und doch standen wir ein Jahr später wieder vor denselben Problemen. Mir wurde klar: So schaffen wir keine Lösungen, die Bestand haben. Janina und ich begannen intuitiv, einen Ansatz in unserer Stiftungsarbeit zu nutzen, der Wirkung systemisch denkt und sie unternehmerisch absichert. Daraus ist eine Philosophie entstanden, die dem Konzept der New Philanthropy sehr nahekommt. Für uns ist New Philanthropy nicht nur ein Konzept, sondern auch eine Haltung, eine Vision der Zukunft. Wir haben in vielen Projekten erlebt, wie viel Wirkung entsteht, wenn Kapital, Kompetenz und Gemeinschaft in Resonanz treten.

Das holouniverselle Konzept von New Philanthropy

Diese Infobox beschreibt die sechs Dimensionen des holouniversellen Konzepts von New Philanthropy und erläutert, wie sie gemeinsam eine neue Form des ganzheitlichen Handelns ermöglichen.

- *Körperliches – die Kräfte der Wirtschaft:* Wirtschaftlichkeit ist die Basis. Sie sorgt für Stabilität, Skalierbarkeit und Effizienz. Ohne ökonomische Tragfähigkeit bleiben Projekte fragil und abhängig von Spenden.
- *Seelisches – Gemeinwohl als Pflicht:* Philanthropie ist der Gegenpol zur reinen Gewinnorientierung. Sie bringt Sinn, Verantwortung und Empathie ins System – und schafft den Ausgleich, den eine gesunde Gesellschaft benötigt.
- *Geistiges – das Beste aus zwei Welten:* Die Verbindung von Wirtschaftlichkeit und Philanthropie eröffnet eine dritte Option – strategisches Geben mit messbarer Wirkung. Diese »Dreifaltigkeit« schafft Lösungen, die sowohl nachhaltig als auch innovativ sind.
- *Dao – Einbeziehung von Umfeld und Umwelt:* Nach dem Prinzip universeller Ordnung sollten wir Wechselwirkungen berücksichtigen – zwischen Mensch, Umwelt und Wirtschaft. Nur so entstehen resiliente Systeme.
- *Energie – emergente Freude aus dem Geben:* Wenn Geben nicht als Verlust, sondern als Quelle von Sinn und Energie verstanden wird, entsteht eine positive Dynamik. Diese Freude verbindet Akteure und verstärkt die Wirkung.
- *Das große Ganze – universelle Ganzheit:* Ziel ist eine neue Welt des holistischen Handelns, Fühlens und Denkens, in der Wirtschaft, Gesellschaft und Umwelt nicht getrennt, sondern als Teile eines gemeinsamen Systems betrachtet werden. Im

Sinne der New Philanthropy bedeutet dies, Ressourcen und Verantwortung neu zu verstehen: nicht als reine Spendenpraxis, sondern als integratives Handeln, das Wirkung, Sinn und Nachhaltigkeit miteinander verbindet.

Wenn gesellschaftliches Engagement mit wirtschaftlicher Effizienz verbunden wird, entstehen Synergien, die beide Seiten stärken. Mit jedem eingesetzten Euro möchten wir maximale Wirkung erzielen und Hilfe zur Selbsthilfe ermöglichen. Gerade deshalb achten wir darauf, Kapital nicht einfach zu verteilen, sondern gezielt so einzusetzen, dass es Strukturen stärkt.

Unsere Förderungen steuern wir daher über eine eigene Kennzahl, den Social Return on Investment, der zeigt, wie effektiv die eingesetzten Spenden in messbare Wirkung für Umwelt und Gesellschaft übersetzt werden. Denn während viele Spenden Symptome lindern, kann klug eingesetztes Kapital nachhaltigen Mehrwert und Selbstwirksamkeit entfalten – und damit ganze Wirkungsräume öffnen.

Die Praxis zeigt, dass diese Verbindung von Kapital und Kompetenz nicht nur theoretisch, sondern praktisch funktioniert. Beispiele wie der #WirVsVirus-Hackathon oder Impact Hubs belegen, wie strategische Ressourcen, klare Rahmenbedingungen, Vernetzung und kollektive Intelligenz echte Transformation ermöglichen.

Dieser Ansatz bietet klare Vorteile – nicht nur für gemeinnützige Organisationen, sondern auch für wirtschaftlich geprägte Unternehmen. Er verankert gesellschaftliche Verantwortung strategisch im Kerngeschäft, schafft Win-win-win-Situationen für Unternehmen, Umwelt und Gesellschaft, stärkt die Markenpositionierung und erhöht die Attraktivität als Arbeitgeber – insbesondere für jüngere Generationen. Durch klare Wirkungsmessung und gezielte Ressourcenallokation wird sichergestellt, dass Projekte nicht nur gut gemeint, sondern auch nachweislich transformativ sind.

Für uns bedeutet das: Wir messen Wirkung nicht nur an kurzfristigen Ergebnissen, sondern daran, ob Systeme resilienter werden und Menschen dauerhaft selbstwirksam handeln können. Diese Perspektive macht Wirkung zu einem nachhaltigen Qualitätsmaßstab.

Gerade in wirtschaftlich orientierten Unternehmen kann dieser Ansatz zu einem strategischen Motor für soziale Innovation und nachhaltiges Wachstum werden. Wenn soziale Wirkung als Teil der Wertschöpfung verstanden wird, entstehen neue Geschäftsmodelle, stärkere Kundenbindungen und ein klarer Wettbewerbsvorteil. So wird Philanthropie nicht zum Kostenfaktor, sondern zu einem Bestandteil langfristigen Unternehmenserfolgs.

Unsere drei Leitfragen zur Wirkungsausrichtung:

Doch was bedeutet das konkret für Organisationen und Unternehmen? Wie können sie sicherstellen, dass gesellschaftliches Engagement tatsächlich Wirkung entfaltet und nicht nur wohlklingende Absicht bleibt? Zur Orientierung nutzen wir drei einfache, aber richtungsweisende Fragen, die jedes Projekt auf seine Systemtauglichkeit prüfen.

- *Wo können Sie Kapital, Kompetenz und Gemeinschaft verbinden?* Beispiel: Ein Produktionsunternehmen investiert Kapital in die Umstellung auf nachhaltige Lieferketten, bringt seine Kompetenz in Qualitäts- und Prozessmanagement ein und bindet die Gemeinschaft durch Kooperation mit regionalen Zulieferern und Stakeholdern ein. So entsteht Wirkung, weil ökonomische Stärke, fachliches Know-how und soziale Verantwortung zusammenwirken.
- *Welche Netzwerke stärken Ihre Wirkung?* Wirkung wächst dort, wo Organisationen ihre Initiativen in bestehende Netz-

werke einbetten – etwa durch Kooperation mit NGOs, Branchenverbänden oder kommunalen Einrichtungen, die Reichweite und Glaubwürdigkeit erhöhen.

- *Wie messen Sie den Social Return on Investment?* Neben finanziellen Kennzahlen können qualitative Indikatoren wie verbesserte Lebensqualität, gesteigerte Teilhabe oder ökologische Verbesserungen zeigen, ob Engagement tatsächlich gesellschaftlichen Mehrwert schafft.

Diese drei Leitfragen geben Orientierung, um zu erkennen, in welchem Maß Sie sich mit Ihrer Organisation sozial engagieren möchten – strategisch, wirkungsorientiert und stets mit Blick auf skalierbare Lösungen.

Praktisch heißt das für uns: Wir investieren gezielt in Initiativen, deren Wirkung messbar ist und die skalieren können – oft zusammen mit Partnern aus Politik, Zivilgesellschaft und Wirtschaft. In den folgenden Abschnitten zeige ich exemplarisch, wie wir damit schnell Wirkung mobilisieren. Gemeinsam mit meiner Frau decke ich ein breites Wirkungsspektrum ab – von wertegetriebenen Geschäftsmodellen in der Otto Group über Impact Investments, Hubs und Ökosysteme bis zu Leuchtturmprojekten wie Life Hamburg, Academy of Life und holi. Ergänzt werden die Bereiche New Philanthropy und klassische Philanthropie durch die Holistic Foundation, welche als Klammer für unsere Leuchtturmprojekte dient, sowie konkret im Bereich Gesundheit durch das Holistic Health Institute.

Durch unsere unternehmerische Prägung setzen wir gezielt auf Geschäftsstrategien, starke Kooperationen und weitreichende Netzwerke. Zudem nutzen wir moderne Technologien wie KI, um Lösungen skalierbar zu machen und deren Effizienz zu maximieren. Uns ist es besonders wichtig, langfristige Projekte zu unterstützen, statt auf Kurzfristigkeit ausgerichtete Initiativen zu fördern – denn nur durch nachhaltige Ansätze lässt sich zukunftsfähiger Wandel gestalten. Im Folgenden möchte ich einige Schwerpunkte unserer holistischen Aktivitäten vorstellen – Felder, in denen wir systemisch denken, vernetzt handeln und Wirkung messbar machen.

#WirVsVirus

Ein besonders prägnantes Beispiel für gelebten Holismus war der #WirVsVirus-Hackathon im März 2020 – ein kollektives Experiment, das zeigte, wie schnell sich Systeme in Bewegung bringen lassen, wenn sie Resonanz finden. Unser Ziel: junge Gründungen zu fördern, die schnell, pragmatisch und effektiv digitale Lösungen zur Bewältigung der Corona-Pandemie entwickelten. Über 28 000 Menschen nahmen teil, was ihn zum größten Hackathon der Welt machte.

Innerhalb von 48 Stunden verdichtete sich das, was entsteht, wenn Fragmentierung überwunden, Rahmenbedingungen geschaffen und Kräfte gebündelt werden: Aus vielen Einzelimpulsen wuchs in kürzester Zeit ein gemeinsamer Möglichkeitsraum. Mehr als 1500 Projekte gingen daraus hervor – von Nachbarschaftshilfe und Bildungsangeboten bis zu Lösungen für das Gesundheitswesen. Es ging nicht nur um gute Ideen, sondern um greifbare Ergebnisse: Teams bildeten sich, verteilten Rollen, priorisierten Aufgaben, testeten Ansätze und präsentierten am Ende funktionsfähige Konzepte oder erste Prototypen. Inmitten einer globalen Krise entstand ein Beweis für das, was kollektive Intelligenz leisten kann, wenn Menschen sich vernetzen und Verantwortung teilen.

Hubs und Ökosysteme

Meine erste Begegnung mit der Logik von Hubs hatte ich im Silicon Valley. Mich faszinierte damals, wie in einer unscheinbaren Lagerhalle Ideen, Kapital und Menschen zusammenfanden. Heute weiß ich: Hubs sind Keimzellen für Systeme. Sie schaffen Räume für positive Reibung, in denen Innovation, Kapital und Werte in Wechselwirkung treten können.

Hubs und Ökosysteme schaffen eine Infrastruktur, in der Start-ups, soziale Unternehmen, Politik und Zivilgesellschaft sich begegnen, voneinander lernen und gemeinsam wachsen. Ein Beispiel ist der Impact Hub Hamburg, den wir finanziell unterstützt haben: ein Ort, an dem Gründerinnen und Gründer mit Fokus auf Nachhaltigkeit arbeiten, sich austauschen und gegenseitig inspirieren. Die Social Entrepreneurship City Hamburg, die wir mit initiierten, trägt dazu bei, das Ökosystem Hamburg für soziale Innovationen sichtbarer zu machen, zu vernetzen und zu stärken. Das Ökosystem der Impossible Founders, das wir mit der Michael Otto Stiftung und der Joachim Herz Stiftung ins Leben riefen, ist ein weiteres Beispiel für holistische Praxis. Die Initiative fördert wissenschaftsbasierte Deep-Tech-Start-ups, insbesondere Ausgründungen aus Wissenschafts- und Forschungseinrichtungen, und bietet diesen Start-ups Zugang zu Infrastruktur, Netzwerken und Kapital, mit dem Ziel, sie von der Idee bis zur Skalierung zu unterstützen.

Im Mittelpunkt steht stets das Potenzial der jungen Gründer und Unternehmerinnen, die wir auf ihrem spannenden Weg begleiten. So entstehen nicht nur neue Firmen, sondern systemische Strukturen, die innovatives und nachhaltiges Unternehmertum ermöglichen. Diese Projekte eint ein Gedanke: Es geht nicht einzig darum, einzelne Start-ups zu fördern, sondern Räume zu gestalten, in denen aus Projekten ein lebendiges Ökosystem entsteht – Orte, die so vernetzt sind, dass sie permanent Wirkung entfalten und Wandel anstoßen können.

Für mich ist das praktische Form von Holismus: eine Verbindung von Menschen, Organisationen, Ideen und Kapital, die nicht additiv, sondern multiplikativ oder exponentiell wirkt. Unsere Welt braucht mutige Geschäftsideen, die die Herausforderungen unserer Zeit lösen können. Ich bin überzeugt davon, dass Ökosysteme uns dabei unterstützen werden.

Impact Investing: Kapital als Wirkungshebel

Mir sind immer wieder großartige Ideen und Initiativen begegnet, die jedoch oft nicht die Kraft entfalten konnten, die sie verdient hätten. Überall dasselbe Muster: Menschen mit Mut, Vision und Kompetenz, doch es fehlten passende – auch digitale – Räume, um Austausch zu fördern und gute Ideen in tragfähige Projekte zu übersetzen. Oft mangelte es Gründerinnen und Unternehmern schlicht an Kapital, um ihre Konzepte zu realisieren. Damit ist neben der Bürokratie vor allem die Finanzierung eine Herausforderung.

Für mich war das ein typisches Merkmal fragmentierter Systeme: Ressourcen sind nicht zugänglich, Schnittstellen fehlen. Der Weg zur Lösung führt zwangsläufig in Richtung verknüpfter oder kooperativer Systeme. Mit mehr als zehn Jahren Erfahrung als Start-up-Gründer und über zehn erfolgreich aufgebauten Unternehmen wollte ich meinen Teil dazu beitragen, diese Lücke zu schließen. Deshalb gründete ich 2014 eine Beteiligungsgesellschaft, um einen Teil meiner Gewinne in neue Geschäftsideen innovativer Start-ups zu reinvestieren.

Anfangs investierte ich noch in klassische Bereiche wie Handel, Dienstleistungen, Plattformen und digitale Konzepte. Doch je länger ich mich damit beschäftigte, desto klarer wurde mir: Kapital ist ambivalent. Einerseits ist es ein Machtinstrument, andererseits ein Wirkungshebel für Wandel. Und ich wollte, dass mein Kapital dort wirkt, wo es Lösungen für Mensch und Umwelt stärkt.

Seit 2017 richtet sich mein Fokus deshalb konsequent auf Unternehmen, die nachweislich einen positiven Beitrag für unseren Planeten leisten. Um dies noch gezielter zu fördern, initiierte ich 2020 gemeinsam mit Dr. Lauren Lentz und Otto Birnbaum den Social-Impact-Fonds Revent. Ich erinnere mich gut an die Gespräche mit Partnern und Investorinnen: Viele fragten uns, ob Wirkung und Rendite wirklich vereinbar seien. Heute wissen wir: Ja. Und mehr noch: Wenn Investitionen mit Sinn erfüllt sind, entsteht eine doppelte Dividende – ökonomisch und sozial.

Damit schließt sich der Kreis: Wirtschaft, Kapital und Sinn werden Teil eines größeren Ganzen. Genau darin liegt die Kraft von

New Philanthropy. Wenn immer mehr Akteure diesen Weg gehen, wird Philanthropie kein Randthema mehr sein, sondern ein zentraler Motor gesellschaftlicher Transformation. So entsteht eine Bewegung, die weit über einzelne Projekte hinauswirkt und den Wandel hin zu einer zukunftstauglichen Gesellschaft beschleunigt.

10
Holistische Gesundheit: Balance als Prinzip

Gesundheit ist ein komplexes, sich wandelndes System – und sollte ihrer Natur nach holistisch betrachtet werden. Sie bedeutet weit mehr als körperliche Unversehrtheit und entsteht aus einem vielschichtigen Geflecht von Bedingungen und Beziehungen, die den Menschen in seiner ganzen Lebenswirklichkeit betreffen. Gesundheit ist damit nicht nur ein Zustand, sondern auch beeinflusst durch die Wechselwirkungen zwischen innerem Erleben, sozialem Umfeld und den gesellschaftlichen Strukturen, in die wir eingebettet sind.

Unser westliches Gesundheitssystem hat in den vergangenen Jahrhunderten Außergewöhnliches geleistet. Durch wissenschaftliche Erkenntnisse, technische Innovationen und hoch spezialisierte Behandlungsmethoden hat es die Lebenserwartung deutlich erhöht und unzählige Krankheiten wirksam bekämpft. Fortschritte in der Chirurgie, der Pharmakologie und der inneren Medizin haben Millionen Menschen ein längeres und gesünderes Leben ermöglicht. Diese Errungenschaften bilden eine unverzichtbare Grundlage, auf der wir heute aufbauen können. Doch zugleich entfaltet das System nicht sein volles Potenzial, weil sich insbesondere komplexe Krankheiten immer schwieriger heilen lassen. Es braucht einen Paradigmenwechsel: weg vom alleinigen Fokus darauf, diagnostizierte Symptome von Krankheiten zu behandeln, hin zur ursachenorientierten Behandlung und zur Erhaltung von Gesundheit, beispielsweise durch Prävention und Förderung von Patientenwissen über gesundheitsfördernde Lebensweisen.

Als ich 2011 bei den Vorbereitungen für meine Gesundheitsstiftung Holistic Health Institute begann, mich intensiver mit Nachhaltigkeit, Sinn und gesellschaftlicher Verantwortung in der Gesundheit zu befassen, wurde mir klar, dass sich in vielen Bereichen der Medizin dieselben Muster wiederholten wie in Wirtschaft und Politik: Spezialisierung, Effizienz, Wissensinseln. Spezialisierung bringt unbestritten große Vorteile: Sie ermöglicht Präzision, Tiefe und eine stetige Weiterentwicklung des medizinischen Wissens. Doch dieselbe Stärke kann auch zur Begrenzung werden, wenn sie nicht durch eine integrative Sicht ergänzt wird, die Zusammenhänge und Wechselwirkungen berücksichtigt.

Das Problem liegt also nicht im Fachwissen, sondern im fehlenden Netz. Genau hier setzt ein holistischer Ansatz an: Er integriert Vernetzung, Redundanzen und Prävention, um das Gesamtsystem zu stabilisieren. Die Herausforderung besteht daher nicht darin, das bestehende System zu ersetzen, sondern es zu erweitern – um ein holistisches Verständnis, das die Errungenschaften der Medizin mit der Ganzheit menschlicher Erfahrung verbindet. Denn Gesundheit ist kein Zustand, sondern ein dynamisches Netz aus Beziehungen: zwischen Körper und Psyche, zwischen Individuum und Gemeinschaft, zwischen Mensch und Umwelt. Dieses Netz aus Beziehungen zeigt sich nicht nur im Inneren des Menschen, sondern auch in den Strukturen, die ihn umgeben. Dort, wo Verbindungen bewusst gestaltet werden, entfaltet sich Gesundheit schneller – im Alltag, in Organisationen, im ganzen System.

In der Telemedizin etwa, wo Hausärzte, Fachärzte, Apotheken und Patienten über digitale Plattformen verbunden sind, entstehen Informationsflüsse, die Doppeluntersuchungen vermeiden und Diagnosen beschleunigen. Integrierte Versorgungszentren verknüpfen Medizin und Soziales – Ärztinnen, Pflegekräfte und Sozialarbeiter arbeiten unter einem Dach und schaffen so Räume, in denen Versorgung mehr bedeutet als reine Behandlung. Auch die Onkologie zeigt, wie Kooperation wirkt: Wenn Kliniken, niedergelassene Praxen, Psychoonkologen, Ernährungsberater und Selbsthilfegruppen zusammenarbeiten, entsteht nicht nur bessere Therapie, sondern auch menschliche Begleitung.

Im Bildungssystem wird Prävention systemisch verankert, wenn Schulen mit Gesundheitsämtern, Sportvereinen und Eltern Netzwerke bilden, die Bewegung, Ernährung und psychische Stabilität in den Alltag integrieren. Auch die Verbindung von Gesundheit und Umwelt – etwa in Programmen wie Healthy Cities – macht sichtbar, wie Stadtplanung, Mobilität und Luftqualität direkt auf Herz-Kreislauf-Gesundheit wirken. Und schließlich zeigen vernetzte Strukturen in Rettungsdiensten, Feuerwehr, Polizei und Krankenhäusern, dass selbst Krisenresilienz auf Kooperation beruht: Wenn Kommunikation, Logistik und Versorgung ineinandergreifen, wird aus Einzelleistung kollektive Stärke.

All diese Beispiele verdeutlichen: Wo medizinische Versorgung nicht isoliert bleibt, sondern sich mit sozialen, ökologischen und technologischen Systemen verbindet, entsteht holistische Gesundheit. Das Einzelne wirkt erst in der Vernetzung.

Gesundheit als lebendiges System

Die Weltgesundheitsorganisation definiert Gesundheit als Zustand vollständigen körperlichen, geistigen und sozialen Wohlbefindens. Gesundheit ist also kein Ziel, sondern ein fortwährender Prozess – ein dynamisches Gleichgewicht zwischen Stabilität und Wandlungsfähigkeit. In einem gesunden System sind Rückkopplungen, Puffer und Lernmechanismen eingebaut. Wenn sie fehlen, kann das System seine Balance verlieren und kippen.

Was der menschliche Organismus in jedem Moment leistet – Millionen von Abstimmungen zwischen Zellen, Organen, Hormonen, Emotionen –, ist ein Sinnbild für das, was alle Systeme brauchen: Verbindung, Kommunikation, Resonanz. Diese Logik zieht sich durch alle Ebenen des Lebens: Ein Unternehmen, das dauerhaft gesund bleiben will, sollte sich wie ein Organismus verhalten – zuhören, lernen, sich regulieren und anpassen. Eine Gesellschaft, die gesund bleiben will, braucht dieselben Fähigkeiten. Holistische Gesundheit bedeutet daher, den Menschen und seine Systeme als Ganzheit zu begreifen – biologisch, psychologisch, sozial und ökologisch zugleich.

Neben den körperlichen Grundlagen spielt die Fähigkeit zur Anpassung an Veränderungen eine entscheidende Rolle. In der Forschung wird sie häufig im Rahmen des Konzepts der Resilienz beschrieben, dem wir im Theorieteil des Buches bereits begegnet sind. Resilienz bezeichnet die Fähigkeit, Belastungen, Krisen oder Krankheiten nicht nur zu überstehen, sondern sich nach einer Störung wieder zu stabilisieren und weiterzuentwickeln. Ein gesunder Organismus zeichnet sich dadurch aus, dass er flexibel auf Veränderungen reagieren kann, ohne seine grundlegende Funktionsfähigkeit zu verlieren.

Diese Fähigkeit zur Selbstregulation unterscheidet lebendige Systeme von mechanischen. Sie erklärt, warum Gesundheit von außen nicht einfach hergestellt, sondern nur ermöglicht und unterstützt werden kann.

Von der Spezialisierung zur Integration

Unsere westliche Medizin ist hoch entwickelt, präzise, wissenschaftlich brillant – aber sie ist auch fragmentiert. Fachrichtungen arbeiten teilweise nebeneinander, nicht immer miteinander. Daten, Diagnosen und Therapien überqueren zu selten die Grenzen ihrer Disziplinen. Die Folge ist ein System, das an vielen Stellen exzellent funktioniert – und im Ganzen doch beschränkt bleibt. Ich sehe darin kein Versagen, sondern eine Entwicklungsstufe. Spezialisierung war notwendig, um Wissen zu vertiefen.

Doch der nächste Schritt ist die Integration. Gesundheit entsteht im Zusammenspiel: zwischen Körper und Psyche, Ärztin und Patient, Forschung und Politik, Mensch und Natur. Genau hier liegt die Bewegung, die mich seit Jahren beschäftigt – und die für mich sinnbildlich für holistisches Denken steht: der Übergang vom Fragment zum Zusammenhang, von der Spezialisierung zur Ganzheit.

Das holodynamische Evolutionskonzept beschreibt sechs Entwicklungsstufen, die jedes System – ob biologisch, sozial oder organisatorisch – durchläuft.

Gleiches gilt für das Gesundheitssystem:

1. Fragmentiertes Gesundheitssystem mit Kräften: Am Anfang dominiert ein Modell, in dem einzelne Kräfte des Gesundheitswesens isoliert operieren. Hausärzte, Fachärztinnen, Krankenhäuser und Rehabilitationszentren arbeiten unabhängig voneinander. Die Versorgung erfolgt oft reaktiv und symptomorientiert, ohne dass Informationen oder Behandlungsansätze über die disziplinären Grenzen hinweg ausgetauscht werden. Dies führt zu redundanten, ineffizienten und teilweise widersprüchlichen Abläufen, bei denen der Patient als isolierte Fallakte betrachtet wird. Ergebnisse der einzelnen Fachbereiche lassen sich vom Patienten nicht zu einem sinnvollen Gesamtbild zusammenführen, die verbindende Instanz fehlt.

2. Verknüpftes Gesundheitssystem mit Rahmenbedingungen: In der nächsten Phase treten diese isolierten Kräfte in Beziehung, indem erste Rahmenbedingungen für Austausch geschaffen werden. Hilfsmittel wie digitale Gesundheitsakten oder gemeinsame Kommunikations- und Datenaustauschstrukturen ebnen den Weg für den Informationsfluss. Hier sieht man erstmals, wie Daten zwischen verschiedenen Akteuren – etwa zwischen einer Hausärztin und einem Fachspezialisten – ausgetauscht werden, was die erste Basis für eine integrierte Versorgung legt. Die Rahmenbedingungen verbessern den Informationszugang und bilden die Grundlage für koordinierte Abläufe.

3. Kooperatives Gesundheitssystem mit Raum: Mit zunehmender Vernetzung entsteht Raum für gezielte Kooperation. Akteure im Gesundheitswesen – darunter Ärzte, Therapeutinnen, Ernährungsberater und Sozialarbeiterinnen – beginnen, gemeinsame Behandlungspläne zu entwickeln und interdisziplinäre Teams zu bilden. Der Fokus liegt dabei nicht mehr nur auf der getrennten Behandlung einzelner Symptome, sondern auf der Koordination von Maßnahmen, um die individuellen Bedürfnisse des Patienten umfassend zu adressieren. Der geschaffene Raum fördert den Austausch von Expertise und ermöglicht standardisierte, patientenzentrierte Abläufe.

4. Adaptives Gesundheitssystem mit Vernetzung: Eine adaptive Systemphase zeichnet sich durch die Fähigkeit aus, sich mithilfe tiefgreifender Vernetzung dynamisch an neue Informationen, technische Entwicklungen und veränderte Umweltbedingungen anzupassen. Hier werden datenbasierte Feedbackschleifen und kontinuierliches Monitoring integriert, sodass das System lernen und sich weiterentwickeln kann. Beispielsweise lassen sich personalisierte Behandlungsstrategien in Echtzeit anpassen und optimieren, wenn neue Evidenzen oder Veränderungen im Gesundheitszustand eines Patienten festgestellt werden. Eine datenbasierte, ergebnisorientierte und ressourcenschonende Optimierung der Patientensteuerung erhält Einzug. Vernetzung macht es möglich, schneller und präziser auf Herausforderungen – etwa neue Krankheitsbilder oder plötzliche Gesundheitskrisen – zu reagieren.

5. Emergentes Gesundheitssystem mit kollektiver Intelligenz: Aus der intensiven und dynamischen Interaktion aller adaptiven Komponenten entsteht kollektive Intelligenz. Das Zusammenspiel der unterschiedlichen Disziplinen und Technologien führt zu neuen Versorgungsformen: Es entstehen beispielsweise innovative Präventionsmodelle, kollaborative Diagnoseplattformen und ganzheitliche Therapieansätze, die über die Summe einzelner Maßnahmen hinausgehen. Diese emergenten Eigenschaften manifestieren sich in einer höheren Qualität der Patientenversorgung, gesteigerter Effizienz, verbesserter Prävention und einer systemweiten Resilienz gegenüber äußeren Herausforderungen.

6. Holistisches Gesundheitssystem der Ganzheit: In der finalen Phase verschmilzt das Gesundheitssystem zu einer ganzheitlichen Einheit, in der alle Komponenten nahtlos integriert und aufeinander abgestimmt agieren. Dabei wird der Patient nicht nur als Sammlung von Symptomen, sondern als komplexes Individuum betrachtet, dessen physische, psychische, soziale und – wenn gewünscht – auch spirituelle Dimensionen in die Behandlung einbezogen werden. Die Versorgung erfolgt proaktiv und präventiv. Das System ist eng gekoppelt mit externen Einflüssen wie dem öffentlichen Gesundheitswesen, sozialer Infrastruktur, Bildung und

Umweltfaktoren. Damit vollzieht sich ein Paradigmenwechsel: von einer reaktiven Medizin hin zu einem aktiven, resilienten und zukunftsorientierten Modell, das das Wohl des Menschen als Ganzes in den Mittelpunkt stellt.

Diese evolutionäre Reise stellt einen tiefgreifenden Wandel dar, bei dem zunächst isolierte, fragmentierte Einheiten durch zunehmende Vernetzung und Kooperation in adaptiven Strukturen zusammenwachsen. Das emergente Verhalten, das aus dem dynamischen Zusammenspiel der Systeme resultiert, ebnet den Weg zu einem holistischen Gesundheitssystem – das nicht nur Krankheiten behandelt, sondern aktiv das Gesamtwohl und die Lebensqualität jedes Menschen fördert.

Doch das aktuelle Gesundheitswesen nähert sich einem holistischen System erst allmählich, das dieses Zusammenspiel ermöglichen würde. Es fehlt nicht an Kompetenz oder Fachwissen, sondern an tiefgreifender Vernetzung. Unser Gesundheitssystem denkt noch vereinzelt in Partikularinteressen statt in Zusammenhängen. Prozesse sind präzise geregelt, Abläufe effizient – und gerade deshalb geht manchmal das Wesentliche verloren: das Erleben, dass alle Aspekte des Individuums adressiert werden. Erst wenn umfassende Vernetzung entsteht, kann sich ein System als Ganzes entwickeln.

Europa befindet sich im Gesundheitswesen überwiegend auf der Entwicklungsstufe eines verknüpften Systems. In den vergangenen Jahren wurden in nahezu allen Mitgliedstaaten die grundlegenden digitalen Voraussetzungen geschaffen: elektronische Patientenakten, erste interoperable Standards sowie Infrastrukturprojekte, die einen sektorübergreifenden Datenaustausch ermöglichen sollen. Auch wenn der Informationsfluss damit prinzipiell möglich ist, zeigt sich in der Praxis, dass diese Verknüpfung noch längst nicht systematisch erfolgt. Die digitale Infrastruktur ist zwar vorhanden, doch ihre Interoperabilität ist nicht flächendeckend gewährleistet. Der Austausch zwischen den Akteuren findet häufig nur punktuell statt, und die Versorgung bleibt nach wie vor stark durch Sektorengrenzen geprägt. So entstehen vielerorts Insellösungen, die zwar funktional, aber kaum nachhaltig integriert sind.

Einige Länder heben sich jedoch vom europäischen Durchschnitt ab und weisen bereits erste Merkmale eines kooperativen Gesundheitssystems auf. Dänemark gilt hier als Vorreiter: Die umfassende Interoperabilität und eine landesweit koordinierte Versorgung ermöglichen einen deutlich effizienteren und patientenzentrierten Umgang mit Daten. Auch die Niederlande profitieren von ihrer traditionell starken Primärversorgung, die als verbindendes Element zwischen verschiedenen Sektoren fungiert und durch multidisziplinäre Teams unterstützt wird. Finnland wiederum hat mit seiner nationalen Gesundheitsdatenplattform einen Rahmen geschaffen, der digitale Prozesse im klinischen Alltag nicht nur erleichtert, sondern die Nutzung von Gesundheitsdaten über institutionelle Grenzen hinweg systematisch fördert.

Über diese Vorreiter hinaus zeigen sich erste Ansätze eines adaptiven Gesundheitssystems vor allem in Pilotprojekten und Innovationsclustern. Echtzeit-Monitoring, KI-gestützte Entscheidungsunterstützung oder lernende Feedbackschleifen werden zunehmend erprobt, sind jedoch noch nicht Bestandteil der Regelversorgung. Sie markieren mögliche Zukunftspfade, bleiben aber bislang experimentell.

Eine neue Idee von Gesundheit

Diese Diskrepanz wurde für mich zum Ausgangspunkt, neue Wege zu suchen. 2012 gründete ich daher das Holistic Health Institute (HHI) mit dem Ziel, die Potenziale einer ganzheitlichen Gesundheitsversorgung sichtbar zu machen und in die Praxis zu übersetzen. Das Institut versteht sich als Plattform, die medizinische, psychologische, soziale und organisatorische Kompetenzen miteinander verbindet, um bestehende Versorgungslücken aufzuzeigen und Patientinnen und Betroffene wirksamer zu unterstützen.

Die Arbeit des Instituts beruht auf einer Schnittstellenfunktion, die Vernetzung ermöglicht: Ärztinnen und Mediziner, Betroffene, Patientenvertretungen, Verbände, Krankenkassen, Forschungseinrichtungen, Politik, Unternehmen und Stiftungen werden in einen kontinuierlichen Dialog gebracht. Ziel ist es, zu mehr Qualität und Effizienz beizutragen – nicht durch zusätzliche Parallelstrukturen, sondern durch die bessere Abstimmung bestehender Ressourcen. Darüber hinaus versteht sich das HHI als Impulsgeber für eine Weiterentwicklung des Gesundheitssystems. Es untersucht und erprobt neue Ansätze in der ergebnisorientierten Patientensteuerung. Und es setzt sich dafür ein, dass die Perspektive der Betroffenen in die Gestaltung von Versorgungsprozessen einfließt.

Ein Schwerpunkt liegt derzeit auf der Begleitung von Menschen mit postinfektiösen Erkrankungen, insbesondere Myalgische Enzephalomyelitis / Chronisches Fatigue-Syndrom (ME/CFS), deren Versorgung häufig nicht adäquat abgedeckt werden kann. Hier setzt das HHI an, indem es den Zugang zu Beratung und Behandlung erleichtert, bürokratische Hürden reduziert und die Zusammenarbeit zwischen verschiedenen Fachdisziplinen fördert.

Entlang des Patientenpfads übernimmt die Stiftung die Rolle des Förderers, Koordinators und Initiators von Projekten. So wurde ein Heilversuch mit einem innovativen Medikament an der Charité und die Umsetzung eines neuen diagnostischen Verfahrens am Universitätsklinikum in Hamburg-Eppendorf (UKE) unterstützt. Finanziell, aber auch durch die Übernahme konkreter Arbeitspakete, werden zwei Versorgungsprojekte in Hamburg unterstützt. Für Kinder und Jugendliche mit ME/CFS sucht seit Januar 2026 ein mobiles Team aus Ärztinnen, Pflegekräften und Therapeuten die kleinen Patientinnen und Patienten zu Hause auf, um sie besser diagnostizieren, behandeln und begleiten zu können. Außerdem wird die Entstehung einer koordinierenden Spezialambulanz am UKE unterstützt. Unter Einbindung der Betroffenenorganisationen soll ein Angebot geschaffen werden, das es Neubetroffenen ermöglicht, Rat und Unterstützung durch geschulte Ansprechpartner zu erhalten, die schon länger von ME/CFS betroffen sind.

Für alle Projekte, die das HHI unterstützt, soll erreicht werden, dass es eine wissenschaftlich fundierte Verlaufserfassung gibt, zumindest aber eine Begleitevaluation. Es ist ein fundamentales Anliegen der Stiftung, Ergebnismessung und Patientenorientierung durch konkrete Maßnahmen abzusichern. Dies erfolgt zum einen durch die Einbindung von Versorgungsforschungsteams an Universitäten, zum anderen durch die Nutzung innovativer Tools, entwickelt von Start-ups und Unternehmen im Gesundheitswesen wie BetterDoc.

Holouniverselle Gesundheit mit dem Blick fürs Ganze

Holistische Gesundheit ist kein theoretisches Ideal und keine alternative Spielart der Medizin. Sie ist ein erweitertes Verständnis davon, wie Leben funktioniert – und was es braucht, damit Systeme im Gleichgewicht bleiben. Gesundheit entsteht nie auf einer einzelnen Ebene. Sie ist das Ergebnis vieler Kräfte, die sich gegenseitig bedingen. Körperliches, Seelisches, Geistiges, Dao, Energie und das große Ganze bilden ein dynamisches System, das sich ständig selbst reguliert. Wenn eine Dimension aus dem Gleichgewicht gerät, beginnen die anderen mitzuschwanken. Holistische Gesundheit bedeutet deshalb, das Ganze zu sehen – und in jedem Teil den Beitrag zur Genesung zu erkennen.

1. Körperliches – das Fundament des Lebendigen: Der Körper ist unser Resonanzinstrument, in dem sich Effekte der anderen Dimensionen manifestieren. Jede Zelle reagiert auf Reize von innen und außen. Ernährung, Bewegung, Schlaf, Stoffwechsel und Immunabwehr bilden das biologische Fundament, auf dem alles andere ruht. Doch Körpergesundheit ist mehr als Biochemie. Sie folgt Rhythmen: Belastung und Erholung, Aktivität und Ruhe, Tag und Nacht. In einer Gesellschaft, die dauernd auf »on« steht, verlieren sich diese natürlichen Zyklen oftmals. Wir haben gelernt zu funktionieren, statt zu spüren. Gesundheit beginnt dort, wo wir den eigenen Rhythmus wiederfinden – im Körper, der weiß, wann es genug ist.

2. Seelisches – die innere Balance: Ein gesundes Gemüt ist nicht das, das nie zweifelt oder keine Angst kennt, sondern das, das lernt, mit sich im Dialog zu bleiben. Unsere Gedanken, Emotionen und Sinnfragen haben direkte Auswirkungen auf die körperliche Regulation. Die Forschung der Psychoneuroimmunologie belegt, was viele Menschen intuitiv wissen: Stress, Hoffnung, Liebe, Verlust – all das verändert unser Immunsystem, unsere Hormone, unsere Heilungsprozesse. Seelische Gesundheit entsteht dort, wo Menschen Sinn empfinden und das Gefühl haben, dass ihr Leben verständlich, gestaltbar und bedeutsam ist. Dieses Empfinden ist der innere Kompass holistischer Gesundheit – die Fähigkeit, Krisen nicht nur zu überstehen, sondern sie in Entwicklung zu verwandeln.

3. Geistiges – Resonanz im Zwischenraum: Gesundheit entsteht auch im Zwischenraum – in Beziehungen, in Organisationen, in der Art, wie wir miteinander sprechen, einander wahrnehmen, Konflikte lösen oder Unterstützung geben. Studien zeigen, dass Einsamkeit die Lebenserwartung verkürzen kann, ähnlich stark wie Rauchen oder Bewegungsmangel. Geistige Gesundheit bedeutet, Resonanzräume zu schaffen: Zugehörigkeit, soziale Sicherheit, Strukturen, die Fürsorge ermöglichen, ohne bevormundend zu werden. Wenn ein Unternehmen oder eine Gemeinschaft Interaktionsräume schafft, in denen Menschen sich sicher, gesehen und eingebunden fühlen, wirkt das gesundheitsfördernd – auf allen Ebenen.

4. Dao – Gesundheit in Koexistenz: Gesundheit endet nicht an der eigenen Haut, sondern hängt untrennbar mit den Bedingungen unseres Planeten zusammen. Qualität von Luft, Wasser, Nahrung, Klima – all das beeinflusst unsere körperliche und psychische Verfassung. Konzepte wie One Health und Planetary Health machen deutlich, dass menschliche, tierische und ökologische Gesundheit Teil eines gemeinsamen Systems sind.[32] Klimawandel, Artensterben und Umweltgifte sind nicht nur Ausdruck ökologischer Krisen, sondern gesundheitliche. Wenn wir den Boden zerstören, auf dem wir leben, verlieren wir auch die Basis unseres gesundheitlichen Gleichgewichts. Dao bedeutet hier: im Fluss mit dem Ganzen zu leben, nicht in dauerhafter Kontrolle.

5. Energie – die verbindende Kraft: Energie ist die Dimension, die alle anderen durchdringt und verbindet. Sie zeigt sich in Vitalität, Ausstrahlung, Präsenz – und der Art, wie wir mit unserer Aufmerksamkeit umgehen. Energie ist nicht nur physikalisch messbar, sondern auch spürbar: in der Lebendigkeit eines Gesprächs, der Kraft einer Bewegung oder der Stille einer Meditation. Gesundheit auf der Ebene der Energie bedeutet, den eigenen Fluss wahrzunehmen und zu kultivieren. Atem, Rhythmus, innere Sammlung und äußere Ausrichtung sind Wege, Energie zu balancieren. Wo Energie stagniert, entstehen Blockaden, wo sie frei fließt, entsteht Resonanz. Diese Dimension macht deutlich: Gesundheit umfasst nicht nur Substanz, sondern auch Schwingung.

6. Ganzheit – Gesundheit als kollektives Gut: Holistische Gesundheit ist kein Zustand, den man verordnen kann. Sie entsteht dort, wo Menschen Verantwortung füreinander und für ihr Umfeld übernehmen. Wo Systeme beginnen, sich selbst zu regulieren – durch Achtsamkeit, Fürsorge und Resonanz. Prävention ist dabei mehr als Früherkennung. Sie ist eine Kultur der Aufmerksamkeit, die fragt: Wie schaffen wir Bedingungen, unter denen Gesundheit überhaupt entstehen kann? Nicht als Pflicht, sondern als Ausdruck von Fürsorge – für sich selbst und für andere. Gesundheit ist eine tägliche Entscheidung – für Selbstverantwortung und Mitverantwortung. Selbstverantwortung heißt: Ich erkenne meine Gestaltungskraft. Mitverantwortung heißt: Ich nutze sie im Dienst des Ganzen. Für Rituale, die Harmonie ermöglichen – gemeinsames Essen, Musik, Stille, Gebet, Atmen, Dankbarkeit. Für Strukturen, die Balance fördern. Für eine Haltung, die nicht trennt, sondern verbindet.

Wenn wir diese Prinzipien ernst nehmen, verändern sie nicht nur unser Gesundheitswesen, sondern auch unsere Art, zu führen, zu wirtschaften, zu leben. Denn Gesundheit ist nicht nur etwas Individuelles, sie ist ein kollektives Gut – und ein Ausdruck unserer Beziehung zum Leben selbst.

Im Zentrum all dessen steht der Mensch – nicht als Fallakte, sondern als ganzheitliches Wesen mit Körper, Psyche, Bewusstsein,

Geschichte und sozialen Bezügen. Genesung ist also kein mechanischer Prozess, sondern ein individueller Weg, der durch die richtigen Rahmenbedingungen unterstützt werden kann. Der menschliche Organismus ist ein hoch entwickeltes, selbstregulierendes System – mit der Fähigkeit zur Selbstheilung. Wenn wir diese Fähigkeit nicht unterdrücken, sondern fördern, entstehen neue Möglichkeiten: etwa durch angemessene Ernährung, Rhythmus, Bewegung, Achtsamkeit, emotionale Begleitung oder das Auflösen belastender Glaubensmuster. Holistische Gesundheit bedeutet, diese Potenziale zu erkennen – und Räume zu schaffen, in denen sie sich entfalten können.

Wissenschaftliche Fundierung: Warum Ganzheit wirkt

Holistische Gesundheit ist kein bloßes Ideal, sondern wissenschaftlich belegt: Forschung zeigt, dass Gesundheit dort entsteht, wo Systeme in Beziehung stehen. Verschiedene Disziplinen nähern sich diesem Kern aus unterschiedlichen Richtungen.

- *Salutogenese – die Wissenschaft des Sinns:* Aaron Antonovsky verschob den Fokus von »Was macht krank?« zu »Was hält gesund?«. Zentral ist das Kohärenzgefühl – das Leben als verstehbar, handhabbar und sinnvoll zu erleben. Sinn stärkt nachweislich die Widerstandskraft.[33]
- *Resilienzforschung – die Dynamik der Anpassung:* Resilienz ist kein starrer Schutzschild, sondern ein Lernprozess. Sie entsteht, wenn Systeme flexibel reagieren und zugleich stabil bleiben. Das gilt für Menschen ebenso wie für Organisationen.[34]
- *Psychoneuroimmunologie – Verbindung von Körper und Geist:* Diese Forschung zeigt, dass Psyche, Nervensystem und Immunsystem eng verknüpft sind. Stress schwächt, Hoff-

nung und soziale Nähe fördern Heilprozesse. Was wir fühlen, beeinflusst messbar unsere Biologie.[35]

- *Public Health und Sozialepidemiologie – Gesundheit als Strukturfrage:* Gesundheit hängt von sozialen Bedingungen ab: Einkommen, Bildung, Wohnraum, Sicherheit. Krankheit ist oft kein individuelles, sondern ein strukturelles Problem. Holistische Ansätze nehmen diese Faktoren ernst.[36]
- *Ökologische Gesundheitsforschung – das Leben als Kreislauf:* Konzepte wie One Health und Planetary Health zeigen: Menschliche, tierische und ökologische Gesundheit sind untrennbar miteinander verbunden, weil sie auf denselben Ressourcen, Kreisläufen und Lebensbedingungen beruhen und jede Störung in einem Bereich unweigerlich Auswirkungen auf die anderen hat. Klimaschutz ist damit zugleich Gesundheitsschutz – für alle Lebewesen.
- *Systemtheorie – das Denken in Wechselwirkungen:* Gesundheit entsteht nicht linear, sondern aus Netzwerken und Rückkopplungen. Sie ist ein emergentes Phänomen, das Selbstregulation braucht. Heilung ist eine Eigenschaft des Lebens selbst.[37]

Gesundheit ist mehr als ein medizinisches Thema – sie durchzieht alle Lebensbereiche und steht in Beziehung zu Politik, Wirtschaft, Bildung, Umwelt und Kultur. Holistische Gesundheit bedeutet, diese Verflechtungen zu erkennen und bewusst zu gestalten.

Gesundheit als Gemeingut – die nächste Entwicklungsstufe

Allgemeine Gesundheit ist kein individueller Besitz, sondern ein kollektives Gut. Sie gehört zu den Grundlagen einer funktionierenden Gesellschaft – so selbstverständlich wie Bildung, Sicherheit oder Umwelt. Eine gesunde Bevölkerung ist nicht nur leistungsfähiger, sondern auch friedlicher, kreativer, empathischer. Gesundheit ist damit nicht nur medizinisch, sondern auch sozial, kulturell und ökonomisch relevant – die Weltgesundheitsorganisation bezeichnet sie als Menschenrecht.

Gesundheit ist auch eine gemeinsame Verantwortung. Sie kann nicht delegiert werden – weder an Ärztinnen noch an Krankenkassen. Sie entsteht in unserem Alltag, in Schulen, Unternehmen, Städten, Familien, Netzwerken. Jede Organisation trägt zur Gesundheit bei – oder zu ihrer Erosion. Schulen, die Bewegung, Ernährung und psychische Stabilität fördern, legen das Fundament für lebenslange Balance. Unternehmen, die Achtsamkeit, Sinn und Zugehörigkeit stärken, schaffen Arbeitskulturen, die Menschen nicht ausbrennen. Städte, die Grünräume, Begegnung und Mobilität verbinden, wirken wie Präventionszentren. Holistische Gesundheit bedeutet, diese Räume bewusst zu gestalten. Nicht als Nischenprojekt, sondern als Kulturprinzip.

Eine Gesellschaft kann langfristig nur gesund sein, wenn sie ihre natürlichen Grundlagen schützt. Klimaschutz, Artenvielfalt, Ressourcenschonung – all das ist auch Gesundheitsförderung, weil es auf uns zurückfällt. Die Vision einer »Planetary Health« führt uns zurück zum Ursprung: zur Einsicht, dass Mensch und Natur nicht voneinander getrennt sind. Jede Entscheidung für Nachhaltigkeit ist eine Entscheidung für Gesundheit – jetzt und für kommende Generationen.

Ich wünsche mir deshalb eine Gesellschaft, in der Gesundheit keine Ausnahme ist, sondern Normalität. Eine Kultur, in der Genesung nicht nur im Krankenhaus stattfindet, sondern im täglichen Miteinander. Eine Welt, in der Prävention selbstverständlich und

Gesundheitsförderung alltäglich ist. Holistische Gesundheit ist dafür kein Luxuskonzept, sondern ein Zukunftsmodell. Sie verbindet individuelle Lebensführung mit institutioneller Verantwortung und ökologischer Nachhaltigkeit. Und sie erinnert uns daran, dass Glück und Gesundheit zwei Namen für dieselbe Bewegung sind: das Leben im Gleichgewicht.

Holismus bedeutet, diese Zusammenhänge wieder zu sehen. Heilung beginnt dort, wo wir Beziehung wiederherstellen – zwischen Zellen und Gedanken, zwischen Menschen und Organisationen, zwischen Menschheit und Erde. Darum geht es im Kern: um die Rückkehr zur Balance.

Das Holistic Health Institute ist für mich Ausdruck dieser Haltung – ein Enabler und Schnittstelle für Verbindungen. Es steht für die Überzeugung, dass Selbstheilung gefördert werden kann, wenn die richtigen Rahmenbedingungen gegeben sind. Dass Systeme – ob Organismen, Unternehmen oder Gesellschaften – heilen, wenn sie wieder ins Gleichgewicht kommen. Holismus ist damit nicht nur ein Prinzip der Genesung, sondern das Fundament, auf dem wahre Gesundheit entstehen kann.

11
Lebenslanges Lernen: Schule und Gemeinschaft neu gedacht

Holistische Ökosysteme sind Schlüsselmodelle für die Zukunft, weil sie die Kraft der Gemeinschaft nutzbar machen und Unterschiedlichkeiten in kollektive Intelligenz verwandeln. Sie entstehen überall dort, wo verschiedene Elemente in dynamischer Wechselwirkung stehen und gemeinsam ein größeres Ganzes hervorbringen – ob in natürlichen Kreisläufen wie Wäldern und Ozeanen oder in künstlich geschaffenen Strukturen wie digitalen Plattformenverbünden und übergreifenden Forschungsnetzwerken. Ihr besonderer Wert liegt darin, dass sie nicht nur Menschen verbinden, sondern ganze Branchen, Disziplinen und Kulturen in Resonanz bringen. Unterschiedlichkeit wird hier nicht als Trennung verstanden, sondern als Quelle von Emergenz – als Impuls für Neues.

Life Hamburg als ganzheitliches Ökosystem

In Kapitel 5 haben wir das Ökosystem definiert – als »komplexes Geflecht wechselseitig abhängiger Bereiche und Akteure, in dem durch Interaktion neue Fähigkeiten, Produkte oder Geschäftsmodelle entstehen können«. Janina und ich wollten mit der Gründung von Life Hamburg im Jahr 2019 aus der Holistic Foundation heraus selbst ein solches ganzheitliches Ökosystem schaffen. Life Hamburg wird ab Spätsommer 2026 in Hamburg-Bramfeld ein zukunftsorientierter Campus sein, der lebenslanges Lernen, generationenübergreifendes Miteinander und ganzheitliches Wohlbefinden fördert und nachhaltige Impulse für Umwelt und Gesellschaft setzt.

Das Besondere an Life Hamburg ist die ganzheitliche Integration aller verbundenen Beteiligten und Lebensbereiche wie Bildung, Gesundheit, Beruf/Berufung, Politik, Wirtschaft, Wissenschaft, Technologie, Kultur, Gesellschaft und Umwelt. Zum Beispiel werden die Architektur und Nutzung des Areals im Einklang mit Natur und Umwelt stehen, um Nachhaltigkeit zu fördern. Das Areal und das Gebäude wurden mithilfe der integrierten Projektabwicklung (IPA) beplant und entwickelt. Mit einer Fläche von rund 15 000 Quadratmetern wird der Campus ein lebendiger Ort sein, der sich kontinuierlich weiterentwickelt und die Ideen der Bürgerinnen und Bürger integriert.

Integrierte Projektabwicklung und Mehrparteienverträge[38]

Die sogenannte integrierte Projektabwicklung (IPA) für den Bau ist ein innovatives, ganzheitliches Konzept. Es setzt auf frühzeitige, gleichberechtigte Zusammenarbeit aller Beteiligten und betrachtet technische, wirtschaftliche, soziale und organisatorische Aspekte als zusammenhängendes Ganzes – nicht isoliert in Silos. Es basiert auf der Grundlage von Mehrparteienverträgen, welche die Rechte und Pflichten aller zentralen Projektbeteiligten – Auftraggeber, Planende, Ausführende, Beratende – in einem einzigen Vertragswerk zusammenführen. Das schafft eine gemeinsame Basis, klare Ziele und ein kollektives Verständnis für Chancen und Risiken.

Warum ist das zukunftsweisend? Ähnlich wie Open Source im Digitalen ermöglicht IPA im physischen Raum ein Miteinander statt ein Gegeneinander – und im besten Fall sogar kollektive Intelligenz. Wissen, Verantwortung und Erfolg werden geteilt. Und daraus erwächst ein Projektsystem, das sich als gerechter, resilienter und innovativer erweist.

Der Campus, der CO_2-neutral betrieben wird, besteht aus fünf Gebäudeteilen, in denen Kindertagesstätte, Schule, Makerspace mit Werkstatt, MINT-Hub, Kreativ-Hub, Ernährungsbildung, Campus-Café sowie Sport und Bewegungsflächen ihren Platz finden. Die Kindertagesstätte und die Schule schaffen die Grundlage für Bildung und lebenslanges Lernen, der Makerspace eröffnet Räume für handwerkliche und technologische Experimente, das Foodlab verbindet Ernährung mit Nachhaltigkeit und gemeinschaftlichem Erleben, und MINT- und Kreativ-Hub werden zur kreativen Austauschstätte – Orte für Dialog, Kultur und kollektive Intelligenz. Die Architektur folgt der Idee von Flexibilität und Offenheit: helle, wandelbare Flächen, flexible Möbel, natürliche Materialien. Begegnungsorte wie Café, Mensa oder die zentrale Agora fördern den Austausch.

Die Vision von Life Hamburg ist, Menschen in ihre Stärke zu bringen und sie zu befähigen, aktiv Zukunft zu gestalten – für eine freudvolle und resiliente Gesellschaft; ähnlich wie in einem Nomadenstamm oder einer Dorfgemeinschaft, in der jedes Mitglied seine individuellen Stärken einbringt und eine Aufgabe übernimmt, die zum Ganzen beiträgt. Das Miteinander basiert auf einem klaren Wertesystem: Respekt, Wertschätzung und Verantwortung im Umgang mit Menschen, Materialien und Umwelt. Das Ziel ist eine Gemeinschaft, in der sich jeder um jeden kümmert – und in der persönlicher Erfolg untrennbar mit dem Erfolg aller verbunden ist. Besonders wichtig dabei ist mir der Gedanke, dass Handwerk und Kreativität als Ergänzung von KI in der Zukunft nicht verloren gehen.

Lebenslanges Lernen bedeutet nicht nur die Aneignung von Wissen über die Lebensspanne hinweg, sondern die kontinuierliche Entfaltung individueller Potenziale. Life Hamburg versteht Lernen als sozialen Prozess, der in jeder Lebensphase relevant ist – ob im Kindesalter, in der beruflichen Entwicklung oder im Ruhestand. Dabei geht es weniger um ausdifferenzierte Rollen oder klassische Bildungswege, sondern darum, dass alle ihre Stärken einbringen können – sei es technisches Know-how, kreative Ausdrucksformen, soziale Fähigkeiten oder handwerkliches Geschick. Diese Haltung prägt den gesamten Campus: Lernen findet überall statt – in Begegnungen, Projekten, Werkstätten und digitalen Räumen.

Wie das Leben selbst für Veränderung steht, so soll auch der Campus täglich ein anderes Gesicht zeigen. Die Vielfalt der Menschen im Haus und die Breite der Angebote sorgen dafür, dass er sich immer wieder neu erfindet. Ein Lernraum wandelt sich nachmittags zum Rapid-Prototyping-Space, eine Workshop-Räumlichkeit am nächsten Vormittag zum Schauplatz eines Hackathons und die zentrale Agora innerhalb von Tagen von einem Veranstaltungsort zu einer Kinderstadt. So entsteht ein Gebäudeensemble, das nicht nur funktional ist, sondern als lebendiges Ökosystem wirkt: Jeder Teil trägt seine eigene Kraft bei, und erst im Zusammenspiel entfaltet sich die ganzheitliche Wirkung des Campus.

Bei Life Hamburg sind alle genannten Elemente vollkommen miteinander vernetzt und integriert, sodass durch das Einbringen aller individueller Stärken im wahrsten Sinne des Wortes eine Gemeinschaft entsteht. Dadurch entwickelt sich ein großes Ganzes, das weit über die Einzelteile seines Systems hinausreicht.

Die folgenden beispielhaften Projektideen aus unterschiedlichen Bereichen zeigen, wie vielfältig der Ansatz von Life Hamburg gedacht ist – und wie stark er sektorenübergreifend verbinden soll:

Bildung und Technologie: Ein Schulprojekt verknüpft digitale Werkzeuge mit kreativen Methoden. Schülerinnen und Schüler gestalten mithilfe von Virtual Reality eigene Lernwelten und präsentieren sie in einer Ausstellung. In Kooperation mit Hamburger Schulen entstehen digitale Plattformen, die Unterricht neu denken und weit über den Stadtteil hinaus wirken.

Kultur und Gesellschaft: Ein Theaterprojekt bringt die Erfahrungen von Geflüchteten gemeinsam mit Hamburger Schauspielerinnen und Künstlern auf die Bühne. Für viele ist es das erste Mal, ihre Geschichte in diesem Rahmen zu erzählen. Ebenso eröffnen Musikprojekte neue Chancen: Jugendliche arbeiten mit professionellen Orchestermusikerinnen und -musikern zusammen und führen eigene Stücke auf einer großen Bühne auf.

Wirtschaft und Nachhaltigkeit: Gründerinnen und Unternehmer entwickeln Konzepte für Kreislaufwirtschaft und präsentieren Prototypen für Produkte, die nicht im Müll, sondern im Kreislauf enden. Neben klassischen Gründungen entstehen soziale Start-ups, die Themen wie Integration und Klima aufgreifen – und so wirtschaftliches Handeln mit gesellschaftlicher Verantwortung verbinden.

Soziale Innovation: Ehrenamtliche Initiativen nutzen die Räumlichkeiten, um neue Formen der Nachbarschaftshilfe zu erproben – vom Reparatur-Café bis zu Mentoring-Programmen für Jugendliche. Andere Projekte organisieren Unterstützung über digitale Tools, etwa über eine App, mit der ältere Menschen unkompliziert Hilfe im Alltag anfordern können.

Dialogformate: In eigens gestalteten »Resonanzräumen« begegnen sich Unternehmensgründerinnen und Klimaaktivisten, Künstlerinnen und Politiker. Unterschiedliche Welten prallen aufeinander – und genau daraus entstehen neue Impulse. Widerspruch gilt hier nicht als Störung, sondern als Entstehungsprozess von etwas Neuem.

Integration und Kunst: Künstlerische Kooperationen bringen verschiedene Communitys zusammen – Migranteninitiativen mit etablierten Kulturinstitutionen, junge Start-ups mit erfahrenen Unternehmerinnen und Managern. Auch Sport-, Musik- und Freizeitprojekte schaffen Räume, in denen Integration praktisch und erlebbar gelingt.

So unterschiedlich diese Projekte auch sind – sie alle zeigen, dass neue Perspektiven entstehen, wenn Menschen sich aufeinander einlassen. Zugleich machen sie deutlich, wie sich ganzheitliches Denken praktisch umsetzen lässt. Um diese Vielfalt systematisch zu verstehen, zeigt die Übersicht, welche Dimensionen im Ökosystem Life Hamburg zusammenwirken und wie sie den Erfolg holistischer Bildung prägen.

Dimension	Beitrag im Ökosystem	Indikatoren für holistischen Bildungserfolg
Körperliches	Menschen, Organisationen, Campus-Infrastruktur – geben Stabilität, Sicherheit und Impulse für Erneuerung	Erleben Lernende Selbstwirksamkeit und Motivation? Wird Verantwortung für den Lernprozess übernommen? Wie ausgewogen wirken beständige, impulsgebende und kontrollierende Kräfte?
Seelisches	Kultur, Werte und Regeln – schaffen Orientierung, Geborgenheit und Offenheit für Vielfalt	Gibt es einen klaren Rhythmus, strukturgebende Richtlinien, wirksame Rituale und transparente Feedbackschleifen?
Geistiges	Räume für Begegnung und Lernen – offene, transparente, nachhaltige Lernlandschaften	Wie vielfältig und flexibel werden Lernlandschaften genutzt? Werden Innen- und Außenflächen einbezogen? Gehen Lernräume über die Grenzen des Campus hinaus?
Dao	Austausch und Vernetzung – Kooperation zwischen Campus, Partnern und Interessierten, Inspiration durch Dialog	Wie tragfähig sind die Partnerschaften (etwa Dauer gemeinsamer Projekte)? Wie intensiv ist der Austausch mit der Community?
Energie	Emergenz durch Vielfalt und gemeinsames Handeln, Erleben und Denken – mehr als die Summe der Teile	Wie intensiv greifen Handeln, Erleben und Denken ineinander? Entstehen Resonanz, kollektive Intelligenz und nachhaltige Wirkung über die Einzelbeiträge hinaus?
Großes Ganzes	Vollständige Integration aller Bestandteile (Lernende, Partnerinnen, Nachbarschaft, Bildung, Gesundheit, Beruf/Berufung, Recht, Politik, Wirtschaft, Wissenschaft, Technologie, Kultur, Gesellschaft, Spiritualität, Umwelt) zu einer Ganzheit	Wie stimmig und ausgewogen greifen die einzelnen Bereiche ineinander? Wird die Vielfalt als Ganzheit erlebt, die Sinn, Orientierung und Handlungsfähigkeit stiftet? Entsteht ein nachhaltiges Gleichgewicht zwischen individueller Entfaltung und kollektiver Verantwortung?

Schule neu gedacht: Academy of Life

Die Idee eines Zukunftsortes wie Life Hamburg, in dem Menschen aller Generationen miteinander und voneinander lernen – von Kindergartenkindern über Schülerinnen und Abiturienten bis zu digital Lernenden, Berufstätigen und Seniorinnen und Pensionären –, ist aus unserer Sicht optimal geeignet, um gemeinschaftliches, ganzheitliches und lösungsorientiertes Lernen sowie Zusammenarbeit zu ermöglichen. Und deshalb entstand auf dieser Basis die Idee einer allgemeinbildenden Schule, der Academy of Life, die ein wesentlicher Bestandteil von Life Hamburg ist.

Unser westliches Bildungssystem ist eine der größten Errungenschaften der Moderne – und zugleich ihr Spiegel. Es hat Alphabetisierung und Teilhabe ermöglicht, folgt aber bis heute einer industriellen Logik: standardisierte Abläufe, Fächertrennung, Notenorientierung – praktikabel in stabilen Zeiten, aber wenig anpassungsfähig. Denn neue Technologien und globale Krisen zeigen: Lernangebote sind oft unflexibel. Wenn Lernwege starr vorgegeben sind, fehlt Raum für Selbststeuerung. Wenn Unterrichtspläne auf Vollständigkeit drängen, wird die Fähigkeit zur Auswahl oft eingeschränkt. Und wenn Prüfungen den Blick auf Fehler fokussieren, schwindet die Neugier, aus der Innovation entsteht.

Es wird viel gelehrt, aber zu wenig gelernt, wie man lernt – Fragen stellen, Ungewissheit aushalten, kooperieren. Das Ergebnis: Stärke im Reproduzieren, Schwäche im Gestalten. Gleichzeitig wissen wir: Junge Menschen sind enorm lernfähig, wenn sie Sinn erleben, Verantwortung tragen dürfen und die Welt als Resonanzraum erfahren. Ebenso entscheidend ist, dass Kinder ihre Selbstwirksamkeit erfahren – also spüren, dass ihr Handeln Wirkung hat und sie aktiv Gestalter ihrer Lernwelt sind. Bildungseinrichtungen, die Projekte, interdisziplinäre Arbeit und echte Begegnungen fördern, werden zu Motoren für zukunftsfähiges Lernen.

Noch sind sie Ausnahmen, Leuchttürme in einem Meer aus Verwaltungslogik. Holismus fordert einen Perspektivwechsel: weg vom reinen Stoffdurchlauf, hin zum Zusammenspiel von Wissen,

Haltung und Handlung. Genau darin liegt seine Kraft: Lernen wieder lebendig zu machen – angepasst an Lernende und nicht umgekehrt.

Lernen noch einmal neu denken

Seit Jahrzehnten fehlen grundlegende Reformen. Viele Lehrpläne orientieren sich noch an der Industriegesellschaft des 20. Jahrhunderts – nicht an den vernetzten, technologiegetriebenen Realitäten von heute. Während sich die Welt rasant verändert, verharren viele Schulen in Strukturen, die Kreativität und kritisches Denken nur am Rande fördern.

Die Kluft wächst. Gefragt sind digitale Kompetenzen, unternehmerisches Denken, handwerkliches Talent, Kreativität und emotionale Intelligenz – doch einige Curricula vermitteln sie kaum. Prüfungen belohnen Auswendiglernen statt Anwendung. Die Folge: Jugendliche fühlen sich kreativ nicht gefördert, Lehrkräfte erleben wenig Innovationsfreiheit. Ohne Reformen verfehlt das System seine zentrale Aufgabe: Vorbereitung auf eine ungewisse Zukunft.

Ich wuchs in einem System auf, das funktionierte – aber uniform war. Es ließ wenig Raum für Individualität und berücksichtigte meine Stärken kaum. Wirklich lebendig wurde Lernen für mich erst, als Theorie und Praxis sich verbanden und ich selbst über Fach, Tiefe und Tempo entscheiden durfte. Am meisten lernte ich in Projekten mit echtem Anliegen, klarem Rahmen und der Freiheit, den Weg zu wählen. Heute weiß ich: Wachstum entsteht nicht durch Stoffmenge, sondern durch Beziehungen, Dialog, Vertrauen und Aufgaben, die zu jedem Einzelnen passen. Genau dafür wollen wir mit unseren Projekten Räume schaffen – für Selbstbestimmung, Eigenverantwortung und Freude am Entdecken.

Janina und ich wollten verstehen, wie Lernen optimal funktionieren kann. Gleichzeitig interessierte uns die praktische Umsetzung: Wie ist das globale Bildungssystem strukturiert, und welche Bildungsinstitutionen erzielen die besten Lernergebnisse? Unsere Recherche zeigte, dass viele der erfolgreichsten Institutionen großen Wert darauf legen, dass Lernen Freude bereitet und Architektur und Pädagogik Teil der Konzepte sind. Besonders entscheidend war die Schulkultur: Welche Werte prägen den Alltag? Fördert die Schule Kooperation, intrinsische Motivation und respektvollen Umgang – oder Einzelkämpfertum und Frontalunterricht?

Wir analysierten inspirierende Schulen wie die Green School in Bali, die Alemannenschule in Wutöschingen und die Khan Lab School in den USA und wir sprachen mit Fachleuten weltweit. Dabei wurde klar: Lernen ist mehr als das Durchlaufen von Bildungsstationen – es ist eine Lebenspraxis, Stichwort: lebenslanges Lernen.

Weil wir kein Schulkonzept fanden, das zu unserem Verständnis von Lernen passte, entschieden wir uns Anfang 2024, selbst eine Schule zu gründen. In enger Abstimmung mit der Behörde für Schule, Familie und Berufsbildung (BSFB) in Hamburg entstand daraus die Academy of Life, die im Schuljahr 2026/27 eröffnen soll. Sie ist eine freie Grund- und Stadtteilschule, die als drittes Leuchtturmprojekt aus unserer Holistic Foundation initiiert wurde. Sie umfasst die Jahrgänge 1 bis 10 und wird auf dem Campus von Life Hamburg beheimatet sein.

Konzept und Auswahlkriterien

2025 begann der Einstellungsprozess für die Lehrkräfte der Academy of Life. Wir achteten dabei auf Haltung und Vielfalt und suchten nach Pädagoginnen und Pädagogen, die Lernen als Prozess auf Augenhöhe verstehen, flexibel agieren und die Werte der Schule authentisch leben. Das Kollegium wird multiprofessionell und heterogen sein. Aktuell haben wir 75 Prozent Lehrkräfte mit zweitem Staatsexamen und 25 Prozent Quereinsteigerinnen. Zum Start sind zehn Lehrkräfte und sechs Erzieherinnen für circa 80 Schüler vorgesehen, später bis zu 40 Lehrkräfte und 20 Pädagogen für 430 Schülerinnen, situativ ergänzt durch weitere Sozial- und Sonderpädagoginnen.

Parallel durchliefen bis Anfang 2026 die künftigen Schülerinnen und Schüler in Hospitationstagen und Elterngesprächen einen ambitionierten Auswahlprozess. Für die Academy of Life wünschen wir uns eine diverse Schulgemeinschaft, die gesellschaftliche Vielfalt abbildet. Die Nachfrage ist groß, bereits vor der Eröffnung gibt es deutlich mehr Bewerbungen als Plätze. Die Interessensbekundungen kommen aus ganz Hamburg und teils aus Schleswig-Holstein. Als Schule in freier Trägerschaft erhebt die Academy of Life Schulgeld, um sich zu finanzieren, und bietet Voll- und Teilstipendien sowie Geschwisterrabatte an, um Bildungsgerechtigkeit sicherzustellen.

Der Lehrplan orientiert sich am Hamburger Bildungsplan, wird aber flexibel umgesetzt: Jahrgangsübergreifendes Lernen, individuelle Coaching-Sessions und die Möglichkeit, Inhalte nach Bedarf zu verschieben, unterscheiden die Academy of Life unter anderem von klassischen Schulen. Denn damit junge Menschen in einer komplexen Welt bestehen können, reicht es nicht, ausschließlich fachliche Fähigkeiten zu erwerben. Lernen sollte ganzheitlich sein und Kopf, Herz und Hand einbeziehen. Ebenso entscheidend sind soziale und personale Kompetenzen, die Orientierung, Wertebewusstsein und Handlungsfähigkeit in unklaren Situationen ermöglichen. Dazu gehören Selbstkenntnis, die Fähigkeit, transparent und verantwortungsvoll zu handeln, die Offenheit, Neues zu erproben sowie aus Fehlern zu lernen, und ein respektvoller, empathischer Umgang miteinander und mit der Natur.

Auch Arbeitsweisen verändern sich: Agilität, Kooperation und die Bereitschaft, Rollen flexibel einzunehmen, werden zu Schlüsselqualifikationen. In einer Zeit, in der Wissen jederzeit verfügbar ist, gewinnt zudem eine oft unterschätzte Ressource an Bedeutung: die Intuition. Sie hilft, in komplexen Entscheidungssituationen abzuwägen, Zusammenhänge jenseits des Offensichtlichen zu erfassen und mutige Schritte zu gehen. Darin liegt die Grundlage für lebenslanges Lernen, das nicht nur auf die Zukunft vorbereitet, sondern sie aktiv mitgestaltet. Ein zentraler Bestandteil des holistischen Ansatzes bei der Academy of Life ist die individuelle Stärkung der Lernenden. Pädagoginnen und Lehrer begleiten sie mit Coaching-Methoden dabei, ihre Stärken frühzeitig zu erkennen, gezielt zu entfalten und ihre Herausforderungen zu Stärken zu machen. So gelangen sie schnell in die Selbstwirksamkeit und finden heraus, welche Lernwege und Methoden für sie am besten funktionieren.

Die Lernenden unterstützen sich aktiv. In interaktiven Formaten finden sich Gleichgesinnte und unterschiedlich starke Persönlichkeiten zu Lerngemeinschaften zusammen, in denen sich Fähigkeiten ergänzen, Perspektiven erweitern und Lösungen entstehen. So entwickelt sich ein Miteinander, das externe Hilfe zunehmend überflüssig macht – geprägt von Vertrauen, Eigeninitiative und kollektiver Intelligenz, wie sie holistische Lernmodelle fördern.

Im Fokus steht außerdem der altersübergreifende Austausch, sodass nicht nur klassenstufenübergreifend mit anderen Schülerinnen und Schülern, sondern sogar mit Berufstätigen oder Fachleuten zusammengearbeitet werden kann. Ein Beispiel hierfür wäre eine Multimedia-Arbeitsgruppe zum Erlernen von AI-unterstütztem Video-Editing, bei der sich die Lernenden selbst organisieren und einen beruflich aktiven KI-Videoeditor nach Tipps und Tricks fragen können.

Die Lernumgebung bietet außerdem vielfältige Orte, die sich flexibel an unterschiedliche Bedürfnisse anpassen. Für konzentriertes Arbeiten stehen ruhige Einzelarbeitsplätze zur Verfügung, während kleine und große Gruppenräume vorhanden sind, die den Austausch und die Zusammenarbeit fördern. Kleine Nischen gewähren Raum für ruhigen Einzelaustausch, und informelle Treffpunkte ermöglichen spontane Diskussionen. Des Weiteren können Lernende in der sogenannten Campfire-Anordnung Lernen als Gemeinschaftserfahrung erleben – ein Ausdruck des holistischen Prinzips.

Den klassischen, statischen Unterrichtsraum, der ausschließlich für Frontalunterricht genutzt wird, wird es bei der Academy of Life nicht geben. Stattdessen erhalten die Schülerinnen und Schüler frühzeitig eigene Schreibtische für individuelle Arbeit und können je nach Bedarf zwischen verschiedenen Lernformaten wechseln.

Didaktische Zukunftsprinzipien

Die folgenden Prinzipien sind das Arbeitsgerüst der Academy of Life. Sie übersetzen unseren holistischen Anspruch in den Lernalltag: klare Leitplanken, viel Spielraum. So entsteht Orientierung ohne Engführung – vom ersten Impuls über die Projektarbeit bis zur Präsentation. Für Lernende heißt das Verantwortung und Wahlfreiheit, für Lernbegleiter einen gemeinsamen Rahmen, der Qualität sichtbar macht.

Projektorientierung und Realweltbezug: Lernen entfaltet seine Kraft, wenn es mit der Realität in Berührung kommt. In der Academy arbeiten Lernende an Projekten, die echten Bedarf adressieren – vom Bau eines Prototyps im Makerspace bis zur Entwicklung einer App für einen lokalen Verein. Theorie verankert sich in der Praxis. Das Ergebnis: Problemlösungskompetenz, Teamarbeit, Verantwortung. Dabei entstehen nicht nur Produkte, sondern auch Prozesse, die reflektiert, dokumentiert und präsentiert werden – als sichtbare Spuren eines aktiven Lernwegs.

Selbststeuerung und Wahlfreiheit: Wer Verantwortung übernehmen soll, muss Entscheidungen treffen dürfen. Lernende wählen Themen, Formate und Tiefe ihrer Auseinandersetzung – begleitet von Mentoren, die Orientierung geben, ohne den Weg vorzugeben. Diese Freiheit ist Voraussetzung für intrinsische Motivation. Selbststeuerung heißt auch, Grenzen zu erkennen: Zeit planen, Prioritäten setzen, Zwischenergebnisse reflektieren. So wird Lernen zur Selbstführung – mit wachsender Klarheit über eigene Interessen, Fähigkeiten und Entwicklungsziele.

Interdisziplinarität: Die großen Fragen unserer Zeit lassen sich kaum mehr in Silos beantworten, sondern meist nur noch ganzheitlich. Fächer sind Brücken, keine Mauern.

Naturwissenschaften treffen auf Kunst, Ökonomie auf Ethik, Technologie auf Nachhaltigkeit. Themenbasierte Formate fördern den Perspektivwechsel, um Zusammenhänge sichtbar zu machen. Diese Verknüpfung schafft neue Denkräume, in denen alle lernen, Widersprüche auszuhalten, Verbindungen zu erkennen und kreative Lösungen zu entwickeln.

Resonanzräume statt Frontalunterricht: Wissen entsteht im Dialog. Resonanzräume sind Settings, in denen Austausch, Feedback und Co-Kreation strukturiert stattfinden: Impulsrunden, Lernzirkel, Peer-Reviews. Lernbegleiter werden zu Gastgebern, die Rahmen und Rituale schaffen, damit Stimmen gehört werden, Konflikte bearbeitet und Ideen reifen können. In solchen Räumen entsteht Vertrauen – und die Erfahrung, dass Lernen ein sozialer, lebendiger Prozess ist, der alle Beteiligten stärkt.

Lernen in Generationenverbünden: Kompetenz hat viele Gesichter. In der Academy of Life lernen Jugendliche mit Senioren, Kinder mit Handwerkern. Die Generationen tauschen Fähigkeiten und Erfahrungen: Digitales Know-how trifft auf Lebenswissen. So entstehen neue Beziehungen und Rollenbilder, die Lernen sozial verankern. Diese Vielfalt fördert nicht nur gegenseitige Wertschätzung, sondern auch ein tiefes Verständnis für unterschiedliche Lebensrealitäten und Perspektiven.

KI-gestütztes Lernen: Digitale Werkzeuge unterstützen individuelle Lernpfade – von adaptiven Aufgaben über unterstützendes Feedback bis zur Projektdokumentation. KI ersetzt keine Beziehung, sondern schafft Zeit für das Wesentliche: Begleitung, Reflexion, Kreativität. Transparenz, Mündigkeit und Datenschutz sowie ethische Werte und Regeln sind Leitplanken der Nutzung. Lernende werden befähigt, digitale Tools kritisch zu nutzen, ihre Daten zu verstehen und Technologie als Ressource für selbstbestimmtes Lernen zu begreifen.

Coaching statt Prüfungen: Ob Lernen gelingt, entscheidet sich auch an der Haltung der Erwachsenen. Lernbegleiter eröffnen Wege, statt Vorgaben zu diktieren: Sie schaffen verlässliche Strukturen, vernetzen Menschen und Ressourcen, stellen Fragen, geben präzises Feedback und halten Prozesse. So entsteht ein Klima, in dem Teams mutig ausprobieren, an echten Aufgaben wachsen und Qualität Schritt für Schritt entwickeln. Dabei sind sie nicht nur Fachleute, sondern Beziehungsgestalter, die Lernprozesse mit Empathie, Klarheit und methodischer Vielfalt begleiten. Und statt nur festzustellen, was fehlt, wird sichtbar gemacht, was wächst.

Feedback wird zum Lernimpuls – individuell, dialogisch und entwicklungsorientiert. So entsteht ein Raum, in dem Leistung, Individualität und Wissen nicht kontrolliert, sondern entfaltet werden.

Navigation im Ökosystem: Die Academy ist mit Partnern, Projekten und Hubs vernetzt. Lernbegleiter helfen, diese Landschaft zu erschließen: Kontakte knüpfen, Kooperationen anbahnen, Lernpfade mit externen Ressourcen anreichern – von der lokalen Initiative bis zum internationalen Netzwerk. Sie machen das Umfeld sichtbar, öffnen Türen und begleiten Lernende dabei, ihre Ideen in reale Kontexte zu bringen – als Teil eines größeren Ganzen.

Reflexionsmethoden: Lernen braucht Verinnerlichung. In Lernjournalen, Retros und Resonanzgesprächen machen Lernende ihre Entwicklung sichtbar. Mentoren geben Feedback, das stärkt und klärt, anstatt zu belehren. Reflexion wird dabei nicht als Zusatz verstanden, sondern als integraler Bestandteil des Lernprozesses: ein Moment der Selbstvergewisserung, des Innehaltens und der Neuausrichtung. Lernende lernen, sich selbst zu beobachten, Muster zu erkennen und eigene Fortschritte bewusst zu gestalten. So entsteht Raum für inneres Wachstum – begleitet, aber nicht zu stark gelenkt.

Wirkungsorientierung: Leistung heißt hier vor allem Wirkung. Was hat sich durch das Projekt verändert – bei jedem Einzelnen und in der gesamten Lerngruppe? Lernbegleiter helfen, die Ergebnisse zu dokumentieren und Kompetenzen sichtbar zu machen, etwa in Portfolios, Projektberichten und in öffentlichen Präsentationen. Dabei geht es nicht nur um Resultate, sondern um Resonanz: Was bleibt, was wirkt weiter, was inspiriert andere? Wirkung wird so zum Maßstab für Relevanz – und zum Ausgangspunkt für neues Lernen.

Räume und Tagesrhythmus: Die Academy of Life nutzt modulare Flächen, mobile Ausstattung und unterschiedliche Zonen für Fokus, Teamarbeit und Prototyping. Ein typischer Tag folgt keinem starren Rhythmus, sondern einem flexiblen Ablauf, der individuelle Lernprozesse unterstützt: individuelles Ankommen, Gemeinschaftsphase, Impuls, Arbeitsphase, Feedback, Dokumentation –

ergänzt durch kreative Pausen, die den Prozess fördern. Kinder arbeiten sehr individuell und finden oft ohne äußeren Impuls in ihre Themen. Der Tagesverlauf bietet Orientierung, ohne eine einheitliche Taktung zu erzwingen. Am späten Nachmittag öffnen sich die Räume für Community-Formate – von offenen Labs bis zu Vortragsabenden. So wird die Schule zum Begegnungsort über den Unterricht hinaus: Kinder, Familien und Nachbarschaft kommen zusammen, Projekte werden sichtbar, Erfahrungen geteilt. Die räumliche Gestaltung folgt dabei keinem Zufall, sondern einem pädagogischen Konzept: Offenheit, Struktur und Begegnung bilden die Architektur des Lernens.

Feedback und Evaluation: Statt eines Primats der Noten setzt die Academy auf mehrdimensionale Evaluation – Kompetenzraster, Peer-Feedback und öffentliche Showcases, die Entwicklungen sichtbar machen. Entscheidend ist, dass Lernende ihr Arbeiten reflektieren, Qualität entwickeln und Verantwortung für Ergebnisse übernehmen. Ein Beispiel: Der Jahrgang 8 dokumentiert das Projekt Stadtgarten, erhält Peer-Feedback und präsentiert die Ergebnisse im öffentlichen Showcase. Bewertung wird damit zu einem Prozess der Rückmeldung – konstruktiv, differenziert, wachstumsorientiert. Nicht der Vergleich mit anderen steht im Mittelpunkt, sondern die individuelle Entwicklung. Lernende erfahren, wo sie stehen, was sie bereits erreicht haben – und welche nächsten Schritte möglich sind. So entsteht eine Evaluationskultur, die nicht kontrolliert, sondern begleitet – und die Entwicklung als offenen Prozess versteht.

Messbarkeit und Indikatoren: Holismus ist anspruchsvoll – und doch braucht auch er Werkzeuge, um die Wirkung sichtbar zu machen und nicht im Ungefähren zu bleiben, sondern Fortschritt nachvollziehbar zu dokumentieren. Dafür gibt es Indikatoren, die sich an den fünf Elementen des holodynamischen Konzepts orientieren: Sind die Kräfte der Schule ausgeglichen? Stimmen die Rahmenbedingungen, damit sich alle Beteiligten individuell entfalten können? Besteht genügend Raum zur Weiterentwicklung? Sind alle Elemente des Lernökosystems vollständig vernetzt? Und entsteht kollektive Intelligenz? Diese Leitgrößen sind kein starres Controlling, sondern dienen als Reflexionsinstrument. Sie zeigen, wo Balance gelingt und wo nachgesteuert werden sollte. So bleibt Holismus nicht nur Haltung, sondern wird überprüfbare Praxis. Messbarkeit wird hier als Möglichkeit verstanden, Tiefe sichtbar zu machen – und Entwicklung bewusst zu gestalten.

Aspekt	Traditionelle Schule	Holistische Schule
Fokus	Wissen, Noten	Ganzheitliche Entwicklung (nachhaltige Lernerfahrung und Wissenserwerb)
Didaktik	Meist Frontalunterricht	Projekt- und Erfahrungslernen
Rolle der Lehrkraft	Wissensautorität	Mentor, Begleiter
Schülerperspektive	Empfänger	Aktive Gestalter
Werte	Leistung, Disziplin	Sinn, Freude, Verantwortung, Balance, Selbstwirksamkeit

Die Academy of Life zeigt, warum Lernen neu gedacht werden sollte – nicht als Reaktion auf Defizite, sondern als Einladung zur Gestaltung. Sie steht für einen Paradigmenwechsel: weg vom Frontalunterricht, hin zur Lernfreiheit, weg von starren Strukturen, hin zu lebendigen Lernlandschaften, die Selbststeuerung, Resonanz und kollektive Intelligenz ermöglichen. Holismus wird hier nicht behauptet, sondern konkret umgesetzt – in Räumen, Rhythmen, Beziehungen und Prinzipien, die Lernen als sozialen, sinnhaften und wirksamen Prozess begreifen.

12
Technologie mit Herz und Verstand: Wenn Mensch und Maschine Hand in Hand gehen

Seit Beginn des Computerzeitalters in der zweiten Hälfte des 20. Jahrhunderts ist die Rechenleistung der Geräte – und damit die Datenverarbeitung – explosionsartig gestiegen. Mein erster PC, der Commodore 128D, verfügte über etwa ein Mikroflop Rechenleistung und 128 Kilobyte Arbeitsspeicher. Heute erreicht ein Smartphone rund 2,5 Teraflops und 12 Gigabyte – eine milliardenfache Leistungssteigerung und eine hunderttausendfache Speichervergrößerung bei deutlich kleinerem Gerät.

Diese Entwicklung hat unseren Alltag radikal verändert. Was einst viele Geräte und Funktionen erforderte, vereint heute ein einziges Objekt in der Handfläche: Telefon, Kamera, Diktiergerät, Fernsehgerät, Radio, Uhr, Wecker, Taschenrechner, Kompass, Übersetzer, Kommunikationstool, interaktive Karte mit Navigator, Taschenlampe und vieles mehr. Smarte Devices sind längst zu einem integralen Bestandteil unseres Lebens geworden. Sie prägen nicht nur unsere täglichen Routinen, sondern auch unsere Wahrnehmung, unsere Beziehungen und die Art, wie wir mit der Welt interagieren – als ständige Begleiter, die unser Denken und Handeln mitgestalten.

Die Geschwindigkeit des Wandels zeigt sich besonders in der Kommunikation. Von der Briefpost in den frühen Jahrzehnten des 20. Jahrhunderts über Faxgeräte in den 1980er-Jahren und E-Mails in den 1990er-Jahren bis zu Echtzeit-Chats heute: Was früher Tage dauerte, erledigen wir heute in Minuten. Das steigert die Effizienz – aber auch den Druck, ständig erreichbar und reaktionsbereit zu sein. Dieses Tempo prägt nicht nur die Kommunikation, sondern auch Produktion, Handel, Industrie und viele andere Bereiche.

Dabei werden die Entwicklungszyklen intelligenter Systeme immer kürzer. Was die Evolution in Millionen Jahren schuf, entsteht heute in Jahrzehnten. Künftige holistische Systeme wie die künstliche allgemeine Intelligenz (AGI) könnten diesen Fortschritt weiter beschleunigen – und damit unsere Verantwortung, klare Regeln und ethische Leitplanken zu schaffen. Schon seit den 1940er-Jahren begleitet uns die Idee, Maschinen zu schaffen, die intelligent handeln. Vom Turing-Test (1950) über die Dartmouth-Konferenz (1956) bis zu den ersten Chatbots wie Eliza (1966) war KI lange ein theoretisches Konzept. Mit Deep Blue (1997) und AlphaGo (2016) begann eine neue Ära: Maschinen übertrafen Menschen in komplexen Spielen – ein Symbol für die wachsende kognitive Leistungsfähigkeit. Entscheidend ist aber nicht, wie klug Maschinen werden, sondern wie sie mit uns zusammenwirken – ob sie unsere Intuition stärken oder schwächen, ob sie uns als Partner begleiten oder uns ersetzen.

Heute erleben wir den Übergang zu multimodalen Systemen, die Sprache, Bild und Daten in einem Zug erfassen – so wie das Gehirn eines Menschen Eindrücke zu einem Ganzen verbindet. Diese Entwicklung ist mehr als ein technischer Fortschritt: Sie verändert unter anderem Wirtschaft, Bildung, Medizin, Kommunikation – und damit das Selbstverständnis unserer Gesellschaft insgesamt. Holistisch betrachtet, bedeutet das: Wir sollten ihre Leistungsfähigkeit nicht losgelöst loben, sondern in den größeren Kontext ihrer gesellschaftlichen Wirkungen einordnen.

KI als Chance und Herausforderung

AGI ist aus holistischer Sicht mehr als eine technologische Errungenschaft: Sie markiert einen potenziellen Wendepunkt für die Menschheit. Sie wird Systeme vernetzen, Wissen aus unterschiedlichen Bereichen integrieren und komplexe Probleme lösen – von Medizin über Klimaschutz bis zu globaler Governance. Damit wird AGI zu einem Schlüssel für die nächste Evolutionsstufe unserer Gesellschaft: Sie könnte helfen, ökologische, soziale und wirtschaftliche Herausforderungen zu bewältigen, die bisher unlösbar schienen – vorausgesetzt, wir gestalten sie bewusst und werteorientiert.

AGI umfasst nicht nur technische Fähigkeiten, sondern auch grundlegende strukturelle Elemente: Lernalgorithmen und kognitive Dynamiken als Kräfte, die Wissen verarbeiten und Entscheidungen ermöglichen; Rahmenbedingungen wie ethische Leitplanken und Zielsysteme, die ihre Entwicklung steuern; ein virtueller Raum, in dem Daten, Modelle und Erfahrungen zu einem mentalen Ökosystem verschmelzen; Vernetzung durch interdisziplinäre Wissensverknüpfung und Schnittstellen zu Menschen und Maschinen; sowie kollektive Intelligenz, die durch Kooperation mit menschlicher Intelligenz und anderen KI-Systemen entsteht und verstärkt wird.

Erste Forschungsprojekte weisen den Weg: DeepMind's AlphaFold kann die 3-D-Struktur von Proteinen vorhersagen – eine Aufgabe, die zuvor jahrzehntelange Forschung erforderte. Auch GPT-Modelle von OpenAI zeigen Fortschritte: Sie sind noch »schwache KI«, entwickeln sich aber weiter. Trotz beeindruckender multimodaler Fähigkeiten – Echtzeitverarbeitung von Sprache, Text und Bildern – erfüllen sie die Anforderungen einer AGI noch nicht, nähern sich ihr jedoch zunehmend an. Ein weiteres Beispiel für mögliche AGI-Ansätze sind autonome Roboter. In verschiedenen Forschungsprojekten wird an Maschinen gearbeitet, die sich eigenständig an neue Umgebungen anpassen und lernen können – ohne dass für jede einzelne Situation eine spezifische Programmierung erforderlich ist.

Dennoch gilt: Heutige KI-Systeme sind überwiegend schwache KI. Sie können zwar Muster erkennen und komplexe Aufgaben lösen, sind aber stark darauf beschränkt, Wissen aus ihrem Training abzurufen und zu kombinieren. Eine echte AGI müsste in der Lage sein, neue Fähigkeiten in Echtzeit zu erlernen, eigenständig logische Schlussfolgerungen zu ziehen und ihre eigenen Problemlösungsstrategien dynamisch anzupassen – das ist bisher nicht realisierbar.

Auch wenn sich die Entwicklung von AGI noch in einem frühen Stadium befindet, zeigen diese Beispiele, dass wir uns allmählich in Richtung menschenzentrierter Technologien bewegen. Diese werden die Welt noch tiefgreifender verändern als das Internet. Mit einem holistischen Ansatz könnte AGI eine zentrale Rolle in der kommenden Ära der Industrie 5.0 spielen – als Technologie, die nicht nur effizient, sondern auch verantwortungsvoll, menschenorientiert und systemübergreifend wirkt.

Mit Blick auf die darauffolgende Entwicklungsstufe, die sogenannte künstliche Superintelligenz, wird unsere Verantwortung noch größer. Denn diese würde die menschliche Intelligenz in nahezu allen kognitiven Bereichen weit übertreffen – von juristischen Analysen über Softwareentwicklung bis hin zur Produktion kreativer Inhalte –, und das schneller, präziser und kostengünstiger als jeder Mensch. Prognosen gehen davon aus, dass diese Systeme, die flexibel lernen, abstrakt denken und sich ohne spezielles Training an neue Situationen anpassen – zwischen 2030 und 2040 Realität werden könnten. OpenAI-Mitgründer Sam Altman spricht sogar von »ein paar tausend Tagen«, also möglicherweise schon in den frühen 2030er-Jahren.[39] Damit entsteht eine Machtfrage von globaler Tragweite: Wer kontrolliert diese Technologie? Ohne einen klaren ethischen und regulatorischen Rahmen könnte eine solche Superintelligenz nicht nur wirtschaftliche Macht konzentrieren, sondern auch politische und gesellschaftliche Strukturen destabilisieren.

Einige Wissenschaftler halten es für möglich, dass eine künstliche Superintelligenz künftig auch emotionale Intelligenz entwickeln könnte. Obwohl emotionale Intelligenz bislang als zutiefst menschliche Fähigkeit gilt, zeigen erste Ansätze, dass KI emotionale Muster erkennen, interpretieren und darauf reagieren kann. Das legt nahe, dass auch eine künstliche Superintelligenz eines Tages intuitive Eigenschaften simulieren könnte, indem sie Muster in gewaltigen Datenmengen erkennt. Tatsächlich ähnelt menschliche Intuition in ihrer Funktionsweise oft der Mustererkennung, da sie auf unbewussten Erfahrungswerten und schnellen, automatischen

Schlussfolgerungen beruht. Dennoch bestehen wesentliche Unterschiede: Menschliche Intuition ist mehr als bloße Mustererkennung, sie ist mit Emotionen, Erfahrungen und einem tiefen Verständnis für komplexe Zusammenhänge verknüpft. Sie lebt aus der Resonanz zwischen Körper, Seele, Geist und Umwelt.

Auch wenn eine künstliche Superintelligenz möglicherweise hoch entwickelte Vorhersagemodelle hervorbringen kann, bleibt ihr die »gefühlte« Intuition eines Menschen womöglich verschlossen. Selbst wenn sie Muster erkennt und Entscheidungen simuliert, fehlt ihr die emotionale und soziale Einbettung, die für ganzheitliche Lösungen entscheidend ist. Holismus erinnert uns daran: Technologische Intelligenz ohne Werte und Kontext ist nicht automatisch ein Fortschritt.

Das bedeutet nichts weniger als die Gestaltung klarer Gesetze, verbindlicher Regeln sowie tragfähiger moralischer und ethischer Grundwerte. Der Holismus wird dabei eine zentrale Rolle spielen, weil nichtholistische Modelle kaum in der Lage sind, die Komplexität und Wechselwirkungen einer Superintelligenz zu erfassen – geschweige denn, daraus sinnvolle Lösungsansätze abzuleiten. Zusätzlich braucht es die Einbettung in internationale Kooperation, transparente Kontrollmechanismen und eine klare Ausrichtung auf Werte wie Resilienz, Gerechtigkeit und Nachhaltigkeit.

Doch Hand aufs Herz: Sind wir wirklich bereit für diesen tiefgreifenden Wandel? Gibt es bereits klare Rahmenbedingungen für AGIs und künstliche Superintelligenzen – und könnten sie im Ernstfall überhaupt greifen? Die Realität zeigt: Wir sind weder gesellschaftlich noch wirtschaftlich noch regulatorisch auf diese neue Welt vorbereitet. Deshalb ist jetzt der Moment, zu handeln – bevor uns die Technologie überholt.

Künstliche allgemeine Intelligenz umfasst nicht nur technische Fähigkeiten, sondern auch grundlegende strukturelle Elemente:

- *Baustein 1:* Systemische Wirkfaktoren wie kognitive, generative und integrative Dynamiken als Kräfte, die Wissen verarbeiten und Entscheidungen ermöglichen.

- *Baustein 2:* Rahmenbedingungen wie ethische Leitplanken und Zielsysteme, die ihre Entwicklung steuern.
- *Baustein 3:* Virtueller Raum, in dem Daten, Modelle und Erfahrungen zu einem mentalen Ökosystem verschmelzen.
- *Baustein 4:* Vernetzung durch interdisziplinäre Wissensverknüpfung und Schnittstellen zu Menschen und Maschinen.
- *Baustein 5:* Kollektive Intelligenz, die durch Kooperation zwischen menschlicher Intelligenz und anderen KI-Systemen entsteht und verstärkt wird.

Wenn wir einen Schritt weiterdenken, eröffnet sich eine faszinierende Zukunft: Künstlich entwickelte holistische Systeme – allen voran die künstliche allgemeine Intelligenz (AGI) – werden eine Form von Intelligenz erreichen, die wir uns heute kaum vorstellen können. Sie wird nicht nur lernen, sondern selbst hochkomplexe Systeme verstehen und erschaffen.

Man stelle sich vor, alle großen Denkerinnen und Forscher der Menschheitsgeschichte – von Newton über Marie Curie bis Einstein – würden gemeinsam an einer Aufgabe arbeiten. Genau das wird AGI möglich machen. Sie wird auf das gesamte digital verfügbare und vernetzte Wissen der Menschheit zugreifen können und die analytische Schärfe Newtons, die Disziplin Curies, die Beobachtungsgabe Darwins und die Vorstellungskraft Einsteins in sich vereinen – ergänzt um unzählige weitere Fähigkeiten.

Und sie wird dies nicht in Jahrzehnten, sondern in Stunden leisten. Denn sie kann sich vervielfältigen, auf Tausenden Rechnern gleichzeitig agieren und ununterbrochen lernen. Sie wird mit einer Geschwindigkeit und Präzision arbeiten, die alles Bisherige übertrifft. Als Unternehmer fasziniert mich die Vorstellung, dass Technologie kein Selbstzweck ist, sondern Werkzeug für das große Ganze. Holistische Systeme – insbesondere künstliche allgemeine Intelligenz – werden uns helfen, die scheinbar unlösbaren Herausforderungen unserer Zeit zu bewältigen.

Holistische Revolution in Transport und Logistik

Algorithmen entscheiden, was wir im Internet sehen, Roboter verteilen Ware eigenständig in Lagern, und künstliche Intelligenz hält immer mehr Einzug in wesentliche Lebensbereiche. Das holistische Transport- und Logistiksystem verbindet beispielsweise zentrale Steuerung mit dezentraler Flexibilität. Die folgenden Punkte zeigen, wie Integration, Nachhaltigkeit und Effizienz in einem hybriden Modell zusammenwirken.

- *Integration statt Silos:* Alle Systeme – von Routenplanung über Flottenmanagement bis Lagersteuerung – sind vernetzt und arbeiten sowohl zentral als auch dezentral. Dies ermöglicht einen nahtlosen Datenaustausch und die gemeinsame Nutzung von Echtzeitinformationen, wodurch Staus, Verspätungen oder Ausfälle schneller erkannt und behoben werden können.
- *Zentrale Koordination:* Eine übergeordnete Plattform bündelt Datenströme, schafft Transparenz und ermöglicht strategische Steuerung. Die Plattform integriert IoT-, KI- und Machine-Learning-Technologien, um Prognosemodelle zu erstellen und zukünftige Herausforderungen wie globale Krisen oder Umstellungen auf klimafreundliche Technologien frühzeitig zu antizipieren.
- *Dezentrale Resilienz:* Lokale Knoten (zum Beispiel Fahrzeuge, regionale Hubs) reagieren eigenständig und flexibel auf Störungen. Diese Flexibilität erhöht die Widerstandsfähigkeit gegenüber Marktveränderungen und globalen Krisen, da lokale Einheiten autonom Entscheidungen treffen können. Ergänzt durch intelligente Verkehrsleitsysteme, die Verkehrsdaten in Echtzeit verarbeiten und Routen dynamisch anpassen, können Staus perspektivisch vollständig vermieden werden.

- *Technologien im Zusammenspiel:* IoT, KI und autonome Fahrzeuge greifen ineinander und bilden ein intelligentes Hybridsystem. Autonome Fahrzeuge werden in ein integriertes Mobilitätsnetz eingebunden, das Reisezeiten optimiert, Energieverbrauch minimiert und die Umweltbelastung reduziert.
- *Nachhaltigkeit eingebaut:* Verkehrsströme und Lieferketten orientieren sich an ökologischen und sozialen Faktoren. Dies umfasst die Harmonisierung mit städtischen Planungskonzepten, den Einsatz erneuerbarer Energien und die Reduktion des ökologischen Fußabdrucks durch optimierte Ressourcennutzung. Aber auch sichere Arbeitsbedingungen inklusive Mobilität und eine höhere Aufenthaltsqualität im urbanen Raum.
- *Kooperation statt Wettbewerb:* Offene Standards und gemeinsame Plattformen schaffen Synergien und neue Geschäftsmodelle. Unternehmen können durch intensive Zusammenarbeit mithilfe von gemeinsamer Wertschöpfung und agilen Lieferketten in Echtzeit profitieren, was zu dynamischeren und resilienteren Märkten führt.
- *Transport und Logistik als Einheit:* Zentrale Datenplattformen bündeln Informationen, während dezentrale Akteure operative Entscheidungen treffen. Dabei können Transportfahrzeuge im Personentransport auch automatisch als Verteilfahrzeuge und Kuriere für Sendungen genutzt werden. Die Verzahnung beider Systeme ermöglicht eine simultane Überwachung und Steuerung von Prozessen wie Routenoptimierung, Lagersteuerung und Bestandsführung – alles in Echtzeit.
- *Effizienz und Umwelt:* Ressourcen werden optimal genutzt, Leerfahrten reduziert, Lieferzeiten verkürzt und der Energieverbrauch gesenkt. Durch die Zusammenlegung von Ressourcen unterschiedlicher Anbieter können Container und Fahrzeuge maximal ausgelastet werden, was Kosten senkt und die Umwelt schont.

- *Kundenvorteile:* Mobilität und Warenlieferung sind jederzeit verfügbar, schnell, kostengünstig und umweltfreundlich. Die Vernetzung aller Anbieter ermöglicht eine unmittelbare Aufnahme von Personen und Waren an jedem Ort, wodurch Wartezeiten minimiert und die Servicequalität erhöht wird.

Ein holistisches Transportwesen schafft durch die Kombination von zentraler Koordination und dezentraler Resilienz ein zukunftsfähiges, nachhaltiges und kundenorientiertes Mobilitäts- und Logistiknetzwerk.

In einem Buch über Holismus – also über die ganzheitliche Betrachtung von Mensch, Gesellschaft, Wirtschaft und Umwelt – ist Technologie ein unverzichtbarer Bestandteil. Denn sie prägt nicht nur unsere Lebensweise, sondern auch unsere Entscheidungsprozesse und Zukunftsfähigkeit. So formen etwa Social Media und digitale Plattformen unsere Wahrnehmung von Gemeinschaft, Vertrauen und Wahrheit. Folglich stellt sich die Frage: Wie lassen sich technische Systeme holistisch denken und gestalten, und warum ist es dabei entscheidend, ethische Prinzipien wie Verantwortung, Resilienz und Gerechtigkeit zu integrieren?

Jetzt ist der Moment, zu handeln und künstliche Intelligenz in einem holistischen Rahmen zu denken, in dem sich Mensch und Maschine optimal ergänzen – statt in Konkurrenz zu treten, isolierte Lösungen zu schaffen oder technologische Macht über menschliche Verantwortung zu stellen. Nur wenn wir KI als Teil eines größeren Ganzen verstehen, kann sie zu einem Werkzeug werden, das Stabilität, Innovation und gesellschaftliche Wirkung zugleich entfaltet.

Blockchain als Sicherheitsinstanz

Die Blockchain lässt sich als holistisches System betrachten, weil sie verschiedene Elemente miteinander verbindet, die gemeinsam eine robuste, transparente und dezentrale Architektur bilden. Sie basiert auf Konzepten aus der Informatik, Kryptografie, Wirtschaft und Governance, die zusammen eine vertrauenswürdige, systemübergreifende Lösung für digitale Transaktionen ermöglichen.

Eine Blockchain ist eine digitale Technologie, die Informationen sicher speichert und verwaltet, ohne dass eine zentrale Instanz nötig ist. Man kann sie sich als eine Kette aus vielen einzelnen Datenblöcken vorstellen, die chronologisch miteinander verbunden und kryptografisch gesichert sind. Jeder Block enthält Informationen – etwa Transaktionen oder Vereinbarungen – und verweist über einen einzigartigen Code (Hash) auf den vorherigen. Dadurch ist es nahezu unmöglich, die gespeicherten Informationen zu manipulieren.

Das Besondere an der Blockchain ist, dass die Daten nicht von einer zentralen Instanz – etwa einer Bank – verwaltet werden, sondern auf viele Computer verteilt sind. Diese sogenannten Nodes prüfen neue Informationen gemeinsam und akzeptieren nur gültige Einträge. So entsteht ein System, das nachvollziehbar, fälschungssicher und unabhängig funktioniert. Damit wird die Blockchain mehr als bloße Technik – sie schafft einen Vertrauensraum, in dem Mensch und Maschine kooperieren können, ohne zentrale Kontrolle. Die Blockchain verkörpert Prinzipien, die für holistische Systeme entscheidend sind: Dezentralität beziehungsweise hybride Formen geteilter Kontrolle, Transparenz und Selbstregulierung.[40]

Ein bekanntes Beispiel ist der Bitcoin, der auf Blockchain-Technologie basiert. Darüber hinaus findet Blockchain in vielen Bereichen Anwendung – von digitalen Verträgen über sichere Identitäten bis zur Rückverfolgung von Lieferketten. Sie bildet auch die Grundlage für digitale Eigentumsrechte und ermöglicht fälschungssichere, dezentral geprüfte Transaktionen.

Holistische Elemente der Blockchain

- *Kräfte:* Rechenzentren, die die notwendige Rechenleistung für die Blockchain bereitstellen und damit die Energiequelle des Systems bilden – möglichst aus erneuerbaren Energiequellen.
- *Rahmenbedingungen:* Kryptografische Regeln und Protokolle, die Sicherheit, Transparenz und Verlässlichkeit gewährleisten.
- *Raum:* Der dezentrale Speicherraum, verteilt über viele Knoten, bildet den »Ort« des Systems.
- *Vernetzung:* Das Peer-to-Peer-Netzwerk, das alle Teilnehmer verbindet und Transaktionen synchronisiert.
- *Kollektive Intelligenz:* Die Community-Validierung, bei der alle Knoten gemeinsam über Konsens entscheiden und kollektives Wissen erzeugen.

Faszinierend ist die Balance zwischen Dynamik und Stabilität. Smart Contracts sind automatische Programme, die vordefinierte Aufgaben ausführen, sobald bestimmte Bedingungen erfüllt sind. Sie sorgen für Interaktion und Prozessautomatisierung innerhalb des Systems. Gleichzeitig bleiben die einmal gespeicherten Daten unveränderbar, was Integrität und Vertrauen gewährleistet. Standardisierte Protokolle sichern den Rahmen und ermöglichen vielfältige Anwendungen – vom digitalen Handel mit Immobilien, Kunst und anderen Vermögenswerten bis zur Rückverfolgung komplexer Lieferketten.[41] Letztere gewinnt durch Blockchain eine neue Qualität. Jeder einzelne Schritt – von der Rohstoffgewinnung über die Verarbeitung bis zur Auslieferung – kann transparent und fälschungssicher dokumentiert werden. Dadurch entsteht ein lückenloser Datenstrom, der allen Beteiligten jederzeit zugänglich ist und Manipulationen ausschließt.

Auf der ökonomischen Ebene (Körperliches) profitieren Unternehmen von erhöhter Nachvollziehbarkeit und Effizienz: Sie können Nachhaltigkeits- oder Qualitätsstandards zuverlässig belegen und zugleich Kosten durch automatisierte Prozesse senken. Auf der emotionalen Ebene (Seelisches) stärkt die Technologie das Vertrauen von Kundinnen und Kunden, da Herkunft und Produktionsbedingungen eindeutig überprüfbar sind und bewusste Kaufentscheidungen gefördert werden. Auf der regulatorischen Ebene (Geistiges) schließlich ermöglicht die Blockchain durch standardisierte Protokolle und automatisierte Prüfungen eine effiziente Kontrolle durch Behörden, sodass Normen und Gesetze zuverlässig eingehalten werden.

Darüber hinaus eröffnet die Blockchain eine ökologische Dimension (Dao): Umweltauflagen, CO_2-Bilanzen und Ressourcenschonung können transparent dokumentiert und überprüfbar gemacht werden, sodass Nachhaltigkeit nicht nur versprochen, sondern sichtbar gelebt wird. Schließlich trägt die Technologie auch eine kulturell-ethische Dimension (Energie): Sie schafft Raum für Fairness, globale Verantwortung und die Anerkennung vielfältiger Produktions- und Lebensweisen.

So wird die Blockchain zu einem Instrument, das globale Lieferketten nicht nur effizienter, sondern auch gerechter, nachhaltiger und verantwortungsvoller gestaltet – und damit Ausdruck eines holistischen Systems (großes Ganzes), das ökonomische, soziale, regulatorische, ökologische und kulturell-ethische Kräfte miteinander verknüpft. Die Blockchain ist damit nicht nur eine Technologie: Sie ist ein Konzept, das zeigt, wie Systeme durch Vernetzung, Transparenz und kollektive Regeln resilient und vertrauenswürdig gestaltet werden können – Prinzipien, die für den Holismus zentral sind.

Die Mensch-Maschine-Beziehung im holistischen Verständnis

1. Körperliche Dimension (Körperliches): Technologien erweitern unseren Körper und unsere Sinne. Von Prothesen über Wearables (am Körper tragbare Assistenzgeräte) und Insideables (im Körper integrierte digitale Systeme) bis zu Smart Devices (intelligente, vernetzte Digitalgeräte) verschmelzen »Maschinen« mit unserem Alltag. Sie sind nicht länger nur externe Werkzeuge, sondern Teil eines hybriden Systems, das unsere Bewegungen, Wahrnehmungen und Fähigkeiten ergänzt. Holistisch betrachtet, bedeutet dies: Technik ist eine organische Erweiterung des Menschen, die Balance statt Abhängigkeit fördern sollte.

2. Emotionale Dimension (Seelisches): Maschinen begleiten uns zunehmend auch emotional – sei es durch soziale Roboter, digitale Assistenten oder KI-gestützte Kommunikationssysteme. Sie können Harmonie erzeugen, indem sie uns unterstützen, beruhigen oder motivieren. Ein Beispiel dafür sind Katzenroboter in Japan, die einsamen Menschen Gesellschaft leisten, indem sie durch Bewegungen, Geräusche und Interaktionen Nähe und Geborgenheit vermitteln. Doch echte emotionale Ganzheit entsteht nur, wenn Technik nicht isoliert wirkt, sondern in Werte wie Empathie, Achtsamkeit und Sinn eingebettet ist.

3. Geistige Dimension (Geistiges): Technologien wie künstliche Intelligenz ergänzen unser Denken, erkennen Muster und eröffnen neue Perspektiven. Sie können uns helfen, komplexe Probleme zu lösen und Wissen zu vernetzen. Gleichzeitig besteht die Gefahr der Fragmentierung, wenn wir unser eigenes Urteilsvermögen vernachlässigen. Holistisch gedacht, ist Technik ein Medium, das Intuition und Rationalität verbindet und geistige Klarheit fördert.

4. Soziale Dimension (Dao): Technologien prägen unsere Gemeinschaften – Social Media, digitale Plattformen und Netzwerke verändern, wie wir Beziehungen gestalten und Vertrauen aufbauen. Sie können Kooperation und Solidarität stärken oder Polarisierung und Isolation fördern. Ein holistischer Ansatz fordert, dass Technik soziale Bindungen vertieft und das Gemeinwohl unterstützt.

5. Wertedimension (Energie): Technik ist nicht nur funktional oder kulturell bedeutsam, sondern trägt auch Werte in sich. Jede Maschine, jedes System spiegelt die Prinzipien wider, die wir in ihre Gestaltung einfließen lassen. Transparenz, Verantwortung, Respekt, Empathie, Gerechtigkeit, Nachhaltigkeit und Gemeinwohl sind keine abstrakten Konzepte, sondern konkrete Leitplanken für die Mensch-Maschine-Beziehung. Holistisch gedacht, bedeutet dies: Technologie sollte Werte verkörpern, die das Ganze stärken – und nicht nur Teilinteressen bedienen.

6. Holistische Dimension (großes Ganzes): Die Zukunft der Mensch-Maschine-Beziehung entscheidet sich daran, ob wir Technik fragmentiert oder holistisch denken. Nur wenn wir sie als Partner begreifen, der alle Dimensionen – insbesondere Werte – integriert, kann sie zu einem Instrument der Balance und Nachhaltigkeit werden. Die holistische Dimension zeigt: Technik ist nicht Selbstzweck, sondern Teil eines größeren Ganzen – eines lebendigen Systems, das Mensch, Maschine und Umwelt verbindet. Der Weg führt von »Smart Machines« zu »Wise Machines« – die nicht nur effizient, sondern auch harmonisch und werteorientiert wirken.

13
Goldene Zukunft: Aufbruch in ein holistisches Zeitalter

Mit dem Übergang hin zur Industrie 5.0 wandelt sich unser Denken grundlegend. Traditionelle Werte, klar definierte Rollen und hierarchische Strukturen weichen zunehmend kooperativen und vernetzten Prinzipien. Im Zentrum stehen nicht mehr der individuelle Fortschritt oder der persönliche Vorteil, sondern das gemeinsame Ziel und der kollektive Nutzen. Auch das Wettbewerbsdenken geht in ein Kooperationsdenken über: Mitarbeitende schätzen den offenen Austausch, lernen voneinander und entwickeln Ideen gemeinsam weiter, statt Wissen zurückzuhalten oder sich abzugrenzen. Macht definiert sich nicht länger über das Festhalten an eigenen Positionen, sondern über die Fähigkeit, kollektive Intelligenz zu mobilisieren und gemeinsam etwas Größeres zu schaffen.

So entsteht eine neue Kultur der Zusammenarbeit, die weniger vom Ego und mehr vom Wir geprägt ist.

Diese Entwicklung fügt sich in ein größeres Bild: den evolutionären Prozess der Ären 1.0 bis 6.0. Dieses Modell beschreibt die Entwicklung der Menschheit und ihrer Systeme auf einer übergeordneten Ebene. Sie basiert auf der Beobachtung, dass sich viele gesellschaftliche, wirtschaftliche, technologische und kulturelle Systeme in vergleichbaren Reifestufen entwickeln – wenn auch nicht immer synchron. Diese Ären sind also keine rein chronologischen Epochen, sondern Ausdruck eines evolutionären Prozesses, der in verschiedenen Bereichen unterschiedlich schnell verläuft. Die industrielle Entwicklung etwa durchlief die Stufen 1.0 bis 5.0 in nur 250 Jahren, während die gesellschaftliche Evolution Jahrtausende benötigte. Heute jedoch beginnen diese Systeme sich einander anzunähern und miteinander zu verschmelzen.

In der Regel unterscheiden wir fünf Epochen, die jeweils einen tiefgreifenden Wandel in Wirtschaft, Technologie und Gesellschaft markieren. Am geläufigsten ist das Modell der Industrie 1.0 bis 5.0 mit fünf Stufen, die den Weg von Mechanik zu Menschzentrierung skizzieren. Gemäß den bereits beschriebenen Evolutionskonzepten erweitert sich dieses Modell um eine sechste Evolutionsstufe – die Stufe des Holismus, die eine ganzheitliche Integration und Vernetzung aller bisherigen Entwicklungen ermöglicht.

Nach Jahrhunderten der Spezialisierung und Fragmentierung scheint nun eine Phase zu beginnen, in der sich all diese Systeme annähern. Sie bewegen sich langsam auf die Entwicklungsstufe 5.0 zu oder befinden sich bereits darin. Es scheint ein Verschmelzungsprozess zu beginnen, in dem verschiedene Systeme miteinander interagieren und sich gegenseitig beeinflussen. Nach vier Stufen der Technisierung, Effizienzsteigerung und Spezialisierung (1.0 bis 4.0) nähert sich in Stufe 5.0 die Technologie wieder stärker dem Menschen an. Wir bewegen uns auf eine neue Entwicklungsstufe zu: eine Phase der Einheit – die Stufe 6.0. In diesem Stadium ist das Ziel nicht mehr nur Fortschritt, sondern Verbindung – nicht nur Wachstum, sondern Ganzheit.

Mit dem Eintritt in die Ära 5.0 beginnt eine Phase, in der die Grenzen zwischen Mensch und Maschine zunehmend verschwimmen. Intelligente Systeme und globale Datenströme schaffen die Grundlage für eine symbiotische Zusammenarbeit, die weit über die reine Automatisierung hinausgeht. Der Mensch tritt nicht mehr als isolierter Akteur auf, sondern als Teil eines emergenten Netzwerks, das kollektive Intelligenz hervorbringt. Diese Entwicklung eröffnet neue Möglichkeiten für Innovation, Problemlösung und gesellschaftliche Organisation – getragen von der Idee, Wissen nicht nur zu nutzen, sondern gemeinsam weiterzuentwickeln.

Doch die eigentliche Vision liegt in der Ära 6.0: dem Zeitalter des Holismus. Hier geht es nicht mehr allein um Effizienz oder technologischen Fortschritt, sondern um die bewusste Integration aller Systeme – technologisch, sozial, ökonomisch und ökologisch. Vielfalt wird nicht als Trennung, sondern als Teil eines harmonischen Ganzen verstanden. Nachhaltigkeit, Langfristigkeit und Ganzheitlichkeit bilden die Leitprinzipien dieser Ära, in der die Zivilisation eine neue Qualität erreicht: Ganzheit durch Vernetzung und bewusste Gestaltung. Die Ära 6.0 ist damit nicht nur eine Fortsetzung der bisherigen Entwicklung, sondern ein Paradigmenwechsel – hin zu einer Welt, in der Fortschritt und Verantwortung untrennbar miteinander verbunden sind.

Wir sollten uns auf eine tiefgreifende Vernetzung aller Lebensbereiche vorbereiten. Alles wird dann noch schneller, komplexer und vernetzter – und unser Gehirn wird stärker beansprucht werden als je zuvor. In dieser Dynamik reicht es nicht mehr, isolierte Lösungen zu suchen. Wir sollten lernen, die Dinge ganzheitlich zu betrachten, um Orientierung und Handlungsfähigkeit zu bewahren. Die wachsenden Unsicherheiten in der Welt sind dabei nicht nur eine Herausforderung, sondern auch eine Chance: Sie eröffnen Raum für emergente Weiterentwicklungen, die über lineares Denken hinausgehen.

Die KI-Transformation beschleunigt diesen Prozess. Systeme werden emergent, selbstlernend und tief vernetzt – sie entwickeln sich zu einem kollektiv-intelligenten System. Doch wenn Technik emergent wird, sollten wir Menschen es erst recht werden. Das bedeutet: Wir sollten unsere Fähigkeit zur Vernetzung, zur Kooperation und zur kreativen Anpassung stärken – nicht nur technologisch, sondern kulturell, sozial und persönlich. Emergenz im menschlichen Sinne heißt, über das Offensichtliche hinauszudenken, Intuition und Wissen zu verbinden, neue Muster zu erkennen und gemeinsam Lösungen zu schaffen, die einen exponentiell größeren Mehrwert haben. Nur so können wir in einer Welt bestehen, die sich nicht mehr linear entwickelt, sondern in komplexen und sich beschleunigenden Sprüngen.

Das Potenzial holistischer Systeme

Doch noch scheint es manchmal, als lebten wir in einer Welt aus lauter kleinen Puzzleteilen: Krisen, die getrennt voneinander betrachtet werden, Branchen, die nebeneinander statt miteinander handeln, Menschen, die den Kontakt zueinander verlieren. Wir reden über Gesundheit, ohne die Umwelt mitzudenken. Wir sprechen über Wirtschaft, ohne die Bildung einzubeziehen. Wir erschaffen Technologien, die schneller sind als unser Nachdenken darüber, was sie mit uns machen.

Holismus ist für mich der Versuch, dieses Puzzle wieder als Ganzes zu sehen – nicht weil die Teile unwichtig wären, sondern weil sie erst im Zusammenspiel ein sinnvolles Bild ergeben. Lange war das für mich nur eine persönliche Haltung – eine Art innerer Kompass, der mir half, Entscheidungen zu treffen. Doch je weiter wir ins 21. Jahrhundert gehen, desto deutlicher spüre ich: Holismus darf nicht nur eine persönliche Überzeugung bleiben, sondern sollte zum Orientierungsrahmen für unsere Zukunft werden.

Die Frage ist: Wie sähe eine »goldene Zukunft« aus, wenn wir wirklich das Ganze in den Blick nehmen? Vielleicht eine Zukunft, in der wir Gesundheit, Bildung, Politik, Wirtschaft, Technologie, Umwelt und Gesellschaft nicht mehr getrennt denken, sondern als Stränge eines Netzes, das uns alle miteinander verbindet. Für mich beginnt diese Zukunft mit einem Perspektivwechsel: mit Einsicht in die Verbindungen, wo wir bisher Grenzen gezogen haben – und dem Mut, danach zu handeln, auch wenn es Gewohnheiten infrage stellt.

In den vorigen Kapiteln habe ich beschrieben, wie holistische Systeme bereits heute neue Möglichkeiten eröffnen. Doch das ist erst der Anfang. Wie wollen wir in Zukunft leben, lernen, arbeiten, wirtschaften, gesund bleiben? Ich möchte eine optimistische Vision skizzieren – eine Zukunft, in der alle Lebensbereiche sich gegenseitig berücksichtigen. Wirtschaft und Industrie sind so gestaltet, dass sie nicht nur Produkte hervorbringen, sondern zugleich ökologische Verantwortung übernehmen und soziale Stabilität fördern. Gesundheitssysteme sind präventiv, integrativ und auf das Wohl der Menschen in ihrer individuellen Vielfalt ausgerichtet. Bildung vermittelt nicht allein Fachwissen, sondern befähigt Menschen, kritisch zu denken, kreativ zu handeln und Verantwortung für das Gemeinwohl zu tragen. Politik schafft transparente Rahmenbedingungen, die Kooperation und Nachhaltigkeit ermöglichen. So kann eine glückliche Gesellschaft entstehen, in der alle Bereiche ineinandergreifen und gemeinsam eine harmonische Ganzheit bilden.

Ob und wann genau diese Zukunft Wirklichkeit wird, kann niemand sagen. Doch ich hoffe, Sie auf den folgenden Seiten zu inspirieren, indem ich zeige, welches Potenzial entsteht, wenn wir Systeme holistisch betrachten.

Wissenschaft mit Weitblick

Die Kraft holistischer Systeme lässt sich mit einem Bild aus dem Universum verdeutlichen: unsere Sonne. Sie ist das Zentrum unseres Sonnensystems und die Quelle allen Lebens, fast unerschöpflich und zugleich präzise austariert – ein perfektes Beispiel für Energie in Balance.

Die Sonne erzeugt Energie durch Kernfusion. Wenn es uns gelänge, dieses Prinzip auf der Erde nutzbar zu machen, hätten wir eine nahezu unerschöpfliche, saubere Energiequelle. Das würde nicht nur unsere Energieknappheit lösen, sondern auch den Klimawandel entscheidend bremsen. Fossile Brennstoffe würden überflüssig, geopolitische Abhängigkeiten verblassen, und Milliarden Menschen hätten Zugang zu bezahlbarer Energie.

Für mich ist die Kernfusion ein Symbol für das, was möglich wird, wenn wir groß denken und interdisziplinär handeln. Ein holistischer Ansatz kann hier den Unterschied machen. Statt isolierte Probleme zu lösen, sollten wir das gesamte System verstehen: von der Forschung über die Finanzierung bis zur Integration in bestehende Energiestrukturen. Wenn wir diese Disziplinen verbinden, entstehen Synergien, die den Durchbruch beschleunigen. Kooperation statt Silos, gemeinsame Roadmaps statt Einzelprojekte.

Ich bin überzeugt: Mit holistischen Konzepten und intelligenter Technologie können wir eine Zukunft schaffen, in der Energie nicht mehr Mangelware ist, sondern Quelle für Wohlstand und Nachhaltigkeit. Für mich ist das nicht nur ein technisches Ziel, sondern eine Vision für eine gerechtere und resilientere Welt.

Wirtschaft mit Verantwortung

Wirtschaft im Geist des Holismus schafft Balance zwischen Profit, Umwelt und sozialer Verantwortung. Lange Zeit haben wir Wirtschaft fast ausschließlich in Zahlen gemessen: Umsatz, Gewinn, Marktanteile. Doch diese Sprache misst nur, was sich zählen lässt – nicht, was wirklich zählt. Sie übersieht, was sich nicht in Bilanzen abbilden lässt – das Vertrauen der Beschäftigten, die Gesundheit unseres Planeten, den Sinn, den Menschen in ihrer Arbeit finden.

Wenn wir Wirtschaft holistisch denken, dann geht es nicht mehr nur um Wachstum im quantitativen Sinn. Es geht um Wirkung und um die Frage: Welche Spuren hinterlässt ein Unternehmen in der Gesellschaft? Was trägt es zu einer guten Zukunft bei? Ich habe ausgeführt, wie ich diesen Gedanken in unser Familienunternehmen einbringe.

In die Zukunft gedacht, heißt das: Holistische Unternehmen werden wie lebendige Ökosysteme funktionieren – vielfältig, anpassungsfähig, in Balance mit ihrer Umwelt. In solchen Organisationen wird Erfolg nicht nur an Quartalszahlen gemessen, sondern auch daran, ob sie Sinn stiften, Verantwortung übernehmen, Zukunftsfähigkeit sichern.

Das bedeutet nicht, dass Profit irrelevant wird. Im Gegenteil: Er bleibt notwendig, um Investitionen und Innovation zu ermöglichen. Aber seine Bedeutung wird differenzierter betrachtet. Neben das finanzielle Ergebnis treten andere Dimensionen: ökologischer Fußabdruck, soziale Wirkung, Beitrag zum Gemeinwohl. Stellen wir uns also eine Wirtschaft vor, in der Unternehmen nicht nur Produkte und Dienstleistungen verkaufen, sondern Lösungen für gesellschaftliche Herausforderungen entwickeln. In der Arbeitskräfte nicht nur funktionieren, sondern mitgestalten. In der Lieferketten nicht nur effizient, sondern auch gerecht und nachhaltig sind.

Wir werden lernen müssen, dass eine Wirtschaft, die nur nimmt und nicht zurückgibt, sich selbst erschöpft. Doch eine Ökonomie, die Verantwortung ernst nimmt, stärkt das Fundament für kommende Generationen. Vielleicht ist es an der Zeit, Wachstum neu zu definieren: nicht als »immer mehr«, sondern als »immer sinnvoller«. Wirtschaft im Geist des Holismus bedeutet: Erfolg ist dann echt, wenn er über uns selbst hinausweist – auf Gesellschaft, Umwelt und die Zukunft.

Gesundheit mit Herz und Hightech

Wenn ich in die Zukunft blicke, sehe ich eine Gesellschaft, in der Gesundheit nicht länger ein Wartungssystem ist, das eingreift, wenn etwas nicht richtig funktioniert, sondern ein selbstverständlicher Teil unseres Alltags, eine Kultur der Resilienz. Wir werden Krankheiten heilen können, die heute noch unbezwingbar scheinen – und doch wird die eigentliche Herausforderung darin liegen, im Gleichgewicht zu bleiben.

Technologie wird uns helfen, präziser zu diagnostizieren, schneller zu behandeln, vielleicht sogar länger zu leben. Doch Gesundheit bedeutet mehr als funktionierende Organe: Sie lebt von Beziehungen, von Sinn, von einem Gefühl der Zugehörigkeit. Ein perfekter Blutwert nützt nichts, wenn wir uns innerlich leer fühlen. Ein makelloser Körper sagt wenig, wenn der Geist erschöpft ist. Die Frage ist: Gelingt es uns, Hightech mit Herzschlag zu verbinden – Algorithmen mit Achtsamkeit? Mit dem Holistic Health Institute möchte ich einen ersten Schritt dahin machen. Doch wo führt es hin, wenn wir den langen Weg weitergehen?

Stellen wir uns eine Stadt vor, in der Gesundheit als integratives System organisiert ist – ein Geflecht, das alle Lebensbereiche – von Architektur über Ernährung bis zu sozialer Teilhabe – miteinander verbindet. Die Straßen sind durchzogen von grünen Korridoren, die nicht nur Sauerstoff spenden, sondern auch als Orte der Begegnung und Regeneration dienen. Gebäude sind lebendige Organismen: Ihre Wände filtern die Luft, ihre Dächer sammeln Energie, ihre Innenräume passen sich den Bedürfnissen der Menschen an.

In dieser Stadt gibt es keine Trennung zwischen Prävention und Genesung. Technische Unterstützung erfolgt freiwillig, dezentral und unaufdringlich. Sensoren und Datenplattformen können frühzeitig Abweichungen vom Gleichgewicht erfassen und schlagen evidenzbasierte Maßnahmen vor – von Bewegung und Ernährung bis zu sozialer Aktivierung und kreativen Tätigkeiten. Das Gesundheitssystem ist nicht auf einzelne Institutionen beschränkt, sondern als Netzwerk aufgebaut. Medizinische Fachkräfte, therapeutische Angebote, digitale Begleiter und Nachbarschaften arbeiten koordiniert zusammen. Ziel ist es, Gesundheit als kollektives Gut zu sichern und individuelle wie gemeinschaftliche Ressourcen zu stärken.

In einer solchen Gesellschaft sind Untersuchungen und Behandlungen nicht mehr als separate, zeitaufwendige Prozesse organisiert, sondern automatisch und zurückhaltend in den Tagesablauf integriert. Gesundheitsförderung geschieht parallel zu Arbeit, Bildung, Mobilität und Freizeit, ohne zusätzlichen Aufwand. So entsteht ein Umfeld, in dem Gesundheit nicht als Aufgabe, sondern als selbstverständlicher Bestandteil des gesellschaftlichen Lebens verstanden wird.

Bildung jenseits der Schulmauern

Bildung wird sich in den kommenden Jahrzehnten wandeln. Sie avanciert zum lebenslangen Lernen, endet also nicht mit dem Schulabschluss, sondern begleitet uns wie ein roter Faden durchs ganze Leben. In einer Welt, in der Berufe verschwinden, bevor wir sie erlernen können, reicht Wissensvermittlung allein nicht mehr aus. Entscheidend wird, wie wir lernen, mit Veränderung zu leben.

Als wir Life Hamburg und die Academy of Life konzipiert haben, stellten wir uns einen Ort vor, an dem Lernen nicht mit Druck beginnt, sondern mit Freude. Räume, in denen Menschen jeden Alters zusammenkommen, um Fragen zu stellen, Ideen zu teilen, Experimente zu machen. Lebenslanges Lernen wird zu einem freundlichen Alltagsbegleiter – der unser Wachstum stärkt, weil er Sinn, Austausch und Lebendigkeit vereint. Wir schöpfen Wissen nicht nur aus Büchern, sondern aus Geschichten, aus Irrtümern, aus Gemeinschaft.

Wenn wir Bildung holistisch denken, dann wird sie zu einer grundlegenden Haltung: der Bereitschaft, sich immer wieder neu einzulassen, sich überraschen zu lassen, die eigene Perspektive zu hinterfragen. Dazu gehört auch emotionale Intelligenz – die Fähigkeit, sich selbst und andere durch Einfühlen zu verstehen, mit Unsicherheit umzugehen und Beziehungen achtsam zu gestalten. Diese Haltung macht uns widerstandsfähig – nicht durch starres Wissen, sondern durch lebendige Offenheit.

Stellen wir uns vor, dass Bildung nicht an Schulmauern endet, sondern als offene Infrastruktur das gesamte urbane Leben durchzieht. Es entstehen Lernverbünde, die Wege in beide Richtungen öffnen: duale Projekte zwischen Schulen und Unternehmen, Praktika in kommunalen Einrichtungen, Mikrozertifikate, die direkt mit Betrieben verknüpft sind. Werkstätten, Studios, Bibliotheken und öffentliche Räume werden zum Campus und sind Teil des Lernalltags. Digitale Portfolios begleiten die Bewohner und dokumentieren bei Bedarf individuelle Entwicklung – unabhängig von Institutionen oder Abschlüssen.

Lehrkräfte treten nicht mehr als reine Wissensvermittler auf, sondern als Lernbegleiter, die Ressourcen vernetzen. Bildungscoaches helfen, individuelle Lernpfade zu gestalten und persönliche Stärken sichtbar zu machen. Förderlogiken orientieren sich nicht an starren Vorgaben, sondern an der Entfaltung individueller Stärken und Wirkung: Vorrang erhalten Projekte, die Selbstwirksamkeit vermitteln, Übergänge erleichtern, soziale Teilhabe stärken und Innovationskompetenz fördern.

So wird Bildung als lebendiges Netzwerk erlebbar: eine offene Infrastruktur, die Talente unabhängig von Herkunft entfalten lässt und lebenslanges Lernen zu einem selbstverständlichen Teil des Lebens macht – für eine glückliche und resiliente Gesellschaft.

Soziale Revolution für ein besseres Zusammenleben

Wenn wir diesen Gedanken der glücklichen und resilienten Gesellschaft noch größer denken, stelle ich mir eine Stadt vor, die nicht von Lärm und Hektik geprägt ist, sondern von Ruhe, Grünflächen und einem friedlichen Miteinander. Mobilität ist leise, nachhaltig und für alle kostenlos zugänglich. Geräuschlose Bahnen gleiten durch grüne Boulevards, jederzeit offen für jeden. Menschen leben nicht nebeneinander, sondern miteinander – verbunden mit der Natur, den Tieren und vor allem: mit sich selbst.

In dieser Zukunft tritt Geld in den Hintergrund. Werte wie Austausch, Kooperation und gegenseitige Unterstützung gewinnen an Bedeutung. Vielleicht erleben wir sogar neue Formen des Tauschhandels – nicht aus Mangel, sondern aus Überzeugung. Weil wir die Vielfalt menschlicher Fähigkeiten wieder mehr schätzen. Heute beschränken Menschen ihr Handeln oft auf ihre beruflichen Kompetenzen. Morgen bringt jeder seine unterschiedlichen Stärken ein – nicht, um zu konkurrieren, sondern, um das gemeinsame Ganze zu stärken. Digitale Ökosysteme und lokale Netzwerke machen diesen Austausch einfach und transparent. Vertrauen wird zur neuen Währung, das gemeinsame Ganze zu stärken.

Wir kehren zurück zu den Wurzeln: mehr Einfachheit und Klarheit. Das Zusammenleben wird nicht komplizierter, sondern erfüllender. Menschen fühlen sich zufriedener, weil sie ihre Talente entfalten können und echte Verbindungen erleben. Isolation, wie wir sie heute in Metropolen kennen, weicht einer neuen Kultur der Gemeinschaft. Großstädte werden zu Resonanzräumen, in denen Achtsamkeit und menschliche Nähe selbstverständlich sind.

Im Holismus werden Menschen als gleichwertig betrachtet – nicht in ihren Lebensumständen, sondern in ihrem Potenzial, zum größeren Ganzen beizutragen – vorausgesetzt, sie erkennen sich als Teil eines umfassenden Systems. Dieses Bewusstsein fördert Empathie und Zusammenarbeit und bildet die Grundlage für eine neue soziale Kultur.

Von Hierarchie zu Ganzheit

Gesellschaften entwickeln sich nicht linear, sondern im Spannungsfeld zwischen Tradition und Moderne. Drei Modelle stehen exemplarisch für unterschiedliche Denk- und Lebensweisen: die Old Economy, das Konzept des indigenen Stamms und die Vision einer holistischen Gesellschaft. Jedes dieser Modelle verkörpert eine eigene Logik – und bietet wertvolle Impulse für die Gestaltung unserer Zukunft.

Führung und Macht werden in der Old Economy durch formale Hierarchien bestimmt: Titel, Positionen und Status entscheiden über Einfluss. Führung ist oft dauerhaft und unabhängig von situativer Kompetenz. Im Gegensatz dazu vertraut der indigene Stamm auf den Rat der Ältesten – Weisheit und Erfahrung stehen im Zentrum, Entscheidungen werden gemeinschaftlich getragen. Die holistische Gesellschaft geht einen anderen Weg: Führung ist situativ und basiert auf Vertrauen. Wer gerade die passende Expertise hat, übernimmt Verantwortung – unabhängig von Alter oder Rang.

Auch im Umgang mit Ressourcen zeigt sich ein Wandel. Die Old Economy folgt einer linearen Logik: Ressourcen werden genommen, genutzt und entsorgt – mit dem Ziel der Profitmaximierung. Der indigene Stamm lebt in Selbstversorgung und gemeinschaftlicher Nutzung: Ressourcen sind Teil eines natürlichen Kreislaufs, nicht Eigentum. Die holistische Gesellschaft verbindet beide Ansätze durch Kreislaufwirtschaft und digitale Transparenz. Produkte entstehen nachhaltig, Abfälle werden zu neuen Ressourcen, und Konsum wird bewusst und nachvollziehbar.

Das Verhältnis von Individuum und Gemeinschaft wird neu ausbalanciert. In der Old Economy steht das Individuum im Vordergrund – Selbstverwirklichung und Wettbewerb prägen das soziale Gefüge. Im indigenen Stamm hat das Kollektiv Vorrang: Entscheidungen, Besitz und Verantwortung sind gemeinschaftlich organisiert. Die holistische Gesellschaft sucht die Balance: Das Ich und das Wir stehen nicht im Widerspruch, sondern ergänzen sich. Menschen leben flexibel zwischen Rückzug und Kooperation, zwischen Eigeninteresse und Gemeinwohl.

Wissen ist in der Old Economy institutionalisiert und exklusiv – es wird in Schulen, Universitäten und Unternehmen akkumuliert und weitergegeben. Im indigenen Stamm erfolgt Wissensweitergabe mündlich und erfahrungsbasiert – eingebettet in Rituale und Alltag. Die holistische Gesellschaft kombiniert beides: Akademische Forschung trifft auf praktisches Erfahrungswissen, globales Lernen wird durch digitale Vernetzung möglich. Wissen ist offen, dialogisch und dynamisch.

In der Old Economy ist Sinn oft an materielle Leistung gebunden – Arbeit dient dem Einkommen, Erfolg wird in Zahlen gemessen. Im indigenen Stamm ist Sinn im Überleben und in der kulturellen Kontinuität verankert. Die holistische Gesellschaft versteht Sinn als gemeinschaftliches Narrativ: Arbeit soll nicht nur nützlich, sondern bedeutsam sein. Menschen fragen nicht nur: »Was verdiene ich?«, sondern: »Wofür stehe ich morgens auf?«

Innovation in der Old Economy ist meist technikgetrieben und linear – Fortschritt bedeutet, Bestehendes zu ersetzen. Der indigene Stamm entwickelt sich kulturell und traditionell – Innovation ist eingebettet in überlieferte Praktiken. Die holistische Gesellschaft schafft Neues durch Verbindung: Hightech trifft auf indigene Weisheit, moderne Biotechnologie integriert altes Heilwissen, urbane Wohnformen werden durch traditionelle Gemeinschaftsmodelle inspiriert.

Diese drei Gesellschaftsformen sind keine absoluten Gegensätze, sondern heuristische Pole. Sie helfen, Spannungen sichtbar zu machen und neue Perspektiven zu eröffnen. Die holistische Gesellschaft ist dabei kein theoretisches Konstrukt, sondern ein realisierbares Zukunftsmodell – verwurzelt in der Vergangenheit, offen für das Neue und getragen von dem Wunsch nach einem ausgewogenen, sinnvollen Miteinander.

Dimension	Old Economy	Indigener Stamm	Holistische Gesellschaft
Führung und Macht	Hierarchien, Titel, Positionen	Rat der Ältesten	Situative Führung, Vertrauen, Kompetenz
Ressourcen und Wirtschaft	Lineare Produktionsketten, Profitmaximierung	Gemeinsame Nutzung, Subsistenz	Kreislaufwirtschaft, Transparenz, Nachhaltigkeit
Individuum vs. Gemeinschaft	Starkes Ego, Eigeninteresse	Kollektiv im Vordergrund	Balance von Ich und Wir, Verantwortung und Freiheit
Wissen	Institutionalisiert, exklusiv	Traditionell, mündlich weitergegeben	Vernetzt, offen, akademisch, Erfahrungswissen
Sinn	Gewinn, materieller Wohlstand	Überleben, Tradition	Beitrag, Sinn, gemeinschaftliches Narrativ
Innovation	Linear, technologisch	Traditionell, kulturell	Verbindend, Hightech und Tradition, emergent

New Philanthropy für Selbstbestimmung, Sinnhaftigkeit, Flexibilität und Partizipation

In einer holistischen Gesellschaft wird Kapital nicht als Machtmittel verstanden, sondern als Ressource zur Gestaltung einer besseren Zukunft. Die Idee der »New Philanthropy« geht weit über klassische Spendenmodelle hinaus: Wie in Kapitel 9 beschrieben, unterstützt sie eine Kultur, in der Menschen Geld oder Zeit bewusst und freiwillig in soziale Projekte investieren. Und das aus der inneren Überzeugung, der Erfüllung und dem Wunsch heraus, einen Mehrwert für das große Ganze zu stiften und echten Wandel zu ermöglichen.

Ich möchte gedanklich einen Schritt weiter gehen. Denn diese Vision steht im Kontrast zu Steuerdebatten, in denen Reichensteuern als Instrumente der Umverteilung diskutiert werden. Der holistische Ansatz schlägt etwas anderes vor: eine Balance aus Anreiz und Verantwortung. Menschen mit hohen Vermögen könnten angehalten werden, einen Teil davon in soziale Projekte zu investieren. Doch entscheidend ist: Sie behalten die Freiheit, selbst zu wählen, was sie fördern. So entsteht ein System, das auf Vertrauen und Sinnorientierung basiert.

Diese Form der Beteiligung ist nicht nur effizienter, sondern auch nachhaltiger. Denn wer in ein Projekt investiert, das den eigenen Werten und Stärken entspricht, wird es mit mehr Engagement und Kompetenz begleiten. Eine Unternehmerin mit Begeisterung für Bildung wird ein Schulprojekt mit ganz anderer Energie fördern als jemand, der es aufgrund einer Verpflichtung tun muss. Das Prinzip der Stärkenorientierung wird hier zur Grundlage für Wirksamkeit.

Diesen Ansatz verfolgen meine Frau und ich mit unseren Stiftungsaktivitäten seit vielen Jahren aus tiefer Überzeugung. Mir ist bewusst, dass diese Vision bestehende politische Systeme herausfordert. Wenn Steuerzahler in Teilen selbst entscheiden, wohin ihr Kapital fließt, verliert der Staat einen Teil seiner Steuerungsfunktion. Das wird Widerstand erzeugen, bei Politik und Bürgerinnen, Wählern und Steuerzahlerinnen. Doch genau wie Unternehmen lernen, Verantwortung an Mitarbeitende abzugeben, sollte auch die Politik lernen, Verantwortung mit den Wählerinnen und Bürgern zu teilen. Der Kulturwandel beginnt mit dem Mut, Macht abzugeben.

Diese neue Idee der Philanthropie ist ausdrücklich kein Angriff auf das politische System – sie ist eine Einladung zur Transformation. Sie fordert nicht weniger Staat, sondern einen intelligenteren Staat, der Rahmen schafft, statt alles selbst zu regeln. Sie fordert nicht weniger Verantwortung, sondern eine geteilte Verantwortung, die auf Kompetenz, Vertrauen und Transparenz basiert.

Die Otto Group weiterdenken

Auch bei der Otto Group wird es um Transformation gehen. Ein erster wichtiger Schritt wird sein, die Unternehmenskultur weiterzuentwickeln – sie bildet die Basis für alles, was folgt. Analog zum Kulturwandel 4.0 soll auch die digitale Transformation ein partizipativer Prozess bleiben. Ebenso werden wir daran arbeiten, unser Leitbild »Responsible commerce that inspires« in den Alltag zu verankern. Dabei stellen sich zentrale Fragen: Wie können unsere Konzerngesellschaften weiterhin verantwortungsvoll handeln und der Konzern künftig noch wirksamer gesellschaftlichen Mehrwert erzeugen? Und wie gelingt es, trotz aller Anpassungen alle Beschäftigten gezielt in ihren Stärken zu fördern und ihnen Räume zur Entfaltung zu bieten?

Über allem steht die Zukunftsfrage: Wie soll Otto in fünfzehn Jahren aussehen? Um Antworten zu finden, haben wir einen gemeinsamen Denk- und Gestaltungsprozess initiiert, der die strategische Weiterentwicklung der Unternehmensgruppe begleiten wird, denn einfache Lösungen gibt es nicht. Doch gerade in volatilen Zeiten ist es unerlässlich, neue Horizonte fest im Blick zu behalten. In diesem Prozess erlauben wir uns, frei zu denken – ohne Agenda, ohne Schranken, ohne die sofortige Frage nach Budgets oder Strukturen. Meine Erfahrungen aus der Gründungsarbeit zeigen: Das wirklich Neue entsteht nicht im engen Rahmen, sondern in den Momenten der Ergebnisoffenheit – in Räumen, in denen Gedanken wachsen dürfen, bevor sie bewertet werden.

Meine Vision für die Otto Group in fünfzehn Jahren ist die eines vernetzten, digitalisierten Konzerns, in dem Technologie – insbesondere KI – tief kulturell verankert ist. Führung bedeutet dann, Räume für intrinsische Motivation und Sinn zu schaffen. Insellösungen weichen vernetzten Teams, Zusammenarbeit geschieht in Echtzeit. Nachhaltigkeit wird gelebter Standard entlang transparenter Wertschöpfungsketten – auch über die Konzerngrenzen hinaus. So kann unser Unternehmen zum Maßstab für verantwortungsvolles Handeln im 21. Jahrhundert werden.

Vom Nutzen zur Vision

Holismus lässt sich in nahezu allen Lebensbereichen anwenden. Er denkt Ursachen statt Symptome, Verbindungen statt Grenzen. So können Probleme nicht nur schnell identifiziert, sondern gezielt an ihrer Wurzel gelöst werden.

Extreme sind notwendig, um die Möglichkeiten für Harmonie zu verstehen. Doch der Holismus sucht den Ausgleich: Er relativiert Gegensätze, indem er beide Pole sichtbar macht und sie in Beziehung setzt. Er ist kein Dogma, sondern eine Weltanschauung, die unsere Welt in ihrer Gesamtheit begreift. Statt isolierte Ansichten oder vereinfachende Kategorisierungen zu übernehmen, beleuchtet der Holismus unterschiedliche Blickwinkel und fügt sie zu einem vielschichtigen Gesamtbild zusammen. Indem er alles in Beziehung setzt, offenbart sich die tiefere Natur der Existenz.

Holistische Systeme schaffen Lösungen, die nicht auf Kosten anderer entstehen, sondern allen Beteiligten zugutekommen. Während ein rein eigennütziges Vorgehen zwangsläufig Verlierer produziert – auf persönlicher, organisatorischer oder gesellschaftlicher Ebene –, eröffnet ein ganzheitlicher Ansatz die Chance auf Win-win-win-Szenarien. Er wirkt anfangs komplexer, langsamer und unbequemer, doch langfristig zahlt er sich aus. Wenn unterschiedliche Perspektiven gehört, Interessen integriert und Gegensätze respektiert werden, entsteht ein tragfähiges Fundament für nachhaltiges Wachstum und echtes Miteinander.

Durch die bewusste Verknüpfung von Kräften, Wissen und Ressourcen formt sich ein dynamisches Netzwerk, das Innovation und Resilienz gleichermaßen fördert. Unternehmen, die holistische Strategien verfolgen, steigern nicht nur ihre Innovationskraft, sondern gewinnen Vertrauen und Loyalität. Gemeinschaften, die auf Kooperation statt auf Konkurrenz setzen, entwickeln Strukturen, die Krisen nicht nur überstehen, sondern aus ihnen lernen. Holismus ist damit mehr als eine Methode – er ist ein Betriebssystem für eine Welt, die Stabilität und Wandel zugleich benötigt.

Seine Bedeutung reicht weit über Organisationen hinaus. Holismus ist eine Lösungsformel für die großen Herausforderungen unserer Zeit: Klimawandel, soziale Ungleichheit, Hunger, Bildungskrisen. Er betrachtet Ursachen statt Symptome, Verbindungen statt Grenzen. Er ermöglicht es, Probleme an ihrer Wurzel zu lösen – durch gerechte Ressourcennutzung, innovative Konzepte und geteilte Verantwortung. Die Grundlagen sind längst vorhanden: Wissen, Technologien, Werkzeuge. Was fehlt, ist der Wille zur Integration. Also: Worauf warten wir noch? Gestalten wir gemeinsam eine Welt, in der wir nicht nur existieren, sondern verbunden leben.

In meiner Zukunftsvision begleitet uns der Holismus in ein neues Zeitalter: Wir nutzen Technologien bewusst und verantwortungsvoll – nicht als Selbstzweck, sondern als Werkzeug für das Gemeinwohl. Wir handeln nach klaren ethischen Grundsätzen: achtsam, respektvoll, wertschätzend – gegenüber Menschen und Natur. Wir schaffen Räume, in denen Vielfalt nicht trennt, sondern bereichert. Wir werden vorweggehen, andere werden folgen.

Der Holismus entspricht meiner Überzeugung – der Idee gegenseitiger Kooperation, in der Menschen ihre Stärken entfalten und sich resilient weiterentwickeln. Er verbindet scheinbar getrennte Elemente zu einem harmonischen Ganzen, indem er ihre Beziehungen und Wechselwirkungen sichtbar macht und in eine sinnvolle Ordnung bringt. Denn alles auf dieser Welt hat seine Berechtigung und Bedeutung.

Ich bin überzeugt, dass bald eine Zeit anbricht, in der sich ein neues kollektives Bewusstsein entfaltet. Bereits heute spüren viele Menschen intuitiv, dass die bisherigen Konzepte nicht mehr ausreichen, um die Herausforderungen unserer Zeit zu bewältigen. Es braucht größere, umfassendere Ansätze, die über bestehende Strukturen hinausgehen. Um die Welt in eine enkeltaugliche Zukunft zu führen, benötigen wir ganzheitliche, nachhaltige und soziale Lösungen – Lösungen, die sich an der Natur orientieren und das Leben als Lehrer begreifen. Der Holismus kann eine solche Antwort sein, wenn er weltweit gedacht und von vielen Menschen gelebt wird.

Wenn wir dieses Konzept verinnerlichen, verändert sich unsere Wahrnehmung: Wir nehmen einander als selbstbestimmte, gleichwertige und gleichberechtigte Individuen wahr – verbunden in unserer Vielfalt, nicht getrennt durch Unterschiede.

Indem wir offen für neue Sichtweisen sind und bewusst den Blick über den eigenen Horizont hinaus erweitern, schaffen wir eine Gesellschaft, die nicht nur toleranter, sondern auch tragfähiger und zukunftsfähiger ist. Es ist eine Welt, in der jeder Mensch seinen Platz findet, ohne sich oder andere einschränken zu müssen – eine Welt, die sich durch Zusammenhalt, Respekt und gegenseitige Wertschätzung auszeichnet.

Das neue Rollenbild für Führung und Gestaltung

Im 5. Jahrhundert vor Christus entwickelte sich im alten Griechenland fast zeitgleich – insbesondere mit Platon und Aristoteles – eine neue Ära des Denkens. Viele Gelehrte strebten eine umfassende Welterklärung an, indem sie sich mit einer Vielzahl von Fachbereichen beschäftigten. Diese ganzheitliche Betrachtung führte zu bedeutenden wissenschaftlichen Fortschritten.

Auch in der Renaissance lebte die Idee des Universalgelehrten wieder auf – Leonardo da Vinci ist wohl das prominenteste Beispiel. Bildung war stark interdisziplinär geprägt. Mit der wissenschaftlichen Revolution im 17. Jahrhundert begann jedoch eine Kehrtwende: Galilei, Descartes, Newton und andere Wissenschaftler zerlegten komplexe Phänomene in Einzelteile, um sie besser zu verstehen. Dies führte zwar zu einer Methodenvielfalt, aber auch zur Trennung der Disziplinen.

In der Aufklärung und frühen Moderne des 18. Jahrhunderts begann eine Wissenssystematisierung. Große Enzyklopädien, etwa von Diderot und d'Alembert, ordneten Wissen nach Fachgebieten, und Universitäten schufen eigene Lehrstühle für Physik, Chemie, Botanik und andere. Spätestens mit der Industrialisierung im 19. Jahrhundert wurde die Spezialisierung zur praktischen Notwendigkeit, da das Wissen exponentiell anwuchs. Mit dem Holismus lebt die Idee des Universalgelehrten wieder auf. Die moderne Interpretation können wir Generalist oder Generalistin nennen, oder aber auch Holist und Holistin.

In diesem letzten Kapitel werfen wir einen Blick auf die Menschen, die diese Haltung verkörpern: den Holisten und die Holistin. Sie sind keine idealisierten Figuren, sondern Suchende. Menschen, die bereit sind, das Ganze zu sehen – auch wenn es unbequem ist. Die Zusammenhänge ernst nehmen, statt sie zu vereinfachen. Und die in ihrem Denken und Handeln versuchen, Balance zu schaffen: zwischen innen und außen, zwischen kurzfristigem Erfolg und langfristiger Verantwortung, zwischen Eigenem und Gemeinsamem.

Gemäß der klassischen Definition betrachten Holistin und Holist die Dinge ganzheitlich, also nicht nur als die Summe der Teile. Sie glauben, dass die Eigenschaften eines Systems nur im Kontext des gesamten Systems verstanden werden können, also unter Berücksichtigung möglichst aller Aspekte. Die Holistin hat Begabungen in vielen unterschiedlichen Bereichen. Gerne schaut sie sich Sachverhalte aber auch im Detail an, ohne jedoch den Blick auf das große Ganze zu verlieren.

Ein Holist wird einen ausgewogenen Lebensstil führen, sich ausgewogen ernähren und seine Energie so effizient wie möglich einsetzen. Er wird seine Stärken entweder schon kennen oder sich darum bemühen, sie herauszufinden. Im Beruflichen wird der Holist versuchen, eine Arbeit zu finden, die ihn erfüllt, und seine Stärken bestmöglich im Sinne des großen Ganzen zur Geltung bringen.

Eine Holistin nimmt das Leben so, wie es kommt, akzeptiert alle Seiten. Sie ist Realistin und übernimmt die Verantwortung für das eigene Handeln. Die Krisen auf dieser Welt betrachtet sie neutral als hausgemachte Probleme und bleibt in ihrer Mitte, wenn es außergewöhnliche Ereignisse gibt. Emotionale Herausforderungen überwindet sie mit Mut und Contenance. Ausgeglichenheit ist auch ihr Naturell. Sie versucht, tendenziell Harmonie zu bewahren, weiß aber auch, dass es Dissonanzen braucht, damit Weiterentwicklung stattfinden kann. Sie bleibt sich stets treu und hört auf ihre Bedürfnisse und hilft dann aus ihrer Mitte heraus anderen.

Der Holist lässt sich nicht aus der Ruhe bringen und durchdenkt alle Sachverhalte umfassend. Er nimmt sich die Zeit, die er benötigt, und bleibt auch in turbulenten Zeiten stets gelassen. Im Privaten ist er ein loyaler Vertrauter und geht wertschätzend mit seinen Nächsten und seiner Umwelt um. Er ist selbstreflektiert und weiß um seine Stärken und Schwächen. Ihm ist bewusst, dass ein holistisches Leben auch große Herausforderungen mit sich bringen kann, denn er setzt sich für das große Ganze ein, auch wenn es mal zu seinem eigenen Nachteil ist.

Für die Holistin gibt es keine spezifische Religion. Sie ist offen für alle Weltanschauungen und Ansichten und betrachtet jede Form der Überzeugung mit Respekt. Sie interessiert sich für alle Bereiche des Lebens in einem Maß, dass sie stets das Gesamtbild des Universums im Auge behält, und setzt die Dinge dazu in Bezug. Sie lernt iterativ und wiederholt die gleichen Lebenslektionen so lange, bis sie diese verstanden hat. Sie ist durchsetzungsstark und verfolgt ihr Lebensziel mit Durchhaltevermögen und Hingabe. Dankbarkeit und Freude sind ihr täglicher Leitsatz.

Der Holist steht für seine Fehler ein, ist aber auch mutig genug, welche zu machen. Seine Gesundheit betrachtet er ganzheitlich. Wenn er das Gefühl hat, dass bei ihm etwas nicht stimmt, schaut er sich alle möglichen Ursachen gleichermaßen an und behandelt sie entsprechend. Er geht wertschätzend mit jedem Teil seines Körpers, seiner Psyche und seines Geistes um. Durch seine hohe Feinfühligkeit kann er viele Dinge spüren und sich empathisch in andere hineinversetzen.

Die Holistin glaubt an sich und das Gute auf dieser Welt, bleibt aber stets demütig und achtsam vor möglichen Veränderungen in ihrem Leben. Sie gibt niemals auf, weiß aber auch ihre Grenzen zu achten und nicht zu überziehen. Sie weiß, dass sich Glück vermehrt, wenn man es aussät. Deshalb versucht sie neben ihrem eigenen Glück auch immer auf das Glück der anderen zu schauen. Bei ihren Entscheidungen und Handlungen berücksichtigt sie stets alle Beteiligten im Sinne des großen Ganzen.

Mit vorhandenen Ressourcen geht der Holist stets achtsam und effizient um und nutzt materielle Dinge so lange, bis sie wirklich nicht mehr funktionieren, und versucht, sie dann zu reparieren. Auch auf den ersten Blick unbrauchbare Teile hebt der Holist auf, wenn er intuitiv spürt, dass er sie später noch einmal verwenden kann. Intuition ist sowieso sein wichtiger Wegbegleiter, der ihm den Weg in tiefer Dunkelheit weist, wenn er nicht mehr weiterweiß.

Die Holistin glaubt an die Kraft des Universums und ist sich sicher, dass sich alles immer so fügt, wie es im Sinne des großen Ganzen sein soll. Sie vertraut darauf, dass sie immer nur so viele

Herausforderungen vom Schicksal erhält, wie sie verarbeiten kann. Andersherum weiß sie, dass sie stets fröhlich sein kann, weil sie durch all ihre Höhen und Tiefen Dankbarkeit und Akzeptanz gelernt hat. Da sie weiß, dass immer alles kommen wird, wie es sein soll, und sie sich dem Leben hingibt, verspürt sie keine Angst und ist mit ihrem Leben und allem anderen im Einklang.

Der Holist weiß, dass er globale Herausforderungen nur über die Zusammenarbeit mit anderen lösen kann. Deshalb entwickelt er Netzwerke mit Gleichgesinnten. Für eigene Aufgaben nutzt er seine Selbstwirksamkeit. Der Holist hat immer das Ziel im Auge und lässt sich nicht davon abbringen.

Die Holistin übernimmt Selbstverantwortung und weiß, dass sie die Schöpferin ihrer Zukunft ist. Mithilfe ihrer Selbstermächtigung nimmt sie ihr Leben selbst in die Hand. Was andere über sie denken, ist ihr nicht wichtig. Sie kennt ihre Kraft und setzt sie für einen guten Zweck ein. Egoismus und Eifersucht sind Fremdwörter für sie. Sie macht sich für die Liebe und das Glücklichsein stark.

Ein Holist kennt keine Feinde, sondern nur Andersdenkende. Andere Meinungen betrachtet er als Impuls für etwas Größeres. Er versteht die Konflikte anderer als die Aufarbeitung alter Lasten. Bei geistigen, seelischen oder körperlichen Verletzungen hinterfragt er die Ursache, weil er daran glaubt, dass der Mensch daraus etwas lernen soll. Mit allen Situationen geht er gelassen um, denn er weiß, dass es einen größeren Plan gibt und die Dinge so kommen, wie sie sein sollen. Dadurch fühlt er sich nicht nur mit dem Kosmos verbunden, sondern geborgen in ihm.

Die Holistin schenkt den kleinen Dingen des Lebens genauso viel Aufmerksamkeit wie den großen Dingen. Sie lebt im Einklang mit der Natur und verändert das Ökosystem möglichst gar nicht. Falls ein Eingriff notwendig ist, geschieht das unter holistischen Regeln im Zusammenspiel mit der Natur.

Der Holist weiß, wenn er sich zu viel mit einer einzigen Sache beschäftigt hat statt mit den vielen Dingen des Lebens, nimmt es aber gelassen und widmet sich dann wieder dem großen Ganzen. Er hört niemals auf, an sich und das große Ganze zu glauben. Sein

Vertrauen, sein Mut, seine Liebe und sein Durchhaltevermögen sind seine stärksten Waffen. Er verliert nie die Hoffnung und ist ein wahrer Kämpfer des Lichts. Seine Ängste kennt er gut, weiß aber gleichzeitig seine Stärken entsprechend einzusetzen, sodass sie ihm nichts mehr anhaben können.

Die Holistin ist stets geduldig und weiß, wann sie sprechen und wann sie schweigen soll. Sie ist eine gute Zuhörerin, aber auch Ratgeberin. Sie erkennt Gleichgesinnte, ohne dass sie ein Wort mit ihnen gesprochen hat, und nutzt ihre Intuition, sich mit den richtigen Menschen zu verbinden. Sie weiß genau, wenn Menschen ihr imponieren wollen oder mit reinem Herzen aufrichtig sind. Sie lässt sich nicht täuschen von Äußerlichkeiten, sondern schaut in die Herzen der Menschen. Durch ihre Feinfühligkeit kann sie mit dem Herzen sehen und spürt das Universum in allem, was ist.

Der Holist weiß, dass alle Dinge im großen Ganzen miteinander verbunden sind und einen Sinn haben. Deshalb hat er keine Angst zu sterben, weil er weiß, dass das Leben in anderer Form weitergeht. Er weiß also um die Unendlichkeit des Seins und um die Unendlichkeit der Liebe, weil er sie in allen Dingen der Natur wiedererkennt. Daher geht er oft in die Natur, um stets mit dem großen Ganzen in Verbindung zu bleiben.

Die Holistin beugt sich dem Fluss des Lebens. Sie weiß, dass große Visionen Zeit brauchen und dass sie selbst keine Kontrolle über den Zeitpunkt der Verwirklichung hat. Sie weiß aber auch, dass sich die Dinge sehr schnell entwickeln können und plötzlich greifbar werden. Deshalb bleibt die Holistin stets geduldig und genügsam, auch wenn nicht alles nach ihren Vorstellungen läuft. Und weil sie stets geduldig ist, fügen sich die Dinge zu ihren Gunsten.

Der Holist bleibt sich selbst immer treu und lässt sich nicht bestechen. Er widersteht den Versuchungen des Alltags, gönnt sich aber immer mal wieder kleine und große Freuden des Lebens. Seine Arbeit vollbringt er stets im Sinne seiner Berufung und seiner Bestimmung, die er gut kennt. Der Holist glaubt an Fügung und Schicksal. Er weiß, dass alle Dinge sich vom Schicksal gelenkt zum rechten Zeitpunkt fügen werden.

Unumstößliche Pläne macht sich die Holistin selten und nutzt auch hier ihre Intuition, um die richtige Auswahl oder das richtige Zeitfenster zu finden. Die Intuition ist ihr ständiger Begleiter, sie nutzt sie für alle Entscheidungen in ihrem Leben.

Der Holist glaubt nicht an Extreme, dennoch scheut er sie nicht. Wenn er Systeme erstellt oder verbessert, tut er das behutsam, aber konsequent – immer unter Berücksichtigung aller wesentlichen Aspekte. Bei Veränderungen passt er alle Aspekte fast zeitgleich an, weil er die Interdependenzen kennt. Er weiß, dass alles im Fluss ist und wir Menschen unseren Teil dazu beitragen.

Die Holistin weiß genau, wo ihre Fähigkeiten und Fertigkeiten für Aufgaben liegen und wann es besser jemand anders machen sollte. Sie macht gern mehrere Aufgaben parallel, denn es entspricht einfach der Natur der Holistin, sich mit mehreren Dingen gleichzeitig zu beschäftigen.

Der Holist mag komplexe Sachverhalte, braucht aber genügend Zeit, um alle Aspekte zu durchdringen. Dabei betrachtet er alle Dimensionen des Holismus – die körperliche, die seelische, die geistige, die daoistische und die energetische Dimension des großen Ganzen. Der Holist ist mitfühlend und kann sich gut in andere hineinversetzen. Er ist ein weiser Ratgeber bei Lebensfragen.

Die Holistin kümmert sich liebevoll um ihre eigene Gesundheit. Dabei betrachtet sie physiologische, immunologische und psychische Aspekte gleichermaßen. Bei der Behandlung von Beschwerden geht sie ursachenorientiert vor. Schmerzen in einem Körperteil müssen ihre Ursache nicht zwingend an genau dieser Stelle haben, sondern können mannigfaltige Gründe haben, die nicht immer nur physischer Natur sind.

Der Holist macht sich selbst nicht unnötig viel Druck, damit er seine Aufgaben mit Leichtigkeit erfüllen kann. Er spornt sich aber selbst an, um nicht zu sehr in Passivität zu verfallen und im Fluss zu bleiben. Dabei sind größere und kleinere Pausen für ihn jedoch unabdingbar.

Die Holistin weiß, dass alles einem permanenten Wandel unterliegt: der Tag und die Nacht, die Jahreszeiten und andere Zyklen unserer Welt. Sie vertraut darauf, dass die richtigen Dinge zur richtigen Zeit passieren, und weiß, dass nach einem Abschwung auch wieder ein Aufschwung kommt. So ordnet sie auch die Emotionen ein, die sich wie Wellen stetig verändern.

Der Holist sieht alle Menschen als gleichberechtigt an. Er fördert die Selbstbestimmung sowie das Recht auf lebenslanges Lernen, auf ganzheitliche Gesundheit und auf Meinungsfreiheit.

Unabhängig davon, was sie sich von einem anderen Menschen wünscht, bleibt die Holistin stets authentisch. Sie nimmt das Leben mit Gleichmut, regt sich nicht auf und lässt Altlasten los. Sie kennt ihre Limitationen und steht dazu. Fehler und Schwächen respektiert sie, da sie weiß, dass daraus durch Weiterentwicklung Stärken entstehen können.

Der Holist agiert ausgewogen. Er kennt die Leichtigkeit und schätzt die fröhlichen Momente. Genauso mag er die Tiefgründigkeit und versteht die Schwere in manchen Dingen. So wie die Natur hart und zerstörerisch auf der einen Seite und weich und schöpferisch auf der anderen Seite sein kann, interpretiert der Holist das Leben: ein Spiel der Gegensätzlichkeiten.

Die Holistin hinterfragt bewusst in regelmäßigen Abständen den Status quo. Diese ständige Bewusstheit und Achtsamkeit nutzt sie auch für Veränderungen von außen. Sie macht sie agil und resilient gegen jede Art von Einflüssen.

Der Holist reflektiert sich auch selbst und sein Handeln. Durch schnelles Testen und den Mut, Fehler zuzulassen, treibt er seine kontinuierliche Weiterentwicklung voran – mittels wiederkehrender Iterationen, die ihn stetig wachsen lassen.

Wenn die Holistin im Sinne des großen Ganzen handelt, stellt sich für sie so etwas wie das Einssein mit dem Schicksal ein. Dann fügen sich die Dinge zu wahrem Glück.

So verstehe ich Holistinnen und Holisten – nicht als übermenschliche Vorbilder, sondern als Leitfiguren, die Orientierung geben können. Sie erinnern uns daran, dass wir Teil eines großen Ganzen sind und dass unsere Verantwortung darin liegt, dieses Ganze zu bewahren und weiterzuentwickeln.

Danksagung

Mein tiefster Dank gilt meiner Familie, die mich in jeder Hinsicht unterstützt und somit maßgeblich zur Entstehung dieses Buchs beigetragen hat.

Ein besonderer Dank geht an Katja Suding für die wertvolle, umfassende und äußerst konstruktive Zusammenarbeit bei der Erstellung dieses Buchs.

Ebenso danke ich meinem Lektor für die sorgfältige Begleitung und den präzisen Blick, der diesem Werk sprachliche Klarheit und Tiefe verliehen hat. Dem Verlag gilt mein Dank für das Vertrauen, die Unterstützung und die professionelle Umsetzung, die dieses Buch erst möglich gemacht haben.

Mein Dank gilt weiterhin dem Team der Holistic Foundation und den engagierten Mitwirkenden unserer Projekte, die mit ihrer Energie und ihrem Ideenreichtum entscheidend dazu beigetragen haben, unsere Vision in die Tat umzusetzen.

Darüber hinaus danke ich allen Menschen, die Teil meines Lebens sind – für ihre Unterstützung, ihre Begleitung, ihre Impulse und ihren Einfluss auf meinen Weg.

Mein herzlicher Dank gilt auch allen Leserinnen und Lesern, die sich die Zeit genommen haben, dieses Buch zu lesen.

Schließlich gilt mein Dank jedem Einzelnen, denn ich weiß, dass alle durch ihre Taten und Gedanken einen wertvollen Beitrag zu unserer Welt leisten.

Anmerkungen

1 »Das Ganze ist mehr als die Summe seiner Teile« – sinngemäß nach Aristoteles, *Metaphysik*. Buch VII (Zeta). In: *Aristoteles: Metaphysik. Griechisch/Deutsch*. Übersetzt und herausgegeben von Hans Günther Zekl. Hamburg: Meiner 1993, S. 416–418 (Stelle: 1041b).
2 Vgl. Smuts, J. C. (1926): *Holism and Evolution*. London: Macmillan.
3 Vgl. Haken, H. & Knyazeva, H. (2000): »Synergetik: zwischen Reduktionismus und Holismus«. *Philosophia Naturalis*, 37(1), S. 21–44.
4 Vgl. Dehaene, S. (2014): *Consciousness and the Brain: Deciphering How the Brain Codes Our Thoughts*. New York: Viking.
5 Vgl. Messerer, M. (2012): »Holistische Strategiearbeit«. *Theoretische Grundlagen der holistischen Sichtweise*. Wiesbaden: Springer Gabler. Abgerufen am 3. Dezember 2025 von https://doi.org/10.1007/978-3-8349-4017-9_4.
6 Vgl. Capra, F. (1997): *The Web of Life. A New Scientific Understanding of Living Systems*. New York: Anchor Books.
7 Vgl. Capra, F.; Luisi, P. L. (2014): *The Systems View of Life. A Unifying Vision. Cambridge:* Cambridge University Press.
8 Vgl. Capra, F.; Luisi, P. L. (2014): *The Systems View of Life. A Unifying Vision*. Cambridge: Cambridge University Press.
9 Vgl. Prigogine, I.; Stengers, I. (1984): *Order out of Chaos. Man's New Dialogue with Nature*. New York: Bantam Books.
10 Vgl. Capra, F.; Luisi, P. L. (2014): *The Systems View of Life. A Unifying Vision. Cambridge:* Cambridge University Press.
11 Vgl. von Bertalanffy, L. (1968): *General System Theory. Foundations, Development, Applications*. New York: George Braziller.
12 Vgl. Capra, F. (1997): *The Web of Life. A New Scientific Understanding of Living Systems*. New York: Anchor Books.
13 Vgl. Norgaard, R. B. (1994): *Development Betrayed. The End of Progress and a Coevolutionary Revisioning of the Future*. London/New York: Routledge.
14 Vgl. Europäische Weltraumorganisation (ESA). (o. J.). *Die Internationale Raumstation im Überblick*. Abgerufen am 10. Mai 2025 von www.esa.int/Space_in_Member_States/Germany/Die_Internationale_Raumstation_im_Ueberblick.
15 Vgl. Kandel, E. R.; Schwartz, J. H.; Jessell, T. M.; Siegelbaum, S. A.; Hudspeth, A. J. (2013): *Principles of Neural Science*. 5. Auflage. New York: McGraw-Hill.
16 Vgl. Pflanzenforschung.de (2011): *Weihnachtsspezial: Quelle des ewigen Lebens. Die Rose von Jericho*. Abgerufen am 5. März 2025 von www.pflanzenforschung.de/de/pflanzenwissen/journal/weihnachtsspezial-quelle-des-ewigen-lebens-1102.
17 Vgl. Anglerverband Niedersachsen (o. J.): *Schleie*. Abgerufen am 3. Dezember 2025 von www.av-nds.de/fische-und-gewaesser/fische-in-niedersachsen/schleie.

18 Vgl. Conway, G. R. (1987): »The Properties of Agroecosystems«. *Agricultural Systems* 24(2), S. 95–117.

19 Vgl. Maturana, H. R.; Varela, F. J. (1980): *Autopoiesis and Cognition. The Realization of the Living*. Dordrecht: D. Reidel.

20 Vgl. Collins, Jim: *Built to Last. Erfolgreiche Gewohnheiten visionärer Unternehmen*. Frankfurt a. M.: Campus, 2005 (1994).

21 Vgl. Kruse, P. (2020): *Next Practice Erfolgreiches Management von Instabilität*. Offenbach: Gabal.

22 Vgl. Tipler, P. A.; Mosca, G. (2015): *Physik für Wissenschaftler und Ingenieure*. Berlin: Springer Spektrum.

23 Vgl. Nohria, N.; Gulati, R. (1996): »Is Slack Good or Bad for Innovation?« *Academy of Management Journal* 39(5), S. 1245–1264.

24 Vgl. Begon, M.; Townsend, C. R.; Harper, J. L. (2016): *Ökologie: Individuen, Populationen und Gemeinschaften*. Berlin: Springer Spektrum.

25 Vgl. Kruse, Peter: *Prof. Peter Kruse über Kreativität*. YouTube, veröffentlicht von lutzland, 2007. Abgerufen am 7. März 2025 von www.youtube.com/watch?v=oyo_oGUEH-I.

26 Vgl. National Geographic (2017): »Schwarmintelligenz bei Tieren«. *National Geographic*. Abgerufen am 2. Dezember 2025 von https://nationalgeographic.de/tiere/2017/11/schwarmintelligenz/.

27 Vgl. von Frisch, K. (1993): *Der Tanz der Bienen*. Berlin: Springer.

28 Vgl. Bergmann, F. (2017): *Neue Arbeit, neue Kultur*. Freiburg: Arbor.

29 Aid by Trade Foundation (o. J.): *CmiA Community Education Project – Evaluation Report*. Hamburg: Aid by Trade Foundation. Abgerufen am 2. Dezember 2025 von https://cottonmadeinafrica.org/wp-content/uploads/CmiA-Community-Education-Project-Evaluation-Report.pdf.

30 Vgl. Aid by Trade Foundation (2024): Annual Report 2024. Hamburg: Aid by Trade Foundation. Abgerufen am 2. Dezember 2025 von https://cottonmadeinafrica.org/wp-content/uploads/AbTF-AnnualReport2024.pdf.

31 Vgl. Aid by Trade Foundation (2021): CmiA Impact Study 2021. Hamburg: Aid by Trade Foundation. Abgerufen am 2. Dezember 2025 von https://cottonmadeinafrica.org/wp-content/uploads/CmiA-Impact-Study-2021.pdf.

32 Vgl. Straff, W.; Herr, C.; Hornberg, C.; Jakubowski, E.; Oster, N. & Röhl, C. (2025): »One and Planetary Health – neue Impulse für den Öffentlichen Gesundheitsdienst vor Ort«. *Public Health Forum*,33(3), 225–227. Abgerufen am 2. Dezember 2025 von https://doi.org/10.1515/pubhef-2025-0045.

33 Vgl. Antonovsky, A. (1997): *Salutogenese. Zur Entmystifizierung der Gesundheit*. Tübingen: DGVT.

34 Vgl. Welter-Enderlin, R.; Hildenbrand, B. (2015): *Resilienz. Gedeihen trotz widriger Umstände*. Heidelberg: Carl-Auer.

35 Vgl. Schedlowski, M.; Tewes, U. (1996): *Psychoneuroimmunologie*. München: Spektrum.

36 Vgl. WHO (2021): *Social Determinants of Health*. Abgerufen am 2. Dezember 2025 von www.who.int/health-topics/social-determinants-of-health.

37 Vgl. Willke, H. (2014): *Systemtheorie. Einführung in die Grundprobleme.* Stuttgart: UTB.

38 Vgl. Becker, S. C.; Roman-Müller, H. (2022): »Der IPA-Mehrparteienvertrag«. *Integrierte Projektabwicklung (IPA).* Wiesbaden: Springer VS, S. 27–38.

39 Vgl. Altman, S. (o. J.): *The Intelligence Age.* Abgerufen am 2. Dezember 2025 von https://ia.samaltman.com/.

40 Vgl. Schlatt, V.; Schweizer, A.; Urbach, N.; Fridgen, G. (2017): *Blockchain. Grundlagen, Anwendungen und Potenziale.* Bayreuth: Fraunhofer-Institut für Angewandte Informationstechnik FIT.

41 Vgl. Fraunhofer IML (o. J.): *Blockchain Technologie & Anwendung.* Dortmund: Fraunhofer-Institut für Materialfluss und Logistik IML. Abgerufen am 3. Dezember 2025 von www.iml.fraunhofer.de/de/abteilungen/b2/einkauf_finanzen_supply_chain_management/blockchain-anwendung.html.